Juanjo Moyano Vázquez

PÁDEL

SUS GOLPES, ENTRENAMIENTO Y MÁS ....

Título:	PÁDEL: SUS GOLPES, ENTRENAMIENTO Y MÁS
Autor:	JUANJO MOYANO VÁZQUEZ
Editorial:	WANCEULEN EDITORIAL DEPORTIVA, S.L.
	www.wanceulen.com infoeditorial@wanceulen.com
I.S.B.N.:	978-84-9993-420-4
Dep. Legal:	
©Copyright:	WANCEULEN EDITORIAL DEPORTIVA, S.L.
Primera Edición:	Año 2016
Impreso en:	

Reservados todos los derechos. Queda prohibido reproducir, almacenar en sistemas de recuperación de la información y transmitir parte alguna de esta publicación, cualquiera que sea el medio empleado (electrónico, mecánico, fotocopia, impresión, grabación, etc), sin el permiso de los titulares de los derechos de propiedad intelectual. Cualquier forma de reproducción, distribución, comunicación pública o transformación de esta obra solo puede ser realizada con la autorización de sus titulares, salvo excepción prevista por la ley. Diríjase a CEDRO (Centro Español de Derechos Reprográficos, www.cedro.org) si necesita fotocopiar o escanear algún fragmento de esta obra.

A Nico y a Leo, porque sois el futuro y
por las alegrías que cada día me dais.
A Carol por su apoyo incondicional.
A mi padre, el cual siempre me dijo que
luchase por todos mis sueños. Gracias papá!

ÍNDICE

PRÓLOGO 11
INTRODUCCIÓN DE JUGADORES PROFESIONALES 13
- CAROLINA NAVARRO 15
- PABLO LIMA 19
- SEBA NERONE 23

APRENDIZAJE MOTOR 27
LOS DESPLAZAMIENTOS EN EL PÁDEL 47
EL JUEGO DE PIES 49
EL SEMÁFORO ¿Qué golpe utilizar según mi posición en la pista? 53
ENSEÑANZA DEL PÁDEL 55
¡MAMI! ¿ME APUNTAS ESTE AÑO A PÁDEL? 57
LAS EMPUÑADURAS 67
LOS EFECTOS DEL PÁDEL 71
LOS GOLPES DE PADEL Y SU ENTRENAMIENTO: 77
- DERECHA 79
- REVÉS 89
- SALIDA FONDO DERECHA 101
- SALIDA FONDO REVÉS 107
- SALIDA LATERAL DERECHA 113
- SALIDA LATERAL REVÉS 119
- SALIDA DOBLE PARED DERECHA Y REVES (ABRE Y CIERRA) 125
- BAJADA DE PARED DERECHA 149
- BAJADA DE PARED REVÉS 155
- VOLEA DE DERECHA 161
- VOLEA DE REVÉS 169
- BANDEJA 177
- REMATE 185
- SAQUE 191
- RESTO 199
- CONTRAPARED 207
- GLOBO 213

1. SISTEMAS DE ENTRENAMIENTO QUE MEJORAN LA RESISTENCIA 221
   1.1. CONTINUOS 221
      1.1.1. CARRERA CONTINUA SIN VARIACIONES DE RITMO 221
      1.1.2. FARLEK SUECO (ROTURA DE RITMO) 222
      1.1.3. CUESTAS 223
      1.1.4. CROSS-PASEO 223
   1.2. FRACCIONADOS 224
      1.2.1. INTERVAL-TRAINING 225
      1.2.2. RITMO-RESISTENCIA 225
      1.2.3. VELOCIDAD-RESISTENCIA 226
      1.2.4. RITMO COMPETICIÓN 226
   1.3. CIRCUITOS 227

2. SISTEMAS DE ENTRENAMIENTO QUE MEJORAN LA FUERZA 231
   2.1. GENERALIDADES 231
   2.2. SISTEMAS DE ENTRENAMIENTO 232
      2.2.1. MULTISALTOS 232
      2.2.2. PLIOMETRÍA 233
      2.2.3. HALTEROFILIA 234
      2.2.4. SISTEMA ISOMÉTRICO 236
      2.2.5. SISTEMA BODY BUILDING 237

3. SISTEMAS DE ENTRENAMIENTO QUE MEJORAN LA VELOCIDAD 241
   3.1. GENERALIDADES 241
   3.2. APLICACIÓN DEL ENTRENAMIENTO DE LA VELOCIDAD 242
      3.2.1. VELOCIDAD DE REACCIÓN DEL INDIVIDUO 243
      3.2.2. LA ROTURA DE LA INERCIA (CAPACIDAD DE ACELERACIÓN) 244
      3.2.3. LA MÁXIMA VELOCIDAD 245
      3.2.4. LA RESISTENCIA A LA MÁXIMA VELOCIDAD (POCO USO) 246

PSICOLOGÍA ADAPTADA AL PÁDEL 248

PADEL ADAPTADO 269

REGLAMENTO Y ARBITRAJE 282

LESIONES EN EL PÁDEL 307
EL PUNTO DE VISTA MÉDICO-QUIRÚRGICO 328
TABLA DE ESTIRAMIENTOS 333
COLABORACIONES: 340

- PADEL ABSOLUTE, ASPADO, MWSPORTS, PÁDEL SOTO TORREJÓN, FMPADEL, TECHNOLOGY, VARLION 340
- COLABORACIÓN ESPECIAL 342
- FOTOGRAFÍA / PEPE AINSÚA 342
- DOCTOR ZACARIAS GALO SÁNCHEZ SÁNCHEZ 344
- FOTOGRAFÍA / PEPE VARELA 345
- DAVID LAPASTORA RÍNCON / MECO GREENVILAS PADEL 346
- RAFAEL ALARCON GUERRERO / PLANETAPADEL.COM 347
- KIKE LACASA / EKKEPADEL 348

SIMBOLOGÍA Y REFERENCIAS 349
BIBLIOGRAFÍA 350

PRÓLOGO DE JUANJO MOYANO

La enseñanza actual está organizada de manera que los docentes, ya sean entrenadores, formadores o monitores, interpreten y pongan en práctica las normas educativas, la metodología, el currículo propio y la instrucción de sus clubes o escuelas.

Son el punto de contacto humano con los alumnos. Todas las influencias sobre la calidad de la formación están mediadas por él y por su acción. Tienen la posibilidad de aumentar la calidad de la educación dando vida al currículo e infundiendo en los alumnos la curiosidad, interés, esfuerzo y superación, para alcanzar niveles superiores al que creen poder alcanzar. Pero también pueden degradar la calidad de la educación merced al error, la mala formación, la pereza, la desidia, la crueldad o la incompetencia.

Para bien o para mal, los profesores, monitores o entrenadores determinan la calidad de la ecuación y no debo caer en el error de creer que domino todo. Mis entrenamientos o clases, dependerán de mi nivel de exigencia.

El docente perfecto no existe, pero para acercarnos a ese grado, deberemos intentar formarnos de forma continuada para poder mejorar. Tendremos que estar abiertos a nuevos campos, nuevos métodos, nuevas planificaciones, y pensar que, el compañero que tengo al lado, posiblemente tenga ideas que mejoren mi nivel como profesor. Deberemos dominar todas y cada una de las áreas de responsabilidad, sabiendo cuales son nuestros puntos débiles para mejorarlos, y teniendo claro que cuanto mayor sea nuestro conocimiento, más posibilidades tendré de mejorar.

Es importante el estar abiertos a otras disciplinas que, no en su totalidad, pero si en una parte, podrán mejorar tanto nuestro nivel como docente, como el nivel de nuestros alumnos o jugadores a los que entrenamos. No sólo debo conocer la táctica, la técnica y la normativa, sino tener conocimientos de áreas como la preparación física, la fisiología, la psicología deportiva, la planificación, los principios del entrenamiento, la metodología de la enseñanza, la nutrición deportiva, el pádel adaptado y su reglamento, ... y muchos más que seguramente engrandecerán nuestro nivel y capacidad.

En este libro, te acercamos a varios capítulos en los que encontrarás el inicio de varias áreas que engrandecerán tu nivel como docente o como jugador: el aprendizaje motor, todos y cada uno de los golpes de pádel y su entrenamiento, la preparación física orientada a la velocidad, fuerza y resistencia, la psicología deportiva, el pádel adaptado, la normativa, los estiramientos y las lesiones.

Un libro completo, pero que deja la puerta abierta a descubrir otros campos en los que mejorar como entrenador o como jugador.

Foto 1. Juanjo Moyano (Foto de Pepe Varela)

INTRODUCCIÓN DE JUGADORES PROFESIONALES

Foto 2, 3, 4. Carolina Navarro, Pablo Lima y Seba Nerone (Fotos de Pepe Aínsúa)

CAROLINA NAVARRO BJÖRK

Foto 5. Carolina Navarro ejecutando una bajada de pared (Foto de Pepe Aínsúa)

INTRODUCCION DE CAROLINA NAVARRO

Siempre que me piden que hable sobre el pádel, solo puedo tener buenas palabras... es el deporte que me da la vida, con el que disfruto practicándolo, el que me ha dado tantas alegrías pero también momentos muy duros, me ha hecho conocer a mis mejores amistades... a través del pádel, como cualquier otro deporte, he podido crecer y madurar como persona, he conseguido superarme cuando pensaba que no podía más, después de dos roturas de cruzado de la rodilla, que hasta en 2 ocasiones me apartó más de 6 meses de las pistas..., a sacrificarme estando lejos de mi familia y perdiéndome momentos importantísimos, el día a día a su lado o ver crecer a mis sobrinos... a esforzarme cuando no tenia mas fuerzas después de duros entrenamientos físicos o en pista....a levantarme después de duras derrotas y a mantenerme en tierra firme después de grandes victorias... a trabajar en equipo con cada compañera y entrenadores, y a aprender a escuchar, a valorar lo que es tener salud... en definitiva a crecer con los valores que el deporte me ha aportado y ahora forman parte de mi vida.

Con 7 añitos mis padres me apuntaron a la escuela de tenis de El Candado en Málaga, porque querían que hiciera deporte. Poco a poco fui despuntando y me apuntaron a la escuela superior. Competí durante años consiguiendo muy buenos resultados. Llegado los 17 años, tuve que tomar la decisión de dedicarme profesionalmente al tenis, con lo cual tendría que dejar los estudios o bien dejar el tenis y estudiar. Valoré y decidí dejar el tenis ya que quería tener unos estudios y estudiar una carrera. Podéis imaginar que no es fácil dejar de repente tus 5 horas de entrenamiento diarias, pero ahí un amigo de mi hermano me dijo que había un deporte nuevo que era el pádel, lo probé y me encantó. Comencé jugando torneos por Málaga, Marbella con mis hermanas... y poco a poco fui mejorando, y fue cuando Maria Silvela me pidió jugar con ella, y ahí conseguí dar el gran salto al primer nivel. Al ganar mi primer Campeonato de España, la FEP, el CSD y la Universidad Europea de Madrid, becaron la carrera universitaria completa, y me fui a estudiar y a vivir a Madrid. Jugué durante dos años con Iciar Montes, y nada más terminar la carrera y ser Licenciada en Ciencias de la Actividad Física y Deporte (Especialidad Gestión de Instalaciones Deportivas), me ofrecieron dirigir junto con Paula Eyheraguibel, un club de pádel en Benicasim. Estuve allí durante 6 años, el tiempo que también jugué con Paula. Después de ese tiempo, vi un fin de ciclo deportivo y laboral en Benicasim, por lo que decidí volverme a Madrid y seguir creciendo, deportivamente y laboralmente. Comencé a jugar con Alejandra Salazar, que desgraciadamente se rompió la rodilla en el segundo torneo del año, así que terminé la temporada con Cata Tenorio, acabando nº1 del mundo.

Al año siguiente volví con Ale Salazar, con la que también acabamos como nº1. En este punto decidí jugar con Ceci Reiter, y de eso hace ya 3 años, en los que hemos conseguido terminar como nº1 los tres años, haciendo este último año el mejor de toda mi carrera deportiva. Paralelamente a todo esto, montamos Makin'Events, una empresa de organización de eventos de pádel (clinics, cursos, torneos, exhibiciones...) junto con Vanessa Zamora (ex jugadora profesional) y Ceci Reiter. Así que compaginamos los eventos de nuestra empresa junto con la competición y Vane es la que le dedica más tiempo ya que es la que no está en activo, así que entre las 3 hacemos un gran equipo.

Enero 2013

PABLO JOSE LIMA

Foto 6. Pablo Lima ejecutando un saque (Foto de Pepe Aínsúa)

INTRODUCCIÓN DE PABLO LIMA

¿Un apodo? Pablito **¿De dónde viene?** De mi infancia
¿Cómo te iniciaste en el mundo del pádel? ¿A qué edad? Mis comienzos están ligados a mi padre. El jugaba y yo siempre le acompañaba. Tenía 9 años.
Descríbenos en varias palabras lo que significa para ti el Pádel. El pádel hoy en día es mi profesión. Pero al margen de que es mi trabajo creo que es un deporte de compañerismo. Donde uno no sabe lo que va pasar, pero que tiene que estar dispuesto a darlo todo.
¿Cómo te definirías como jugador? No tengo ningún golpe espectacular, pero lucho siempre. Me definiría como un jugador motivado.
¿Tu mejor golpe? Globo
¿Mejor partido que recuerdes? La final del primer torneo que ganamos en 2009.
¿Peor partido que recuerdes? Uffff... Tuve muchos partidos muy malos.
¿Cuándo vas a un torneo en tu bolsa no falta? Algo para leer.
¿Quién te acompaña siempre a los torneos? Hombre, por suerte siempre va mi compañero. Este no puede faltar jajajaja
¿Una virtud en la pista? Defender. **¿Un defecto en la pista?** A veces el carácter. **¿Alguna manía?** No tengo.
¿Un deportista que admires? ¿Por qué? Gustavo Kuerten y Airton Senna. Los dos siempre fueran muy valientes.
¿Cómo te concentras antes de un partido? Intento relajarme con música.
¿Comida antes de un partido? Pasta **¿Otro deporte que no sea pádel?** Tenis y fútbol. **¿Un equipo?** Gremio.
¿Un deportista en el que te fijas? ¿Por qué? Rafa Nadal. Tiene muy buena actitud.
¿Qué golpe te gustaría tener y de que jugador? El remate de Lamperti.
¿Un sueño relacionado con el Pádel? Llegar lo más arriba que pueda.
¿Tienes punto de partido, ¿Qué te pasa por la cabeza? Que no hay que cuidar la bola. Es un punto como cualquier otro.
Tienes punto de partido en contra, ¿Qué te pasa por la cabeza? No pasa nada, lo sacamos seguro.
¿Quién te ha dado el mayor y más doloroso bolazo que recuerdes? Uno en la oreja... fue en un clinic.... ¡Qué momento casi me quedo sordo!
¿Qué le dirías a la gente para que se animara a jugar al Pádel? Que es un deporte muy divertido y fácil de aprender. Que lo practiquen mucho, pero que tengan cuidado con su cuerpo.

SEBA NERONE

Foto 7. Seba Nerone ejecutando un remate (Foto de Pepe Aínsúa)

INTRODUCCIÓN DE SEBA NERONE

¿En qué te concentras cuando entrenas? Cada vez que entreno necesito sentir que las cosas me están saliendo bien como para generar confianza en mi juego.

¿Qué es lo que más te divierte entrenando? Me gusta defender, me siento cómodo en el fondo… y la verdad es que también cansa menos!!! Atacar exige más desgaste, entonces, cuando hay que relajarse un poco… me voy para atrás…!!!

¿Es tan importante mantenerse fuerte mentalmente? ¿Qué te ayuda a concentrarte? Creo que lo que te mantiene fuerte mentalmente, sobre todo en la parte de los entrenamientos, es irte con la satisfacción del deber cumplido. No me quedo contento si me quedan cosas por hacer; y cuando sentís que cumpliste con las cosas que te marca tu entrenador me parece que te agrega un plus de fortaleza.

¿Cuál es tu objetivo? Intentar ser mejor cada día en lo que hago, eso es lo que me ayuda a superarme. Eso es por lo que lucho.

¿Qué revela tu carácter en el juego? Que soy combativo, que lucho hasta el final, que siempre entrego todo salgan bien o mal las cosas, pero nunca me guardo nada.

Ganar, perder siempre está ahí. Son caras de una misma moneda, ¿pero que buscas transmitir cuando juegas? Verdaderamente no juego pensando en lo que puede ver el público. Me interesa sentirme bien con mi actuación, con lo que hago. Y si el público puede disfrutar con como juego para mi es doble satisfacción… y si gano, triple…!!!

¿Cómo te definirías como jugador? Un jugador combativo y enamorado de lo que hace.

¿Eres un jugador creativo? ¿Piensas en jugadas diferentes, las entrenas? Soy muy creativo, y practico cosas en los entrenamientos de esas que se disfrutan mucho cuando las haces y cuando salen bien; pero tengo un concepto muchísimo más conservador, quizá porque siempre me dio resultado en mi carrera, entonces todo lo que sea filigranas intento no tirarlas si no me salen de manera natural o si se necesita.

¿Cómo definirías tu modelo de juego? Conservador, sólido y potente. Se basa en una defensa rocosa hasta tomar la red y una vez allí intentar explotar mis virtudes en cuanto al despliegue y la potencia. **¿Una virtud?** Creo que la constancia, la perseverancia, el no bajar los brazos.

APRENDIZAJE MOTOR

INTRODUCCIÓN

1. CONCEPTO DE APRENDIZAJE MOTOR.

Para comenzar a definir el término "aprendizaje motor". Es necesario entender el significado del término aprendizaje.

Por **aprendizaje** se entiende: *"el proceso en virtud del cual una actividad se origina o se cambia a través de la reacción a una situación encontrada, con tal que las características del cambio registrado en la actividad, no puedan explicarse con fundamento en las tendencias innatas de respuesta, la maduración o estados transitorios del organismo"* (Hilgar y Bower, 1976).

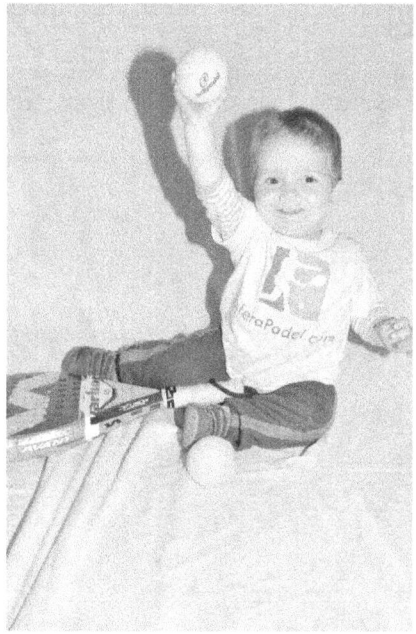

Foto 8. Leo y sus inicios (Foto de Juanjo Moyano)

Según esta definición, el aprendizaje es un cambio en el organismo, sin que se deba a procesos innatos o por agentes externos, como pueden ser la hipnosis, las drogas, etc.

Visto de otra forma, si lo que se pretende es una transformación de unas conductas admitidas como mejorables en otras de mayor rendimiento, también estamos sujetos al fenómeno del **aprendizaje**.

Cuando el aprendizaje adquiere relevancia social en que el sujeto aprendiz interacciona con su entorno se amplía el marco conceptual del término para dar lugar a otro con características propias: **La Enseñanza.**

Al fin y al cabo el resultado del aprendizaje, mediatizado o no por otros agentes, es la acumulación de conocimiento, así como la necesidad de que medie una enseñanza para que rija un aprendizaje eficaz.

El aprendizaje motor basado en el aprendizaje propiamente dicho, pero llevado al ámbito motriz (Singer 1986), lo define como *"el reflejo de una variación relativamente permanente en la obra o en la potencial ejecución, como resultado de la práctica o experiencias anteriores"*.

El aprendizaje motor tiene una serie de características que se encuentran en su definición, como son:

• Motor es un proceso de adquisición de capacidades para producir acciones motrices.

• El aprendizaje es fruto de la práctica y la experiencia

• Los cambios internos del aprendizaje pueden apreciarse por inferencias de acciones motrices externas.

• El cambio observado se mantiene relativamente durante un tiempo indefinido.

Foto 9. Nico con su primera pala (Foto de Juanjo Moyano)

Según estas definiciones, el aprendizaje motor se encargaría de estudiar la adquisición de las habilidades motrices como resultado de una práctica.

De entre los factores que intervienen en el desarrollo eficaz de las destrezas motoras, el ambiente global del aprendizaje es crucial, pues si el entrenador establece un buen ambiente se encontrará con que las destrezas se aprenden con más rapidez, además de alcanzar un mejor rendimiento. Si todo el proceso se satisface en unas condiciones agradables y favorables, generalmente provoca una actitud positiva hacia el deporte o actividad que se esté realizando lo que supone una forma indirecta de motivación. La enseñanza eficaz contribuye a ello ahorrando tiempo en el proceso de aprendizaje, de modo que en el mismo período se puede adquirir un nivel más alto o nuevas destrezas adicionales.

Foto 10. Nico ejecutando un golpe de derecha (Foto de Juanjo Moyano)

2. PROCESO DE APRENDIZAJE MOTOR

A pesar de las muchas particularidades que existen, como son la clase de tarea, la calidad del sujeto, el ambiente deportivo y social, los medios disponibles etc., que hacen muy variadas las situaciones que pueden darse, y por tanto las distintas soluciones a cada una de ellas, existen unas propiedades comunes que le dan al aprendizaje motor un carácter propio, como son:

Foto 11. Nico impactando una bola con un golpe de derecha (Foto de Juanjo Moyano)

EL APRENDIZAJE DEPORTIVO ES UN PROCESO INTERMINABLE

Un jugador por muy avezado que sea, siempre se va a encontrar en situaciones nuevas, su *entorno va a cambiar;* un campeonato nuevo, un torneo nuevo, una pareja diferente, va a jugar *en casa* o *fuera,* va a estar su entrenador o va estar solo... y un interminable etc.; ello supone la necesidad de adaptación a ese entorno y de esa adaptación va a quedar un recuerdo, en definitiva, se ha dominado una situación adoptando una conducta que antes no existía y, por tanto, se ha aprendido.

De igual manera su entrenamiento se puede ver modificado de una temporada a otra y su técnica está en constante evolución. La intervención de equipos multi profesionales en su preparación va a suponer que se "hile más fino" y se trabaje con conceptos cognitivos que antes no conocía. Una lesión o un periodo de inactividad le obligarán a readaptarse. La observación de otros contrincantes le va a llevar a la adopción de las más cambiantes tácticas, etc.

Es muy importante que el aprendizaje motor dentro del entrenamiento deportivo, no sea entendido sólo como *captación* sino como constante perfeccionamiento de un movimiento.

EL APRENDIZAJE MOTOR SIEMPRE ES POSITIVO

El hecho de que un deportista no mejore deportivamente no debe ser confundido con que no aprende. Si ha encontrado una manera estable de desenvolverse en el medio se puede asegurar que ha aprendido, lo cual no quiere decir que su eficacia aumente.

El aprendizaje no es positivo ni negativo, simplemente existe o no existe como una nueva forma estable de relación con el entorno. Su existencia es independiente de la eficacia conseguida en esa nueva relación ¿Cuántos deportistas hay que, con una técnica deportiva biomecánicamente nefasta, obtienen unos resultados que no logran mejorar aunque *aprendan* otras *teóricamente* mejores?

Foto 12. Keko en acción (Foto de Juanjo Moyano)

Como el objeto deseable de toda pretensión educativa es mejorar en rendimiento y, a estos efectos, como decíamos más arriba, vamos a considerar *que mejorar en aprendizaje* – por el hecho de aplicarle unos principios generales – *va a suponer una mejora en el rendimiento*.

EL APRENDIZAJE MOTOR ES UN FENÓMENO OBSERVABLE Y EVALUABLE

Por cuanto que es un proceso experimental, está sujeto a las leyes que determinan tal tipo de método. De la capacidad del entrenador o del mismo sujeto para apreciar los progresos y de su evaluación va a depender la eficacia de la información derivada de esta cualidad. Es sumamente importante el considerar de forma objetiva tales progresos a fin de determinar qué procedimientos son más aconsejables para conseguir una mejora en cada sujeto.

EL APRENDIZAJE MOTOR ES UN PROCESO PERSONAL

La frase "le estoy enseñando a realizar la bandeja" es una verdad a medias que puede ser una gran mentira si el jugador en cuestión no pone todos sus medios para aprender. Si el entrenador que pronuncia tal frase dispone de un grupo de alumnos y a todos somete a las mismas especificaciones sobre la tarea, lo que seguramente debe esperar son unos resultados distintos de sus enseñanzas impartidas en cada unos de los aprendices. Cada cual con una personalidad propia, con unas limitaciones propias, con una afectividad característica, con unas necesidades expresivas determinadas…. Va a elaborar las indicaciones del entrenador de manera distinta y, por consiguiente, el resultado va a ser diferente.

De esto se determina como necesaria la individualización del aprendizaje y, cómo no, del entrenamiento deportivo.

Foto 13. Carol en clase (Foto Juanjo Moyano)

EL APRENDIZAJE MOTOR ES UN PROCESO DE RELACIÓN GLOBAL

La conjunción de todos los sistemas intrínsecos al deportista unidos a sus funciones sensoriales, que lo relacionan con el entorno, le da al aprendizaje motor una dimensión unitaria en cuanto a que incluye un comportamiento, unas sensaciones y unas vivencias que no tiene razón de ser al analizarlas por separado.

Al igual que un automóvil, que dispone de variados sistemas, mecanismos y piezas, al actuar sobre cada uno de ellos, - reparando, cambiando o mejorándolo,- y posteriormente probarlo, decimos "ahora el coche va bien" o "ahora el coche va mal"; lo tratamos como a un todo en el que la modificación en una de sus partes no ha hecho sino acrecentar la idea de unidad. Si además esa unidad funcional tiene autonomía e independencia propias, caso del deportista, la unidad se hace mayor y más complicada. Su tratamiento, sin embargo, debe ser efectuado desde la misma perspectiva de totalidad.

Foto 14. Ejecutando un golpe de derecha (Foto de Juanjo Moyano)

EL APRENDIZAJE MOTOR RESPONDE A UN PROCESO ESPECÍFICO

De acuerdo con lo expuesto, sabemos que *aprendemos coordinaciones de movimientos diferentes adecuadas a cada situación concreta,* lo que da al hecho en sí un carácter específico en función del medio, objetos y clase tarea, con los que el deportista interacciona.

Se puede afirmar que "todas las tareas con objetivos similares tienen la misma estructura", y que, a partir de la *especificidad de diversos aprendizajes,* y del *establecimiento de relaciones concretas entre ellos,* se consigue la generalidad de la estructura. (Joan Riera, 1989).

3. TAREA MOTRIZ

Por tarea motriz se entiende el conjunto de actuaciones que conducen a una persona a realizar un movimiento determinado y que además se manifiesta, o lo que es lo mismo, es observable. Lógicamente, en estas actuaciones existen diferentes dificultades que permiten descifrar si la persona consigue el movimiento que deseaba realizar. En este caso es necesario que exista un modelo inicial de referencia que pueda compararse con el resultado.

La tarea motriz hay que estudiarla desde un punto de vista en el que se interrelacionan distintos elementos, que se refieren a los procesos de percepción, decisión, ejecución y feedback que han sido estudiados a partir del modelo de Welford (1968). El autor expuso en sus investigaciones, que existe una información que es captada por los órganos de los sentidos y, mediante los mecanismos perceptivos, las informaciones externas que proceden del medio ambiente y llegan a los órganos nerviosos centrales, se identifican y clasifican. A partir de estas identificaciones y clasificaciones se ejecuta un movimiento.

Un modelo simplificado para comprender los elementos que intervienen en las tareas motrices sería el siguiente:

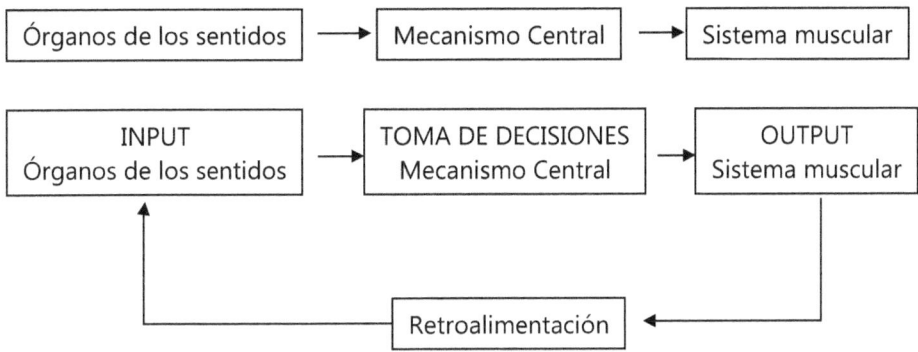

El modelo representa una unión entre los órganos de los sentidos, el cerebro y la acción de los músculos determinados. La observación del modelo puede representar un esquema estático, pero nada está más lejos de la realidad. El Sistema Nervioso está en constante actividad y el medio ambiente está también en continuo cambio, lo que significa que el organismo se encuentra adaptándose constantemente a las alteraciones que se van produciendo.

Para terminar de comprender el modelo anterior es necesario introducir un último elemento que se encuentra presente en toda actividad, y el referido a la retroalimentación.

CARACTERÍSTICAS Y CLASIFICACIONES DE LAS TAREAS MOTRICES

Un aspecto importante en el modelo antes mencionado es el feedback. Existe un feedback interno que es el que proporcionan los órganos propioceptivos, a nivel de músculos y articulaciones y que informan de los cambios del sistema muscular. Por otro lado existe un feedback externo que es el que proporciona el medio ambiente, bien sea el entrenador o cualquier otro medio audiovisual, y se le denomina "Conocimiento de los Resultados – CR". El feedback puede ser utilizado en una respuesta motriz que ya está en marcha, como cuando el entrenador se dirige al deportista que está botando la pelota y le dice "mira al frente y no a la pelota"; o bien puede ser aplicada después de la acción motriz, en cuyo caso dependerá del ejecutante para que pueda retenerla en su memoria.

Foto 15. Jaime Mena en Pádel Soto Torrejón (Foto de Juanjo Moyano)

De acuerdo con estas explicaciones se pueden diferenciar dos grandes categorías:

- a. Tareas motrices cerradas (TMC)
- b. Tareas motrices abiertas (TMA)

a.- las TMC son aquellas en las que las condiciones medioambientales permanecen estables, de forma que la secuencia motriz se mantiene según un patrón estándar, lo que permite que los mecanismos perceptivos y de decisión apenas intervengan, salvo en el control del movimiento y sobre todo analizando la información que proviene de la retroalimentación. El mecanismo ejecutor es el que llegado el momento puede realizarse inconscientemente. Un ejemplo sería el tiro de precisión, donde las condiciones externas apenas varían y el mecanismo ejecutor es el que debe realizar una acción muscular correcta.

Foto 16. Nico con una pala de adulto (Foto de Juanjo Moyano)

b.- Las TMA son aquellas en las que el medio ambiente que rodea a la persona es cambiante, ya sea por la propia acción del ejecutante o por la acción de los que le rodean, y en cada instante la actividad motriz debe ser regulada de acuerdo a una apropiada situación externa. En este caso, los mecanismos de percepción y decisión necesitan adaptarse constantemente al entorno, lo que significa una identificación acertada de los estímulos externos y el mecanismo de decisión debe proporcionar una respuesta acertada a la situación y seleccionar adecuadamente el objetivo a conseguir. Un ejemplo serían el de un jugador de fútbol que controla el balón y a la vez tiene que atender la posición propia, la de los compañeros y la de los contrarios.

PROGRAMA MOTOR

El concepto de programa motor procede de la idea de estudiar al hombre como si fuera una máquina. El término programa se refiere a la secuencia de instrucciones ordenadas, que permiten una determinada ejecución. La idea de programa motor establece un orden jerárquico mediante el cual se controlan una secuencia de operaciones que están determinadas por acciones espaciales y temporales.

Keele (1968) *definió el programa motor como una serie de comandos musculares estructurados, que dibujan una secuencia motriz y que permiten controlar esa secuencia motriz mediante retroalimentación periférica.*

Según la teoría de *Schmidt*, el ejecutante, cuando realiza la práctica motriz, almacena información que perfecciona un programa motor general, lo que permite resolver el almacenamiento en la memoria. Este programa motor general son un conjunto de coordinaciones motrices inherentes al movimiento, y a partir de estos se elaboran los esquemas de respuesta que se traducen en un movimiento.

Foto 17. Material de clase (Foto de Juanjo Moyano)

Sobre el programa motor se derivan una serie de controles que están sujetos al tipo de objetivo que se persigue. Según *Rigal* (1987), de manera general, el efecto de cualquier movimiento se puede utilizar para preparar o modificar el movimiento siguiente, o por el contrario los movimientos requeridos son independientes unos de otros, de forma que cada uno ha sido programado de antemano y se desarrollan sin corrección, al primer modo de control se le denomina bucle cerrado y al segundo de bucle abierto.

El control del bucle cerrado es un sistema de control que se basa en la utilización del feedback o de las referencias. El movimiento se corrige a medida que se desarrolla.

Por el contrario, el control en bucle abierto está basado en una programación anterior a la acción. Las instrucciones necesarias están programadas desde antes del desencadenamiento de la acción que es ejecutada de forma independiente a los efectos.

4. FACTORES INTRÍNSECOS QUE AFECTAN A LA ADQUISICIÓN DE LAS TAREAS MOTRICES.

Para comprender adecuadamente las posibilidades de aprendizaje motriz en las personas hay que tener en cuenta algunos componentes que dependen en exclusiva de la propia persona. Es decir el sujeto receptor de la información posea algunos atributos que le permitan recibir la información, y tratarla correctamente con el fin de conseguir aquello que se pretende.

A continuación se exponen los factores más relevantes que condicionan y afectan en el aprendizaje de las tareas motrices, aunque su estudio se presenta por separado, todos ellos interactúan entre sí.

4.1. La edad y el sexo

El aprendizaje difiere de la maduración porque aquel tiene un componente que origina un cambio en la forma de actuar de la persona. Por el contrario, la maduración es un estado biológico que se va desarrollando con el tiempo.

Por ejemplo, las características corporales infantiles provocan los reaprendizajes continuos debido al constante crecimiento de las diversas partes del cuerpo.

Con relación al sexo, los estudios demuestran que en relación con la habilidad, las mujeres superan a los hombres en velocidad perceptiva, identificar objetos emparejados, y son más rápidas en tareas de precisión.

Los hombres realizan mejor determinadas tareas espaciales, como imaginar el giro de un objeto, el correcto recorrido de una ruta, la precisión de habilidades motoras dirigidas a blancos, guiar e interceptar objetos en movimiento.

Foto 18. Nico con su primera pala (Foto de Juanjo Moyano)

4.2. Los aprendizajes previos

Es necesario que ciertos patrones básicos de movimientos se hayan consolidado antes de iniciarse actividades más complejas.

En general, a mayor número y variedad de tareas aprendidas con un nivel de eficacia elevado, el aprendiz tendrá mayor facilidad para aprender cualquier nuevo deporte.

4.3. La atención

La atención es la disposición de la persona para recibir y procesar la información. La facultad de focalizar la atención es la que permite que una persona comprenda mejor aquello que se le exige que realice.

4.4. La memoria, la retención y el olvido

Los resultados obtenidos en las investigaciones sobre el procesamiento de la información sugieren que hay tres aspectos importantes en el sistema de la memoria humana.

El primero hace referencia al almacenamiento sensorial. En este caso, la información llega a través de un sistema sensorial permaneciendo disponible aproximadamente durante un segundo.

Sin embargo las dos funciones principales son la memoria a largo plazo (MLP) y la memoria a corto plazo (MCP).

La MLP, o memoria permanente es una forma de almacenamiento

relativamente estable y duradera, tiene una capacidad prácticamente infinita. Sin embargo, el acceso y el recuerdo en este tipo de memoria no es tan fácil, ya que dependerá de cómo se haya almacenado el conocimiento para acceder a él.

La MCP, también denominada memoria inmediata, es un tipo de memoria donde el almacenamiento de la información es relativamente frágil, inestable y temporal, con una capacidad limitada. Su principal característica es que le permite funcionar como un espacio operativo donde se puede manipular la información y dirigir deliberadamente la acción subsiguiente, por ejemplo cuando ejecutamos dos saques seguidos, en el segundo corregimos el error inmediato que hemos cometido en el primero.

Según Singer (1986) los individuos procesan información, según determinadas técnicas logrando mejorar la memoria, es decir, pasar información de la MCP a la MLP, de una forma organizada. Algunas de las principales técnicas, por lo menos en cuestiones verbales, son:

• Repetición.

• Agrupamiento (pe.: agrupar de dos en dos).

• Clasificación (dar nombre a la información).

• Codificación o neniotécnica (relacionar expresiones, ritmos etc.).

5. FACTORES EXTRÍNSECOS SOBRE LA ADQUISICIÓN DE TAREAS MOTRICES.

La adquisición de tareas motrices tiene unos componentes externos que permiten al entrenador o al profesor determinar el tipo de acciones más recurrentes para conseguir los objetivos propuestos, los más importantes son los que a continuación se relacionan:

• **Tipo de habilidad motriz,** en suma cómo adquiere la persona una habilidad motriz determinada.

• **La Transferencia,** la posibilidad de que se puedan establecer las diferencias o similitudes que tienen determinadas tareas motrices para que puedan permitir o no la adquisición de otras nuevas.

• **El Conocimiento de los Resultados, (retroalimentación)** en base a la información externa que recibe una persona con el fin de ajustar su habilidad a la propuesta motriz inicial.

• **Las Condiciones en que se Desenvuelve la Situación Práctica,** con el fin de cómo deben presentarse las acciones motrices para que el aprendiz las asimile de la mejor forma posible.

5.1. El tipo de habilidad motriz

Se necesita conocer cómo se adquieren las habilidades motrices para distinguir si el tipo de habilidad influye en mayor o menor medida en su aprendizaje.

En el momento de la presentación de la actividad, sea del tipo que sea, el ejecutante debe percibir claramente aquello que debe realizar. Para ello debe traducir en movimiento las palabras de una explicación o la visión de una determinada demostración.

Si la habilidad es muy compleja, esta traducción, inicialmente, será deficiente, pero con la práctica se irá mejorando.

El profesor tiene un concepto o una idea del tipo de habilidad que desea que el deportista adquiera, sin embargo, no es fácil que el profesor logre transmitir o proyectar toda la idea tal como la tiene en su mente. Por otro lado, el ejecutante no asimila toda la información que recibe, sino que la recibe de forma parcial, y al final termina realizando una ejecución que difiere en mayor o menor medida de la idea inicial. A continuación se expresa gráficamente:

5.2. La transferencia

Es la ganancia o pérdida de la posibilidad de ejecutar una destreza como resultado de la práctica o la experiencia aprendida en otra tarea previa.

Existen dos teorías:

- • La de los elementos idénticos *Thorndike 1976*.- defiende que lo aprendido anteriormente sirve para aprender algo nuevo siempre y cuando existan aspectos iguales entre lo nuevo y lo antiguo; es decir que debe existir cierta analogía.

PROFESOR.ALUMNO

CONCEPTO

PROYECIÓN. CONCEPTO

PERCEPCION. ALUMNO

EJECUCIÓN/ MEMORIZA. CONCEPTO

Se pueden producir tres tipos de transferencias:

- T. Positiva.- permite o beneficia el nuevo aprendizaje (la carrera y el salto, voltereta gimnástica y salto de trampolín).
- T. Nula.- no influye en el nuevo aprendizaje (ciclismo y fútbol).
- T. Negativa.- cuando interfiere en el nuevo (número de pasos con el balón en la mano en balonmano y en baloncesto).

En el aprendizaje de la técnica (fundamentos técnicos) tiene esta teoría su pilar fundamental.

- La Teoría de la generalización, formulada por *Judd 1976,* una tarea descansa en unos principios generales o pautas y configuraciones comunes que se reconocen en otras nuevas que se tratan de aprender, facilitando con ello el aprendizaje.

Ésta tiene más posibilidades de ser utilizada en los planteamientos tácticos, ya que se pueden transferir algunos aspectos de un deporte a otro si se lleva a cabo una adaptación ente los estímulos, podrán transferirse a situaciones nuevas y generalizarse así ciertas pautas de comportamiento (los conceptos de defensa en los diferentes deportes colectivos).

Para conseguir la máxima transferencia positiva de habilidades y reducir los efectos de la negativa, un profesor o entrenador deberá tener en cuenta los siguientes principios:

1. Cuando los patrones motrices entre dos habilidades son similares, los profesores destacarán dichas semejanzas a los alumnos.
2. Cuando las posibilidades de transferencia existen es de gran ayuda que la primera destreza esté bien consolidada.
3. Para maximizar la transferencia de una destreza deberán enseñarse todos los conceptos básicos, principios y generalizaciones que se

refieren al movimiento y al deporte de que se trate. Es decir, dar la mayor información con la mayor claridad.

4. Como en toda enseñanza, el uso de una gran variedad de ejemplos o técnicas a seguir incrementará la probabilidad de que un alumno llegue a comprender un concepto y, de esta forma, aplicarlo a una situación nueva

5.3. El conocimiento de los resultados o retroalimentación

Es la información que recibe el ejecutante sobre su actuación motriz. Se puede considerar que el factor más importante para el control del aprendizaje motor es el de contar con un *feedback eficaz* (información sobre procesos o actuaciones de un individuo con el fin de controlarlos voluntariamente)

Esta información tiene dos vertientes principales, una la que el propio ejecutante recibe mediante sus canales visuales y kinestésicos-táctiles; y otra la que le proporciona un agente externo, normalmente el entrenador, que a su vez puede ayudarse de algún medio técnico.

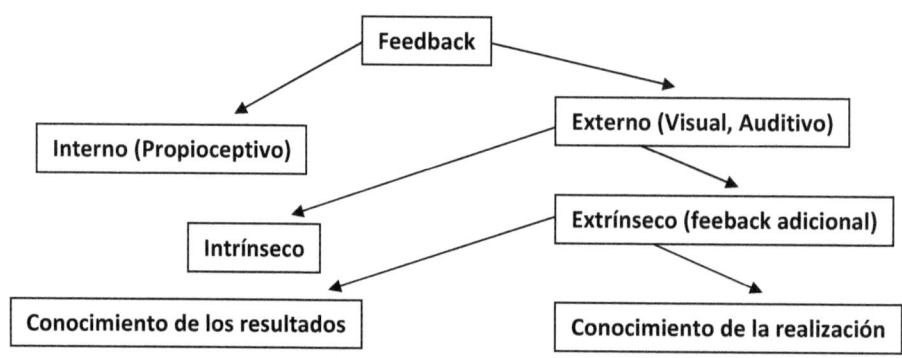

5.4. Las condiciones en que se desenvuelve la práctica

En la actividad física existen una serie de aspectos básicos que deben tenerse en cuenta para que se puedan conseguir los objetivos propios de esta actividad. Los más importantes son los siguientes:

    a.- Hay que comprometer al alumno y al deportista para realizar una actividad práctica.

    b.- El tiempo asignado a la tarea deberá ser suficiente para que pueda ser aprendida.

c.- La presentación de los ejercicios deberá estar acorde con su complejidad.

d.- Las diferentes formas de utilización del conocimiento de los resultados deberá emplearse con asiduidad y profundidad.

En resumen habrá que analizar si la actividad práctica conviene realizarla de forma global o analítica (por partes), así como que el tiempo neto asignado a la práctica sea suficiente para que el alumno aprenda. El conocimiento de los resultados tiene que ser más directo en el caso de las tareas técnicas únicas que en las tareas tácticas, en ésta última la percepción del profesor puede ser distinta a la percibe el alumno, y producirse cierta contradicción.

6. PROCESOS DE APRENDIZAJE SEGÚN NIVELES DEL APRENDIZAJE MOTOR

Para lograr una acción eficiente en los periodos iniciales del aprendizaje, el aprendiz debe prestar su atención al propósito del movimiento y no a los movimientos específicos.

Es decir el aprendiz debe obtener una idea general del patrón motor y no centrar su atención en realizar ciertos gestos que le pueden proporcionar una distorsión del movimiento a realizar. Por ejemplo: si una persona tiene que realizar un lanzamiento a un objeto que se encuentra a cierta distancia, es preferible, en la etapa inicial, que se preocupe de acertar en el objeto y no de realizar un movimiento técnico complejo.

Cuando se trata de que la persona aprenda un movimiento específico, entonces si es necesario que se atienda a la secuencia del patón motor, para comprender el gesto técnico que tiene que realizar. Es corriente que durante esta fase no se logren rendimientos excelentes, pero esto se consigue cuando se llega a la automatización.

Para el aprendizaje de las tareas motrices en los niveles iniciales hay que tener en cuenta tres aspectos diferentes: la maduración biológica, los aprendizajes anteriores y la motivación.

En cuanto a los deportistas con un alto nivel de destrezas, más que un aprendizaje de movimientos se trata de una correcta aplicación de lo ya aprendido. En un primer lugar se encuentra una base de entendimiento motriz en el que hay un rico repertorio de acciones motrices, que pueden combinarse y crear situaciones nuevas.

En segundo lugar, la rapidez en la combinación de acciones motrices se eleva y determina por una especialización en los movimientos.

En tercer lugar, la multiplicación de experiencias motrices le permite, memorizar situaciones que pueden presentarse en un futuro.

Para que una persona llegue a ser verdaderamente diestra en las actividades deportivas, es necesario que todos los procesos que se han mencionado anteriormente sean operativos al máximo.

Por otra parte, el deportista que tiene un alto nivel de destreza no sólo controla sus propios movimientos sino que es capaz de incitar a sus oponentes a que efectúen movimientos inadecuados y también fuerza a sus compañeros a realizar movimientos efectivos.

Foto 19. Comparativa de golpeo entre Nico y Leo (Foto de Juanjo Moyano)

LOS DESPLAZAMIENTOS EN EL PÁDEL

Foto 20. Volea de Revés de Alejandro Ruiz (Foto de Pepe Ainsúa)

LOS DESPLAZAMIENTOS EN EL PÁDEL

El pádel actual es un deporte cada vez más exigente en sus diferentes acciones y golpes. Los jugadores tienen que tener una gran movilidad, siendo exigidos en grandes arrancadas, frenadas, cambios de dirección, saltos, etc. Todo esto hace que, desde el comienzo de su aprendizaje, práctica y entrenamiento, se tenga muy en cuenta paralelamente con la adquisición de los diferentes golpes, la movilidad, el trabajo de pies y los desplazamientos.

El pádel es un deporte de movimiento y debe ser enseñado como tal.

Para mejorar estas condiciones debemos partir de un desarrollo general de la velocidad, la frecuencia de movimientos y la reacción, especialmente a nivel de las extremidades inferiores, para posteriormente llegar a un desarrollo y entrenamiento de la potencia de las mismas.

Los ejercicios que a continuación se proponen se pueden desarrollar tanto dentro como fuera de la pista. Deberán tener una frecuencia acorde al nivel y edad de los alumnos, siendo la frecuencia óptima 1-2 veces por semana a excepción de los ejercicios de reacción y frecuencia de movimientos, los cuales se podrán practicar en casi todas las sesiones que efectuemos.

Es importante tener en cuenta la edad y el grado de desarrollo de los alumnos para adecuar los ejercicios en cuanto a:

- Series y repeticiones.
- Intensidad y recuperación.
- Hasta los 12-13 años los ejercicios no excederán de los 15 segundos. Después de los 16 años, no excederán de los 20-30 segundos.
- La resistencia anaeróbica aláctica comprende ejercicios de alta intensidad, pero hasta 12-15 segundos. La láctica de 15-20 segundos de duración máxima.

EL JUEGO DE PIES

Foto 21. Bandeja de Fernando Belasteguín (Foto de Pepe Ainsúa)

EL JUEGO DE PIES

El juego de pies en el pádel son los movimientos que deben hacer tus pies y tu cuerpo para poder golpear la pelota en una posición cómoda y técnicamente correcta.

Es importante mencionar que el movimiento y la posición que adopten tus pies cuando golpeas la bola afecta a todo tu cuerpo en su conjunto. Por ello el análisis del juego de pies debemos hacerlo de una manera integral y no aislada. Es decir, debemos observar también el posicionamiento del cuerpo en el momento del golpeo, ya que un buen juego de pies suele dar como resultado un buen posicionamiento en el momento de golpear la pelota.

El juego de pies se caracteriza fundamentalmente porque pasamos de dar pasos largos a pasos cada vez más cortos hasta lograr ajustar la posición correcta de nuestros pies en el momento de golpeo.

Los pasos largos nos aportan mayor velocidad para llegar a la pelota y los solemos utilizar cuando estamos a mayor distancia de ella. A medida que nos acercamos a la pelota, esa amplitud de los pasos se va haciendo cada vez menor para lograr el ajuste de pies en la posición correcta del golpe.

Foto 22. Pablo Lima desde el fondo de derecha (Foto de Pepe Ainsúa).

No se suelen utilizar pasos largos para ajustar la posición de nuestros pies para golpear de la manera correcta. Para ello utilizaremos los pasos cortos, aunque en los momentos en que se llega muy forzado a la pelota y no nos dé tiempo de ajustar con pasos cortos la posición de golpeo, nos veremos obligados a ajustar como podamos con pasos largos.

Foto 23. Volea de Revés de Ernesto Moreno (Foto de Pepe Ainsúa)

Recuerda: Los pasos cortos son la clave del juego de pies, ya que son los que te permitirán ajustar tus pies a la posición correcta de golpeo y lograr la distancia conveniente entre tu cuerpo y la pelota.

Los jugadores que tienen un juego de pies muy pobre suelen sentirse incómodos al golpear la pelota ya que no ajustan bien y muchas veces golpean demasiado cerca de la bola o demasiado separado de ella.

No todo son pasos largos y cortos en el juego de pies. El juego de pies es muchísimo más amplio que todo esto. Además, no solo es saber correr y ajustar tus pies cuando vas a golpear a la pelota, es también saber volver de la manera correcta a la zona que debes cubrir defendiendo o atacando, hacer las recuperaciones de zona después de golpear y todo esto depende del tipo de golpe que realices. No es lo mismo estar defendiendo cuando me sacan de la esquina, que recuperar la red después de una bandeja. En cada momento debo pensar en el tipo de golpe y en sus consecuencias.

El consejo principal que debemos tener siempre en cuenta es que, aunque no entre en juego, deberé estar siempre en movimiento, y si estoy entrando en juego, con mucha más razón. Mueve tus pies mientras esperas la siguiente bola durante el peloteo del punto, lo que hará que te mantengas activo y alerta para reaccionar con mayor rapidez cuando te venga la bola.

Foto 24. Posición de espera de Javi "Yayi" Díaz (Foto de Juanjo Moyano)

El mejor resultado del juego de pies efectivo resulta cuando la mayor parte del peso de tu cuerpo se encuentra en la punta de tus pies y el talón se encuentra ligeramente levantado del suelo. Si nos fijásemos en un jugador profesional, veríamos como en todo momento se encuentra sobre la parte delantera de su planta del pie y dando constantemente pequeños saltos, lo que permite que esté alerta y salga con mayor rapidez a la pelota.

Teoría del Semáforo

¿Qué golpe utilizar según mi posición en la pista?

color **ROJO** significa **PELIGRO**, una zona en la que si el jugador realiza golpes arriesgados generalmente tendrá errores.
El color **AMARILLO** significa **PRECAUCIÓN**, ya que puede hacer tiros un poco ofensivos sin tomar demasiado riesgo.
El color **VERDE**, significa **AVANCE**, el jugador debe intentar atacar y realizando golpes razonables obtener el máximo beneficio.

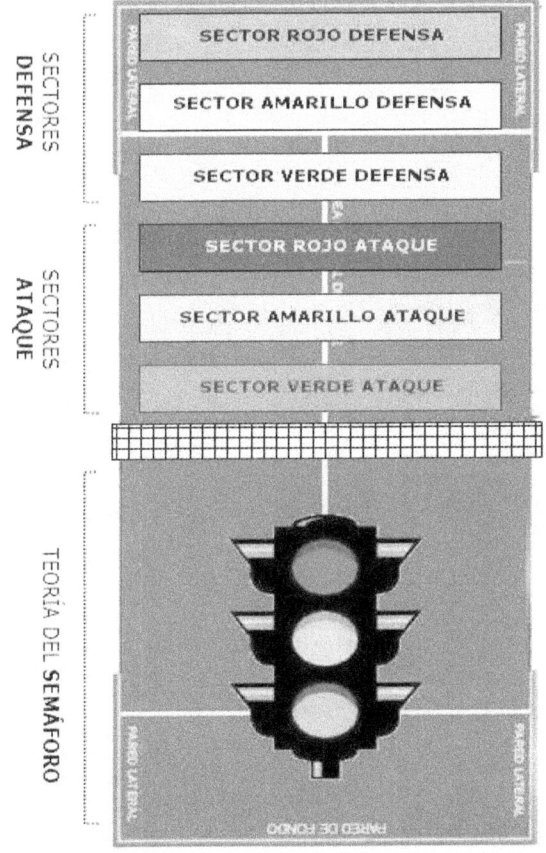

Sectores defensivos.

DÓNDE:
Ubicado en 1m de pista cerca del muro de fondo.
Cuando el jugador está en esta zona, el rival está cerca de la red en situación de dominio. Por tanto el jugador que está en el fondo deberá solamente hacer tiros defensivos esperando recuperar la posición correcta de juego.

ASPECTOS TÁCTICOS:
Normalmente se ejecutan golpes de contra pared con globos, globos sin pared, giros y golpes de derecha o revés sin dar mucho ángulo (al centro) ni con mucha altura.
Muchos golpes los jugadores los realizarán con la bola detrás del cuerpo sin tener la visión de los rivales, basándose en la información del compañero con respecto a la ubicación de los oponentes. El objetivo será hacer buenos golpes para en la siguiente bola pasar al sector amarillo o verde, según la calidad de tiro y la respuesta del rival.

DÓNDE:
Ubicado desde donde finaliza el sector rojo hasta 0.50 antes de la línea de saque. Cuando el jugador se encuentra en esta zona, el rival está a media distancia de la red, en situación. El jugador que está en el fondo de la pista podrá jugar golpes defensivos y medio ofensivos a la espera de la devolución.

ASPECTOS TÁCTICOS:
Se podrán jugar golpes más ofensivos por el hecho de estar colocados más cerca de la posición ideal de juego (0.5 m. detrás de la línea de saque), siempre observando el resultado de dichas ejecuciones como para progresar tácticamente y pasar al sector verde. Los golpes podrán ser un poco más angulados o fuertes ya que desde esa posición el jugador podrá resolver muchas de las devoluciones rivales más cómodamente, sin quedar mal parado para la siguiente jugada.

DÓNDE:
Ubicado donde finaliza el sector amarillo hasta 1...metro delante de línea de saque. Cuando el jugador está jugando esta zona, el rival suele encontrarse ubicado generalmente a 2.50 metros de la red y el jugador de fondo podrá contragolpear o jugarse tiros angulados intentando "coger la red" y pasar a la posición de ataque cerca de la misma.

ASPECTOS TÁCTICOS:
Como el jugador se encuentra dentro de la pista podrá en la mayoría de sus golpes comprometer más a sus rivales y entrar en la zona roja de ataque con remates, bandejas o voleas, para luego "coger la red". Normalmente, cuando el jugador está en sector verde defensivo, el rival se encuentra en el sector rojo de ataque (golpeando con bandeja o smash), sector rojo defensivo (por haber perdido la red con un globo o remate), a no ser que haya golpeada una volea corta o un smash sin profundidad.

Sectores defensivos.

DÓNDE:
Ubicado delante del sector verde defensivo con un ancho de 2.50 metros hacia la red.
Cuando el jugador ocupa esta zona se encuentra en posición de ataque, pero lejos de la red y el rival está cerca de la línea de fondo de pista intentando contraatacar, por este motivo el jugador no debería realizar golpes excesivamente ofensivos e intentar recuperar una mejor posición en ataque, por ejemplo situándose en sector amarillo.

ASPECTOS TÁCTICOS:
Normalmente estará golpeando bandeja o remate exigente, la mayoría de los golpes deberán ir cruzados, profundos, haciendo jugar a los rivales con los rebote de pared para poder, mientras ellos ejecutan, ubicarse en el sector amarillo de ataque. No conviene tomar mucho riesgo desde esta posición ya que de hacerlo, se perderán muchos puntos (excesivo riesgo para el posible beneficio). Los rivales normalmente estarán situados sobre la línea de saque o algo más dentro de la pista, intentando coger la zona de ataque.

DÓNDE:
Está ubicado delante del sector rojo de ataque con un ancho de 2 metros hacia la red.
Cuando el jugador se encuentra en esta zona, está en posición de ataque pero a media distancia de la red y el rival seguramente estará parado a medio metro detrás de la línea de saque esperando la oportunidad de realizar un golpe mejor.

ASPECTOS TÁCTICOS:
Ya en esta posición los jugadores no serán tan cautos y podrán ser un poco más ofensivos, ya que ante buenas devoluciones de los rivales podrán cubrir mejor los ángulos de los golpes, intentando no perder esta ubicación en la pista. Por este motivo el jugador debería realizar golpes profundos sin tomar demasiado riesgo, pero forzando un poco más a sus oponentes para poder entrar en la zona verde y ser más ofensivos con menor riesgo todavía.
Se podrán ejecutar remates más potentes, víboras y voleas agresivas. Normalmente los rivales estarán situados en la zona amarilla o roja (defensa, detrás-línea de saque).

DÓNDE:
Ubicado delante del sector amarillo hasta la red. Cuando el jugador aparece en esta zona de ataque, podrá hacer golpes ganadores con potencia o precisión. Es la ubicación ideal de juego para el que ataca y normalmente los rivales estarán situados detrás de la línea de saque en actitud defensiva.

ASPECTOS TÁCTICOS:
Ésta es la posición más ventajosa, donde los jugadores podrán ser muy ofensivos tanto con voleas y variantes de smash, incluso sacando bolas fuera de pista con remates de potencia, trayendo la bola a nuestro campo o voleas anguladas a la verja. Cuando estén en este sector seguramente los rivales estén ubicados en el sector amarillo o rojo de defensa.

ES IMPORTANTE LA CALIDAD DE LOS GOLPES, PERO TAMBIÉN LA **ESTRATEGIA** A SEGUIR. **ANALIZA** Y **"DECIDE"** ADECUADAMENTE EN CADA SECTOR.

ENSEÑANZA DEL PÁDEL

CLAVES DEL ÉXITO COMO MONITOR

1.- La base de una buena enseñanza y la posterior evolución en el aprendizaje de los alumnos, parte de la insistencia del monitor y el énfasis que haga en sus explicaciones. No nos interesa lanzar 20 cestos de bolas con el fin de que el alumno salga satisfecho por el esfuerzo y ejercicio realizado; se trata de una clase de aprendizaje de un deporte y es importante convencer al alumno de que la única manera de progresar es haciendo hincapié en la técnica y sacrificarse por querer dominarla.

Foto 25. Greenvilas Meco Sport Center

2.- Recordad que el alumno, pese a haber recibido muchas clases, no es el responsable de llegar a conseguir efectuar un golpe adecuado; los verdaderos responsables somos los monitores. Sólo nosotros podemos lograr que el alumno adquiera un movimiento perfecto y adecuado, único en su resolución. Esto lo conseguiremos solo y exclusivamente basándonos en el consejo anterior.

3.- Hay que mentalizar al alumno que en el Pádel, la bola jamás va a venir a la posición en la que nos encontremos; cada bola recibida siempre es distinta a la anterior y con la técnica y habilidades desarrolladas debemos conseguir adecuarnos nosotros a efectuar siempre el mismo golpe.

4.- Es importante que entendamos y observemos con atención donde reside el problema de que un alumno no consiga efectuar un golpe, solo así podremos transmitírselo para que lo entienda y pueda corregirlo. Insistencia y paciencia son fundamentales en la enseñanza. CUIDADO, un alumno jamás debe terminar su ronda de ejercicios con un error, motivémoslos.

5.- Si observamos que un alumno hace demasiado esfuerzo a la hora de golpear y no consigue efectuar un golpe correcto, nos encontramos ante una situación de técnica indebida o no aprendida. No por golpear más fuerte a la bola el golpe va a salir mejor; **el Pádel es un juego de estrategia, táctica y técnica, NUNCA de potencia** (ejemplo, el remate).

Foto 26. Preparación del remate de David Lapastora

¡MAMI, ¿ME APUNTAS ESTE AÑO A PÁDEL?

Reflexiones sobre los miedos y dudas "a pie de pista" en los procesos de enseñanza y aprendizaje para jóvenes jugadores de pádel

¡Nos gusta jugar a pádel!

Como jugadores sabemos de la cantidad de variables que debemos coordinar en décimas de segundo para responder a una bola. Lecturas de trayectorias de la pelota en profundidad, potencia o efectos. Mi ubicación en la pista. La de mi compañero… la de nuestros adversarios ¿Es zurdo? Mi posición corporal, el tanteo y el momento del partido. ¿Se trata de un partido "de pachanga" o "de machete"? ¿En un momento de confianza… o de aquellos de los de abandonar la pala y "refugiarte" en otros deportes?

Cuando competimos, nuestros adversarios van a provocar que el juego se convierta en algo impredecible, variado, incierto y dinámico. Van a tratar de ponernos en problemas continuamente, y por lo tanto, nuestras conductas motrices van a depender en gran medida de las presiones que ejercen sobre ese contexto determinado (Davids, Araújo, Correia y Vilar, 2013).

La altura del techo, la posición del sol, el estado del pelo de la hierba o de la pelota, el formato de competición, la comunicación con mi compañero, la gestión de mis emociones y expectativas, de las suyas, ¡las de mi padre que continua enganchado a la malla!... ¿Acaso no forma parte todo ello de ese contexto que condiciona las acciones de juego?

La capacidad que evidenciemos para gestionar tanta variable y condicionantes de forma eficiente, es la que va a definir nuestro rendimiento motor… y medir nuestra calidad como jugadores. ¿O no has sentido alguna vez como "tu técnica" se colapsa ante un tipo de bola rápida con efecto o en un punto decisivo? (Mark Upton, 2016)

Desde la perspectiva de los sistemas complejos, los sistemas biológicos (o sea, tú mismo, querido lector) utilizan todo aquello que el entorno les ofrece para organizarnos en patrones de comportamientos eficientes. Nuestros comportamientos dependen directamente de todos los condicionantes de diferente naturaleza que actúan (como los que ejemplificábamos y muchos más) denominados constreñimientos (Torrents, 2011). Y el nombre se nos antoja muy apropiado ya que, realmente, esos condicionantes van a ejercer una presión, tan importante, que va a determinar y condicionar nuestros comportamientos motores.

...y nos gusta, aún más, enseñar el juego a nuestros "pekkes"

Si estás leyendo esto, probablemente tienes inquietudes educativas y, cómo a nosotros, te gusta compartir aprendizajes con los jóvenes "padeleras y padeleros". Y es en tesitura de formador, que nos preguntamos, a menudo, si nuestras realidad dinámica, no lineal y compleja que vivimos en una situación real de juego en un partido de pádel.

Foto 27. Alumnos Ekke Padel (Foto Kike Lacasa)

La pedagogía no lineal (JY Chow et al. 2006, 2007, 2013) supone un marco teórico en el que sustentar nuestras actuaciones pedagógicas bajo el paradigma de que: alumno, entorno, formador y todo el proceso en sí constituyen un sistema dinámico, no lineal y complejo.

No pensamos, en la línea que expresa Torrents (2011), que exista un único elemento que controle el comportamiento del resto. Y si es así... ¿por qué tan a menudo, los entrenadores seguimos concediendo preponderancia a las cuestiones relativas a la ejecución técnica de gestos aislados en el diseño del conjunto de nuestros entrenamientos?

Keith Davids (op cit) afirma que prepararnos para tener rendimiento en los juegos colectivos a través de la práctica repetitiva descontextualizadas y de patrones motrices aislados supone una aproximación excesivamente reduccionista. Y que seguramente sea absolutamente adecuada para la producción de patrones de movimientos consistentes ante entornos de rendimiento predecible... Pero ese escenario no es el que coincide con la exigencia real de nuestro juego. Probablemente te asaltan a la mente situaciones vistas o vividas de pequeños en fila ejecutando un gesto, recogiendo pelotas y volviendo a la fila para repetirlo una y otra vez...

La realidad del juego del pádel es... que es compleja. Son múltiples los componentes que deben coordinarse para ejecutar cualquier acción motriz, y además, está influenciado por una gran variedad y multitud de elementos que coexisten en un preciso momento de juego. El aprendizaje será fruto de la auto organización y de ahí, que parece lógico pensar que nuestra función -en tanto que facilitadores de aprendizajes- ha de transitar hacia la de ser capaces de generar escenarios en los que se den las interacciones más favorables entre el entorno y el alumnado mediante la variación de los constreñimientos.

De todos los constreñimientos posibles, el que "los profes" tenemos "más a mano" son los propios de la tarea. Es decir, aquellos relacionados con las reglas de cada juego, el material que utilizaremos, las medidas del campo, la altura de la red, el comportamiento de la bola según su fabricación o presión, las condiciones de interacción entre los jugadores, etc.

Tradicionalmente, los monitores nos hemos centrado en constreñimientos centrados en la persona, con el fin de mejorar indicadores fisiológicos, representaciones mentales, de las capacidades o de los elementos técnico-tácticos.

Lo que nos proponen los investigadores K. Davids y Araújo (2010) es que exploremos en nuestros entrenamientos cómo enfocarnos a las relaciones jugador-entorno. O como nos recuerda con vehemencia el experto en desarrollo de la creatividad táctica, Daniel Memmert (2016): "Let the game be the teacher"

Small Sided Games en el pádel. De acuerdo, pero... ¿cómo?

La mayoría de las prácticas deportivas ya contemplan los "mini-deportes" como herramientas esenciales de los procesos de iniciación deportiva. Cualquier sábado por la mañana podemos pasear por las competiciones escolares y comprobar como el mini-balonmano, el mini-basquet o el mini-voleibol sirven -a través de la competición- al objetivo primordial en etapas de desarrollo motor: la formación integral.

Esos juegos modificados reglamentados, aceptados por determinadas federaciones, suponen escenarios de aprendizajes...-y así deberían ser siempre- considerados por las instituciones que promueven competiciones en edad escolar. Y de la interacción del jugador con ese entorno específico diseñado (sin menoscabar el resto de tipologías de constreñimientos que no abordamos aquí) emergen acciones motrices de gran valor; no solo para el desarrollo de la técnica, propia de una disciplina, sino para utilizarla de forma comprensiva e inteligente. (Davids, Araújo, Correia y Vilar, 2013).

Entrenar con juegos reducidos y juegos modificados (Small Sided and Conditioned Games - SSCG) va a ayudar al jugador a adquirir un repertorio más funcional de comportamientos motores. (Passos, 2008 en Davids, 2013).

"Me gusta jugar más a mini-pádel, ¡porque los puntos duran más! En el campo grande, cuando te tiran un globo... ¡hala! se acabó" testimoniaba, ayer mismo, con vehemencia el benjamín Marc, al finalizar el último entrenamiento entre sudor y satisfacción.

Y la motivación no es sólo para el aprendiz. El reto que nos plantea esta perspectiva a los formadores es... ¡ciertamente estimulante! Somos nosotros los que, en función de la evaluación inicial y los objetivos que nos marquemos, debemos diseñar los contextos de enseñanza-aprendizaje. Identificar y manipular hábilmente variables y constreñimientos que pueden ser modificadas, siendo respetuosos con las características de la lógica interna del juego va a constituir una clave esencial en el diseño de los escenarios de aprendizajes eficiente respecto los problemas que van surgiendo constantemente en el juego.

Hernández Moreno (2000) considera que la estructura funcional o lógica interna de cada deporte debe ser un elemento fundamental del proceso de enseñanza-aprendizaje en la iniciación deportiva. Por encima, incluso de la división en etapas a partir del niño que aprende. A diferencia de los deportes psicomotores, en los que la copia más fehaciente de un patrón biomecánico nos puede reportar éxito en la práctica deportiva, la estructura funcional del pádel corresponde a la de los deportes sociomotores. Es la presencia de los adversarios, también de los compañeros, la forma en qué nos viene el móvil que queremos jugar (entre otros factores), las que van a condicionar la puesta en escena -condicionada- de unos determinados comportamientos motores.

Foto 28. Pekke Padel (Foto Kike Lacasa)

En nuestra escuela de pádel en Ekke, después de innumerables pruebas y debates en el seno del equipo, hemos empezado a utilizar un juego en espacio reducido y con pelota "soft" que consideramos respetuosa con la estructura funcional del pádel, a pesar de no poder contar con todo el conjunto de "paredes".

¿Es posible que este contexto de interacción pueda ayudar, a nuestros benjamines y alevines, puedan a desarrollar habilidades de ejecución a la vez que en la toma de decisiones y el desarrollo de habilidades tácticas?

¿Te apuntas al "Pekke Pádel"?

Queremos compartir contigo un ejemplo. En absoluto se trata de una propuesta cerrada, única, tan siquiera la mejor. Tan sólo un simple ejemplo que pueda estimularte a transitar por esta senda del diseño de contextos de aprendizajes. No se nos escapa que tiene muchas limitaciones, aunque las asumimos gustosamente al comprobar la "facilidad y sencillez" de montaje en el que incluso participan los propios niñ@s. Nuestra experiencia en la implantación de juegos reducidos en la iniciación deportiva en otras disciplinas nos evidencia que -en buena medida- debemos sopesar los costes logísticos y organizativos. Siempre y cuando la propuesta pueda mostrarse eficiente y funcional.

Reglamento del Pekke-Pádel

Un campo reducido 10 x 6

El ancho de la pista es el largo del minipádel. El ancho de la pista de minipádel lo fijamos tomando los dos módulos de cristal del fondo más uno de alambrada.

Tan sólo un lado de la pista de minipádel contaría con cristal, del que además se podría utilizar para jugar con el cristal de campo propio.

Siempre con el objetivo de dotar de fluidez al juego, generar incertidumbre y experiencias variadas de cálculo-óptico motor en el desarrollo de las lecturas de trayectorias de la pelota.

La línea blanca de fondo del campo real, nos va a servir como línea divisoria lateral para el servicio, dividiendo el campo en dos.

Para delimitar el largo de la minipista que no tiene cristal, utilizamos una sencilla tira de plástico enganchada a la base de la alambrada.

Foto 29. Ilustración cedida amablemente por Agustín Ortega

La red y las palas.

Utilizamos una red portátil desmontable de altura variable que colocamos entre 80 y 83 cm de altura.

En algunos casos hemos utilizado la solución de utilizar una ventosa en el cristal, a la que atamos tira de plástico hasta la red, concediéndonos una zona de espera-activación-tarea.

Optamos por pelotas "soft" con la intención de favorecer el tiempo de reacción y las posibilidades de conservar el móvil en juego. (63 mm de diámetro y 40 g. de peso)

Utilizamos palas de 33mm y 280g. Tenemos un largo camino aún para investigar acerca de los constreñimientos de la tarea a partir de las variaciones de los implementos.

Puntuación

El sistema de puntuación puede ser el mismo que en el padel adulto. (15-30-40-juego)

Siguiendo la normativa de la Liga Provincial de Menores de la FC Padel en Lleida, el partido se juega al mejor de 9 juegos. El equipo que consigue sumar antes 9 juegos es el vencedor.

Inicio del juego

Iniciamos con un sorteo con cualquier elemento diferenciador que contenga una de las palas, dejándola caer. El que haya ganado el sorteo decide campo o servicio y el otro equipo actúa en consecuencia. Saludo y foto inicial. ¡Como los mayores!

Empezamos sacando desde el cuadro derecho.

Para cada punto dispongo de dos servicios. Fallar el segundo significa punto para el otro equipo.

En el servicio, debemos dejar botar la pelota e impactarla por debajo de la cintura para que sea válido.

La pelota debe botar en el cuadro contrario en diagonal como máximo 1 m. antes del límite de la pista. Marcaremos ese metro con un cono exterior a la tira de plástico que ejerce de límite lateral. Tampoco podemos rebasar ese metro para ejecutar nuestro servicio.

Foto 30. Alumnos Ekke Padel (Foto Kike Lacasa)

El servicio no se puede volear. El receptor debe permitir que la pelota bote en el suelo, suelo/cristal, suelo/reja antes de devolverla al campo contrario.

Si la pelota bota fuera de los límites de juego es punto directo La pelota puede golpearse sin bote, o después de un bote tanto desde dentro como desde fuera de la pista. Tan sólo puede botar una vez en el suelo.

El golpeo de la pelota puede ser directo hacia el campo contrario, o que previamente toque cristal de fondo, alambrada de fondo, o los dos primeros módulos de cristal de mi propio campo de minipádel.

A pesar de ser más específico del tenis que del pádel, con el fin de primar la continuidad, variedad y dinamismo, permitimos que la pelota pueda pasar por la zona sin red del lateral de la pista que no tiene vidrio si el ángulo de la pelota te ha desplazado fuera de la pista y la impactas más allá de los límites de la pista por la zona que carece de "pared".

Solo se permite invadir el campo contrario con la pala y sin tocar la red si la pelota viene de haber rebotado en el cristal/malla de fondo volviendo al campo del que la ha golpeado.

Cambiaremos de campo cada vez que la suma de los juegos jugados sea impar.

Tirar la pala al suelo, golpearla contra el suelo, red o paredes, se advierte y explica en primer lugar, y se castiga progresivamente con un punto la segunda vez, un juego la tercera y partido la cuarta y última vez que se realiza una conducta antideportiva.

Asimismo se castigarán las conductas verbales o de falta de respeto con el contrario, el propio jugador, material, instalaciones o público.

En el caso de agresión o desconsideración al juez árbitro, se suspenderá el partido con eliminación y victoria del equipo contrario.

Al igual que sucede en otros deportes de cancha dividida como el bádminton escolar, serán los propios jugadores los que ejercen de árbitro-mediador participando en el registro en un acta del tanteo. En caso de duda, el árbitro tiene potestad para hacer repetir el punto "let".

Nuestra función sería -una vez más- la de facilitador. Los verdaderos protagonistas son los jugadores, y entendemos nuestra figura como mediadora de conflictos y de arbitraje pedagógico, explicando y solucionando situaciones que coayuden a aumentar los niveles de autonomía y autorregulación en el juego por parte de los propios jugadores.

Algunas consideraciones… pedagógicas

Davids, Button y Bennet (2008) apuntaban unos principios básicos de aplicación que nos pueden ayudan a enfatizar la vocación pedagógica y formativa por encima de la meramente competitiva con la que proponemos el uso de este formato de juego reducido del pádel.

1.- Dejar al alumnado tiempo y espacio para explorar y descubrir las respuestas apropiadas a los problemas motrices que se le planteen. Dentro de este juego reducido, vas seguir planteando diferentes problemas de aprendizaje, y variar los constreñimientos en función de las necesidades de nuestro propio grupo. Las necesidades de tus propios alumnos son los que van a determinar el tipo de comportamientos que pretendes que emerjan, y los constreñimientos que vas a proponer para ello. El límite, por lo tanto...¡está en tu imaginación!

2.- El profesorado se convierte en un guía, un facilitador de respuestas sin imponer ninguna de ellas. Debemos saber hacia donde dirigir el aprendizaje, claro está, pero para diseñar contextos-problema adecuados y modificarlos. Escenarios de aprendizaje susceptibles de provocar que emerjan las conductas ajustadas esperadas. Ahí sin duda está el reto. ¡Tu reto!

3.- La variabilidad en las respuestas no se considerarán errores, sino fases necesarias del aprendizaje. ¿Existe sólo una "bandeja"? ¿Es un acción de ataque o de defensa? Explorar posibilidades va a generar incluso fases de inestabilidad...pero para poder llegar a optimizar nuestro nivel de rendimiento y no estancarnos deberemos acompañar al jugador para gestionarlas y superarlas. ¡Y te van a necesitar a su lado!

4.- Para favorecer la variabilidad y la exploración, se propone manipular los constreñimientos de la tarea, algunos del alumno, y aprovechar las variaciones en los constreñimientos del entorno. Y ahí es donde utilizar este reglamento de forma diversa en entrenamientos, o bien, en entrenamientos y "competiciones" puede ser de gran utilidad. ¿Nos aseguramos de que las tareas que proponemos respetan la naturaleza impredecible, dinámica e inestable del juego?

5.- La retroalimentación es más efectiva si se utiliza en relación con el resultado de la práctica. Dota a tus alumnos del máximo de posibilidades de autorregulación con criterios de éxito (dónde va esa bola), estímulos visuales (cómo sale esa bola en función del golpeo) e incluso cómo suena (auditivos) y no sólo en relación con detalles de la ejecución que a menudo se nos antojan excesivamente abstractos para nuestros peques.

So what!...Now what?

Y como no podría ser de otra forma, llegados aquí, nos asaltan nuevos interrogantes acerca de si realmente estas formas de juegos reducidos y condicionados pueden provocar la emergencia de conductas motrices específicas propias del deporte del pádel.

Por este motivo nos proponemos conocer mucho más acerca de qué tipo de golpes emergen al interactuar cuatro jugadores de nuestra escuela nacidos entre el 2005 y el 2007 cuando juegan al PekkePadel (formato 10x6) respecto el formato en el que hemos participado en competiciones federadas de menores en un campo habitual (20x10).

La Metodología Observacional e instrumentos como LongoMatch Pro nos están siendo de gran ayuda en el proceso obtención de datos a través de la observación y el análisis en contexto.

Y los primeros datos son, ciertamente, esperanzadores y nos animan a continuar investigando alrededor de las posibilidades educativas que el escenario de los "Small Sided Games" nos ofrecen a todas y todos los entrenadores con inquietudes en los procesos de enseñanza y aprendizaje del pádel en edad escolar.

El análisis observacional arroja indicios de que los constreñimientos de la tarea provocan una emergencia de conductas en general respecto el juego desarrollado en el espacio habitual. Y aumentan, en particular, de forma significativa, aquellas conductas relacionadas con los golpe0s de pared, de definición y de red. (Almonacid, 2011).

En el portal específico de investigación en pádel PadelScience puedes conocer más detalles del estudio si sientes curiosidad. Sin duda debemos continuar experimentando formatos de SSG y SSCG en los procesos de iniciación deportiva al pádel, así como a investigar el impacto que pueden tener sobre la inteligencia y la creatividad táctica de nuestros jóvenes aprendices.

Te invitamos (¡te rogamos!) que te animes a participar del debate metodológico en la iniciación deportiva y mejorar ésta y otras propuestas dirigiendo tus sugerencias a lacasa@ekke.es

Sumando los esfuerzos colectivos de autores (gracias Juanjo por tu empeño y tu confianza), bloggers, youtoubers, y tantos entrenadores y entrenadoras inquietos que nos inspiráis día a día...vamos a garantizar muchas alegrías a mucha gente a través de este adictivo y apasionante deporte.

¡Gracias, de antemano, por tu complicidad y comprensión!

LAS EMPUÑADURAS

Foto 31. Willy Lahoz ejecutando un golpe de volea de derecha (Foto de Pepe Aínsúa)

LAS EMPUÑADURAS

Todo jugador, entrenador o monitor coincidirá, al hablar de las empuñaduras, en que no se pueden dejar de lado las diferentes características físicas y psicológicas de cada jugador, que progresivamente hacen que éste elija una empuñadura u otra, al igual que un agarre más corto o más largo. Si nos fijamos en jugadores de alto nivel, veremos que cada uno crea un estilo personal.

Cabe resaltar que según avanza el periodo de aprendizaje y el nivel del jugador, deberá adaptarse a las distintas velocidades de pelota del contrario, la evolución de su técnica, diferentes condiciones de la pista..., por lo cual van apareciendo diferentes tipos de empuñaduras.

Foto 32. Limitador de brazo de TechnologySport (Foto de TechnologySport)

En este sentido, y como señala Fuentes (2000, pág. 245-246), existen diferentes formas de empuñar una pala/raqueta, las cuales habrán de ser adoptadas en función del golpe que vaya a efectuarse. Todo monitor o entrenador deberá conocer cada una de las empuñaduras y la adaptación de ella al golpe que queramos ejecutar, aunque deberemos tener en cuenta que todos y cada uno de los golpes partirán de la principal empuñadura, la empuñadura continental. Hay que tener en cuenta, que puede haber tantas empuñaduras como golpes existen, pero que si queremos cambiar la empuñadura, deberemos ser extremadamente rápidos en el cambio ya que, de lo contrario, el golpeo sería erróneo.

Empuñadura Continental.

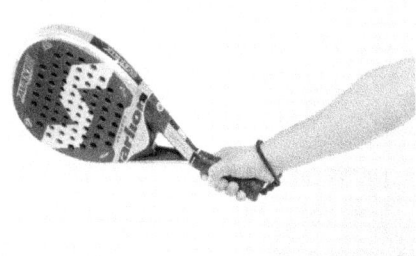

Foto 33. Empuñadura Continental (Foto Pepe Varela)

Esta empuñadura se sitúa a mitad de camino entre la empuñadura Este de derecha y Este de revés. La palma de la mano y el canto inferior de la misma deben apoyarse sobre el plano superior estrecho del mago de la pala. El dedo pulgar rodea el mango para asir la pala quedando a una distancia aproximada de un dedo del dedo corazón, quedando el dedo índice en una posición similar a la de un gatillo. De esta forma, se crea una "V" formada por los dedos pulgar e índice, cuyo vértice se situará en el centro del lateral de la pala. Con este tipo de empuñadura, se pueden realizar los golpes básicos planos, remate plano, servicios y voleas.

Empuñadura Este de derecha

Foto 34. Empuñadura Este de derecha (Foto Pepe Varela)

Partiendo de la empuñadura básica o empuñadura continental, la mano ha de colocarse como si fuera a estrecharse la mano de una persona que nos es presentada. La mayor parte de la palma de la mano se apoya sobre el plano ancho lateral de la pala; la parte restante de la palma de la mano, sobre el plano estrecho superior. El dedo pulgar rodea completamente el mango y llega a tocar el dedo corazón. La distancia entre los dedos índice y corazón será similar al ancho de un dedo. La "V" formada por los dedos pulgar e índice estará alineada con la parte lateral izquierda del mango de la pala. Esta posición sería correcta para golpes de derecha con efecto cortado.

Empuñadura Oeste de revés

Foto 35. Empuñadura Este de derecha (Foto Pepe Varela)

Partiendo de la empuñadura básica o empuñadura continental, la mano ha de colocarse como si fuera a estrecharse la mano de una persona que nos es presentada. La mayor parte de la palma de la mano se apoya sobre el plano ancho lateral de la pala; la parte restante de la palma de la mano, sobre el plano estrecho superior. El dedo pulgar rodea completamente el mango y llega a tocar el dedo corazón. La distancia entre los dedos índice y corazón será similar al ancho de un dedo. La "V" formada por los dedos pulgar e índice estará alineada con la parte lateral derecha del mango de la pala. Esta posición sería correcta para golpes de revés con efecto cortado.

Empuñadura para golpe de globo con bolas bajas // Remate plano

Partiendo de la empuñadura básica o empuñadura continental, la mano ha de colocarse como si fuera a estrecharse la mano de una persona que nos es presentada. La mayor parte de la palma de la mano se apoya sobre

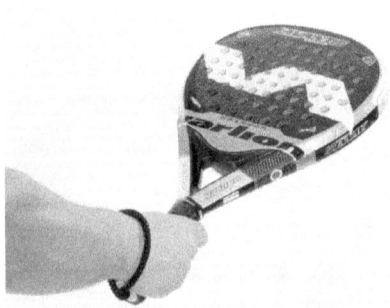

Foto 36. Empuñadura para globo o bolas bajas (Foto Pepe Varela)

el plano estrecho superior de la pala; la parte restante de la palma de la mano, sobre el plano ancho lateral. El dedo pulgar rodea completamente el mango y llega a tocar el dedo corazón. La distancia entre el dedo índice y corazón será similar al ancho de un dedo. La "V" formada por los dedos pulgar e índice estará alineada con el plano sobre el que golpearemos la bola. Esta posición sería aconsejable para bolas que nos vienen muy bajas y queremos sacarlas con un globo. También, aunque menos frecuente, es usada para realizar remates planos sin realizar pronación de muñeca.

LOS EFECTOS EN EL PÁDEL

Foto 37. Terminación en el golpeo de revés (Foto Juanjo Moyano)

LOS EFECTOS EN EL PÁDEL

Dependiendo de las empuñaduras que adoptemos, lo cual nos predispondrá a realizar un tipo de golpe, también podremos darle un efecto a la bola, lo cual lo hará mucho más completo.

En el pádel es muy vistoso el realizar golpes de potencia, pero deberemos acostumbrarnos a construir el golpe, como si de una casa se tratase:

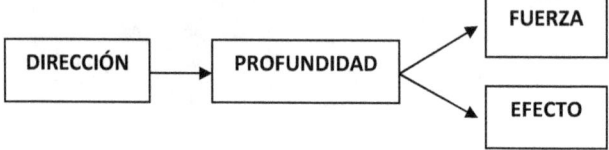

Lo principal en el golpeo es darle una dirección y una profundidad, y luego de conseguir esto, imprimirle fuerza o efecto, o ambos.

No nos vale de nada darle fuerza o efecto a una bola si no conseguimos darle dirección y profundidad:

- un golpe fuerte pero sin profundidad será defendible.
- un golpe con solo efecto será fácilmente defendible, ya que al no tener profundidad quedará corto delante del defensor.
- un golpe con fuerza y efecto pero sin profundidad será difícil de defender pero no llegará a ser óptimo.
- un golpe con dirección, profundidad, fuerza y/o efecto será el golpe que tendremos que conseguir.

Por todo lo anterior, cobra una particular importancia los efectos en el pádel, ya que dependiendo de la situación en la que nos encontremos, de la de los contrarios y también del golpe elegido, podremos imprimirle un tipo de efecto para conseguir un golpeo más completo.

Los efectos que podremos ejecutar en nuestros golpeos serán el golpe plano, el golpe cortado y el golpe liftado. Dentro del aprendizaje, estos golpes serán progresivos, ya que el alumno/jugador deberá ir progresivamente aprendiendo y ejecutando los golpes plano, cortado y liftado, ya que éste último es el más complicado de ejecutar.

El golpe plano

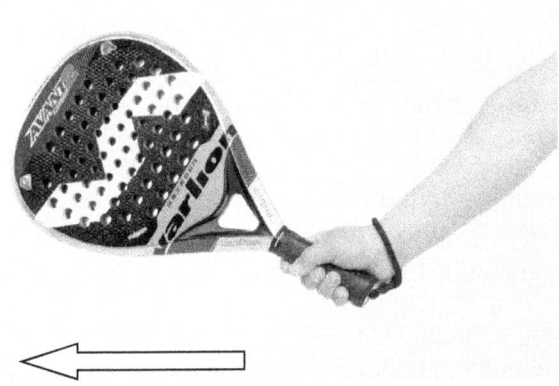

Foto 38. Posición de la pala para un golpeo plano (Foto Pepe Varela)

Al igual que en las empuñaduras decíamos que la continental era la más habitual, en los tipos de golpes, el golpe plano es el que más se utiliza y con el que comenzaremos en nuestro proceso de aprendizaje. El grado de dificultad es bajo y la precisión en el golpeo es alta.

El golpe se realiza colocando la pala perpendicular al suelo mientras realizamos un movimiento progresivo de atrás hacia delante, para impactar justo detrás de la pelota.

Los golpes en los que ejecutaremos este tipo de efecto serán en defensa de bolas bajas, en salidas de pared de potencia, en bloqueos de volea a bolas potentes de contrarios que ejecutan una salida de pared de potencia, en volea donde no podemos ejecutar otro tipo de efecto, en remates planos y en globos (cambio de empuñadura o pronación de muñeca).

El golpe cortado.

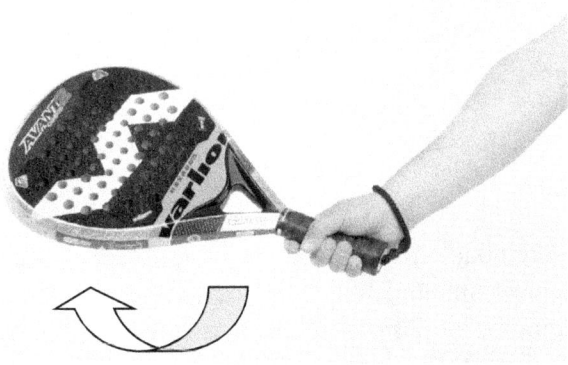

Foto 39. Posición de la pala para un golpeo cortado (Foto Pepe Varela)

En nuestro proceso de aprendizaje y mejora de nivel, una vez ejecutado sin problemas el golpe plano, comenzaremos a implementar un nuevo efecto en nuestros golpes, en este caso, el golpe cortado. De éste modo, tendremos un bagaje mucho más amplio y los contrarios no leerán y aprenderán tan fácil el tipo de golpe que ejecutamos, con lo que dificultaremos la devolución de nuestros adversarios.

Con este golpe conseguiremos que la bola se deslice por el suelo y tenga poco rebote, incluso si llega a botar en las paredes, conseguiremos un rebote muy bajo que impedirá una devolución fácil de los adversarios.

La ejecución del golpe será colocando la pala ligeramente inclinada con la cara de golpeo mirando hacia arriba, impactando la bola en la mitad inferior de la pelota de arriba hacia abajo y terminando delante, ya que si la técnica de ejecución no es correcta y realizo el golpe solo con la muñeca y terminando hacia arriba en vez de hacia delante, la bola describirá una parábola ascendente que habilitará a los contrarios para contraatacarnos.

Los golpes más habituales en los que realizaremos el efecto cortado serán el saque, en bolas desde el fondo de la pista para realizar una aproximación, en voleas que no demos potencia, en bajadas de pared con efecto y en algunos remates como la víbora.

El golpe liftado.

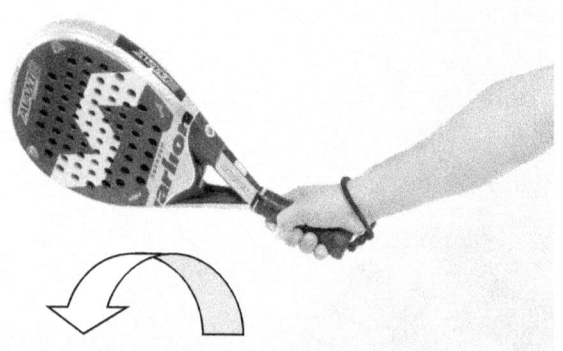

Foto 40. Posición de la pala para un golpeo plano (Foto Pepe Varela)

Como continuación a nuestra progresión como jugador, y una vez superado el nivel mínimo en nuestros golpeos planos y cortados, deberemos empezar a utilizar el efecto más complicado y que más cuesta aprender, el efecto liftado o con top-spin.

Al contrario que en el efecto cortado en el que la bola se deslizaba por el suelo al impactar en él, el efecto liftado lo que provoca es que la bola rebote mucho una vez toca el suelo.

Foto 41. José, preparando una volea de derecha en Pádel Soto Torrejón (Foto Juanjo Moyano)

La ejecución debe ser perfecta ya que si impactamos antes o después, lo que conseguiremos es que la bola o caiga antes de la red o suba demasiado. El impacto perfecto se consigue cuando la bola alcanza la altura máxima en nuestro lado de la red, para caer con peso en campo contrario.

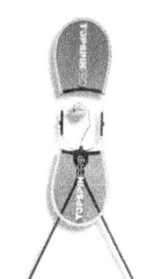

Foto 42. Top Spin de TechnologySport (Foto de TechnologySport)

Para ejecutarlo correctamente, el movimiento de la pala es de abajo hacia arriba, impactando en la parte superior de la bola, como si quisiéramos peinarla, y terminando hacia arriba.

Los golpes o situaciones más comunes en las que realizaremos el golpe liftado o con top-spin serán:

- en los remates de definición para conseguir que la bola, tras rebotar en el suelo, pegue en la parte más alta del muro y salga despedida hacia arriba, evitando de este modo que no sea interceptada por los contrarios.
- cuando nos encontramos defendiendo y nos vienen bolas fuertes y bajas que no nos permiten defender con globos, intentaremos golpear delante de nosotros para conseguir que la bola alcance la altura máxima en nuestro campo y caiga con peso o a los pies de los contrarios o dificulte su volea.

Foto 43. Pablo Franco, en la posición de preparación de una volea de revés (Foto de Juanjo Moyano)

LOS GOLPES DE PÁDEL Y SU ENTRENAMIENTO

- DERECHA.
- REVÉS.
- SALIDA FONDO DERECHA.
- SALIDA FONDO REVÉS.
- SALIDA LATERAL DERECHA.
- SALIDA LATERAL REVÉS.
- SALIDA DOBLE PARED DERECHA Y SALIDA DOBLE PARED DE REVÉS (QUE ABRE Y QUE CIERRA).
- BAJADA DE PARED DERECHA.
- BAJADA DE PARED REVÉS.
- VOLEA DE DERECHA.
- VOLEA DE REVÉS.
- BANDEJA.
- REMATE.
- SAQUE.
- RESTO.
- CONTRAPARED.
- GLOBO.

GOLPE DE DERECHA

Foto 44. Carolina Navarro ejecutando un golpe de derecha (Foto de Pepe Aínsúa)

GOLPE DE DERECHA

El drive o derecha, ya sea para jugadores diestros como para jugadores zurdos, es el golpe que más se utiliza, y por lo tanto es el golpe en el que los jugadores deben tener una mayor confianza.

Debido a la posición que tendremos en la pista al ejecutar este golpe, no será necesario imprimirle mucha potencia, por lo cual, al ejecutarlo sin velocidad, tendremos un mayor control de la bola, alcanzando nuestro objetivo de conseguir bolas con profundidad, bolas cortas, bolas con efecto, …. Por lo tanto, al no ser un golpe en el que se imprima mucha velocidad, vamos a conseguir un mayor control de la pelota y un dominio de los efectos.

Si el golpe de derecha se hace en la zona defensiva, lo que intentaremos es variar los tipos de efectos que le daremos a la bola, dependiendo del objetivo que busquemos:

- Plano, para realizar bolas pasadas, defensa plana, …
- Cortado, para bolas en las que los contrarios no están en la red, para bolas con las que puedo subir a la red, …
- Liftado, para defender con bolas que caigan a los pies de los contrarios, o que voleen bolas que caen, que lleven peso.

Para ejecutar el golpe de drive o derecha, con un efecto plano, el jugador deberá seguir las siguientes fases:

- Partiendo de una posición de espera correcta, en este caso en la zona defensiva, orientaremos el cuerpo hacia la posición de donde parte la bola. El jugador repartirá el peso del cuerpo entre las dos piernas separadas a la altura de los hombros, manteniendo un punto de gravedad estable, rodillas semi flexionadas y talones elevados para poder reaccionar antes y poder preparar el golpe.

Foto 45. Posición de espera golpe de derecha (Foto Pepe Varela)

Foto 46. Armado golpe de derecha (Foto Pepe Varela)

- Preparación y armado del golpe. Partiendo de la posición de espera, cuando la pelota se nos acerca por el lado derecho, el jugador girará los hombros apuntando el brazo izquierdo hacia la pelota para tener una referencia, elevará la pala hacia atrás sin cambiar la empuñadura con el brazo semi extendido, manteniendo el codo ligeramente separado del tronco y orientando el marco de la pala hacia la pared de fondo y la cabeza de la pala hacia arriba. Apoyará la pierna izquierda delante de él poniendo el peso del cuerpo en el pie atrasado, manteniéndose de lado a la espera de la bola.

Foto 47. Impacto golpe de derecha (Foto Pepe Varela)

- Impacto. Cuando la bola se acerca a nosotros, deberemos modificar nuestra posición anterior llevando el peso del cuerpo hacia adelante mediante la rotación de hombros, llevando la pala al encuentro de la pelota que se producirá a la altura del pie izquierdo, desapareciendo el brazo izquierdo de la posición que tenía.

Foto 48. Terminación golpe de derecha (Foto Pepe Varela)

- Finalización. Aunque parezca que no es importante esta fase del golpe, lo es tanto como las anteriores, ya que, si no ejecutamos correctamente la terminación del golpe, estaremos ejecutando un golpe seco o un golpe incorrectamente ejecutado. Aquí el cuerpo se relaja después del impacto, pasando todo el peso del cuerpo hacia delante, terminando la pala a la altura del hombro contrario, haciendo apuntar el marco de la pala en la dirección a la que queramos enviar la pelota. Los pies mantienen su posición, pero el pie atrasado se levanta un poco sin perder el contacto con el suelo, para mantener un centro de gravedad estable y adelantado.

Como bien hemos explicado en los tipos de efecto, nuestro nivel de juego y variedad de golpes se incrementará cuando implementemos el golpe cortado y liftado en nuestro juego. Por ello, cuando ejecutemos un golpe de derecha liftado, las fases de ejecución varían quedando de la siguiente forma:

Foto 49. Posición de espera golpe de derecha (Foto Pepe Varela)

- Partiendo de una posición de espera correcta, en este caso en la zona defensiva, orientaremos el cuerpo hacia la posición de donde parte la bola. El jugador repartirá el peso del cuerpo entre las dos piernas separadas a la altura de los hombros, manteniendo un punto de gravedad estable, rodillas semi flexionadas y talones elevados para poder reaccionar antes y poder preparar el golpe.

- Preparación y armado del golpe. Partiendo de la posición de espera, cuando la pelota se nos acerca por el lado derecho, el jugador bajará la punta de la pala hacia la zona por donde vendrá la pelota pero delante de nosotros, para ir al encuentro de la bola. La cadera girará levemente para posibilitar el movimiento.

Foto 50. Armado corto golpe de derecha (Foto Pepe Varela)

- Impacto. Cuando la bola se acerca a nosotros, con la pala abajo y delante nuestra, adelantaremos nuestro pie izquierdo (pie contrario al golpe; si fuese el jugador zurdo, se adelantaría el pie derecho) para tener una posición cómoda en la que pueda peinar la bola y liftarla. El movimiento de la pala será ascendente, ya que de la posición inicial que es abajo, deberé subirla al punto de impacto y posteriormente continuar su recorrido.

Foto 51. . Impacto golpe de derecha (Foto Pepe Varela)

- Finalización. Sigue siendo importante la terminación para conseguir darle el efecto a la bola. Después del impacto y envolviendo la bola, terminaremos con la pala delante de nosotros, sin exagerar el movimiento.

Foto 52. Terminación golpe de derecha (Foto Pepe Varela)

Siendo uno de los golpes básicos dentro del pádel, existen unos errores comunes y su consecuencia, los cuales deberemos corregir para elevar nuestro nivel de juego:

- Si no me coloco de lado a la hora de impactar a la pelota, esto producirá que el impacto de la pelota se produzca totalmente con la fuerza del brazo, por lo que aparte de ejecutar un golpe incorrecto, nos puede producir lesiones futuras como tendinitis de hombro, muñeca o codo.
- Si tengo mecanizado el movimiento y no me coloco de lado, el impacto se irá a una zona distinta de la que buscamos.
- Si levanto el codo cuando golpeo, hará que la bola coja una dirección descendente.
- Si no me coloco de lado y bajo las rodillas, lo que conseguiré es golpear como si tuviéramos una cuchara, haciendo que la bola se eleve y posibilite la fácil devolución del contrario.
- Si no separo el brazo del tronco a la hora de ejecutar el golpe, generaré mecanismos erróneos como muñequeos o rotación de hombros forzados. Siempre que pueda y las condiciones de recepción de la pelota me lo permitan, mantendré el codo separado del cuerpo.
- Si no flexiono las rodillas durante el golpeo, se producirán compensaciones como un exceso de rotación de hombros, un exceso de pronación del codo y/o exceso de muñequeo.

- Si adelanto o retraso el punto de impacto al punto de referencia de la altura del pie adelantado, haré que el golpe adquiera otras características, como puede ser que se desvíe de la trayectoria marcada o adquiera una altura no deseada. Un ejercicio que podemos realizar para mejorar en el punto de impacto es ponernos delante de una pared y golpear contra ella. Si la bola me viene recta, es que he ejecutado el golpe en el punto correcto, si se desvía, tengo que seguir practicando.
- No pararse a golpear. Todos tenemos un gran jugador de pádel dentro de nosotros........ ¡¡pero en parado!! Esto quiere decir que somos buenos cuando estamos bien colocados y bien parados, si ejecutamos el golpe en movimiento será más difícil.
- Si eres un jugador que ha practicado anteriormente tenis, tendrás una tendencia a liftar la pelota y a armar demasiado el golpeo, lo que provocará compensaciones como acortar las fases de impacto o terminación, pudiendo provocar lesiones en el codo por exceso de pronación.
- Como continuación del tenis, deberemos saber que las terminaciones no son iguales. En tenis, las distancias son mayores y los golpes son muy largos, acabando con el brazo encima del hombro contrario. En el pádel no es igual, ya que el golpe debe terminar con la pala enfrente de nosotros, sin pasarnos, a la altura de la vista. El problema y ventaja de la terminación larga, es que da mucha profundidad. Ahora, en la construcción de nuestro golpe deberemos decidir si queremos profundidad o no.
- Si no realizamos un correcto armado de la pala, ejecutaremos golpeos repentinos y violentos de la pelota que, aparte de ser golpes erróneos, conllevará futuras lesiones de muñeca ya que ésta apenas tiene palanca para soportar la fuerza y peso que trae la bola, si lo comparamos con la fuerza y peso que tienen que soportar el brazo con el armado correcto.
- Otros errores habituales son la terminación excesiva, como en el tenis, o la terminación alta o baja.
- Por último, deberemos tener en cuenta que, porcentualmente, la mayoría de las bolas de derecha que ejecutamos son bajas, por lo cual, un armado alto provocará que estemos mal colocados y hagamos un golpe repentino sin control. El armado alto de derecha se realizará cuando nos venga una bola alta y la queramos cortar o golpear.

Objetivo: Calentamiento previo al partido o clase
Secuencia de golpes: D - D

Descripción:
Los jugadores realizarán golpeo de derecha en paralelo sin que la bola toque la pared.

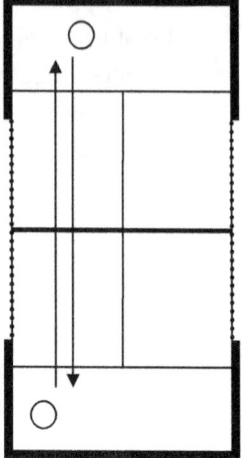

Objetivo: Control de golpe de derecha en movimiento
Secuencia de golpes: D// - DX

Descripción:
Ubicado un jugador en el fondo de la pista, realizará golpes de derecha paralelo y derecha cruzado a un objetivo marcado en el fondo de la pista.
Después de 10 bolas se cambia de jugador.

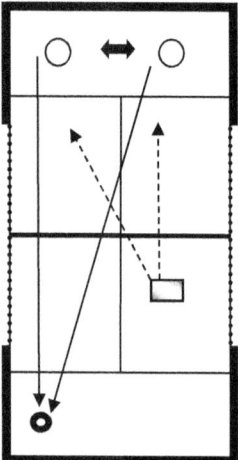

Objetivo: Control de golpe contra muro
Secuencia de golpes: D

Descripción:
Ubicado el jugador en media pista, realizará golpes largos de derecha con un bote contra la pared de fondo.
Duración del ejercicio: 1´

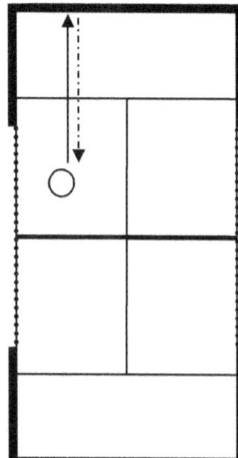

Objetivo: Derecha con objetivo
Secuencia de golpes: D – D - D

Descripción:
Ubicado el jugador en la línea de fondo, realizará tres golpes de derecha a través de cada uno de los aros colocados en la cadena.
Después de 12 bolas se cambia de jugador.

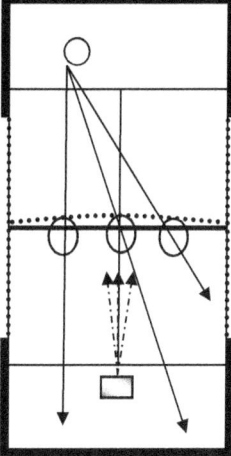

Objetivo: Dirección y profundidad
Secuencia de golpes: D

Descripción:
Ubicado el jugador en la línea de fondo, realizará seis golpes de derecha alternando todas las zonas marcadas en la pista.
Después de 12 bolas se cambia de jugador.

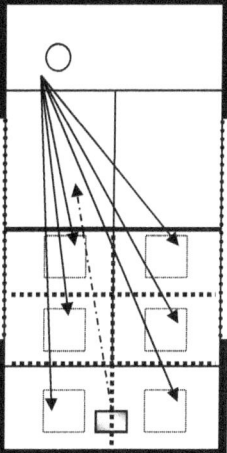

Objetivo: Variación de golpes de derecha
Secuencia de golpes: D – D – D - D

Descripción:
Ubicado el jugador en la línea de fondo, realizará cuatro golpes de derecha, por debajo de la cadena, a los distintos objetivos situados en el fondo de la pista.

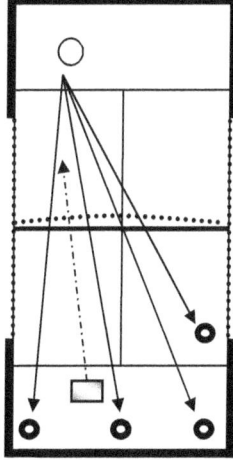

Objetivo: Reacción ante una situación
Secuencia de golpes: DX – D//

Descripción:
Ubicado el jugador en el fondo de la pista, realizará un golpe de
derecha cruzado y correrá hacia adelante a golpear una bola corta de derecha paralela.

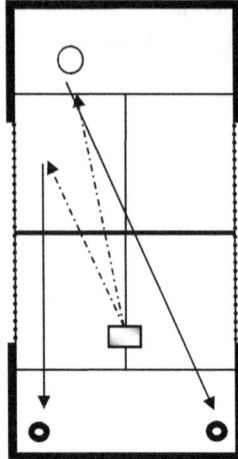

Objetivo: Reacción ante una situación
Secuencia de golpes: D - D

Descripción:
Ubicado el jugador en el fondo de la pista, realizará un golpe de derecha paralelo y correrá hacia adelante a golpear de derecha paralelo una bola corta que da primero en la reja, con el objetivo de la marca situada en el fondo de la pista.

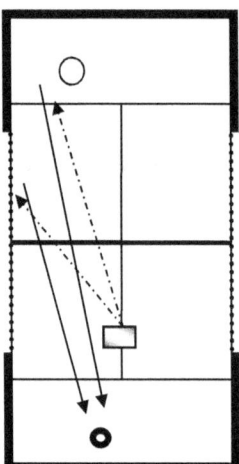

Objetivo: Reacción ante una situación
Secuencia de golpes: d

Descripción:
Ubicado el jugador en el fondo de la pista, realizará un golpe de fondo de derecha cruzado y correrá hacia adelante a una bola corta que da primero en la malla haciendo una contra dejada cruzada de derecha.

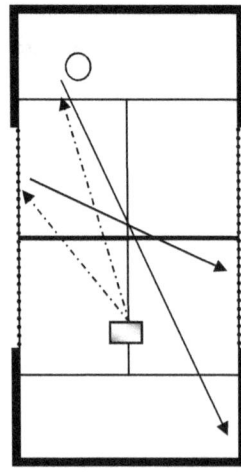

GOLPE DE REVÉS

Foto 53. Alejandro Ruiz ejecutando un golpe de revés (Foto de Pepe Aínsúa)

GOLPE DE REVÉS

El revés, ya sea para jugadores diestros como para jugadores zurdos, es otro de los golpes que más utilizaremos, aunque normalmente el jugador tiene menos confianza en el golpe y falla más al arriesgar más de lo debido. Tenemos que tener en cuenta que no es un golpe definición y no es necesario arriesgar.

Debido a la posición que tendremos en la pista al ejecutar este golpe, no será necesario imprimirle mucha potencia, por lo cual, al ejecutarlo sin velocidad, tendremos un mayor control de la bola, alcanzando nuestro objetivo de conseguir bolas con profundidad, bolas cortas, bolas con efecto,.... Por lo tanto, al no ser un golpe en el que se imprima mucha velocidad, vamos a conseguir un mayor control de la pelota y un dominio de los efectos.

Si el golpe de revés se hace en la zona defensiva, lo que intentaremos es variar los tipos de efectos que le daremos a la bola, dependiendo del objetivo que busquemos:

- Plano, para realizar bolas pasadas, defensa plana, ...
- Cortado, para bolas en las que los contrarios no están en la red, para bolas con las que puedo subir a la red, ...
- Liftado, para defender con bolas que caigan a los pies de los contrarios, o que voleen bolas que caen, no que suben.

Para ejecutar el golpe de revés con un efecto plano, el jugador deberá seguir las siguientes fases:

- Partiendo de una posición de espera correcta, en este caso en la zona defensiva, orientaremos el cuerpo hacia la posición de donde parte la bola. El jugador repartirá el peso del cuerpo entre las dos piernas separadas a la altura de los hombros, manteniendo un punto de gravedad estable, rodillas semi flexionadas y talones elevados para poder reaccionar antes y poder preparar el golpe.

Foto 54. Posición de espera golpe de revés (Foto Pepe Varela)

- Preparación y armado del golpe. Partiendo de la posición de espera, cuando la pelota se nos acerca por el lado izquierdo, el jugador girará los hombros apuntando el hombro derecho hacia la pelota para tener una referencia, elevará la pala hacia atrás sin cambiar la empuñadura con el brazo semi extendido, manteniendo el codo ligeramente separado del tronco y orientando el marco de la pala hacia la pared de fondo y la cabeza de la pala hacia arriba. Apoyará la pierna derecha delante de él poniendo el peso del cuerpo en el pie atrasado, manteniéndose de lado a la espera de la bola.

Foto 55. Armado golpe de revés (Foto Pepe Varela)

- Impacto. Cuando la bola se acerca a nosotros, deberemos modificar nuestra posición anterior, llevando el peso del cuerpo hacia delante mediante la rotación de hombros, y llevando la pala al encuentro de la pelota, que se producirá a la altura del pie derecho.

Foto 56. Impacto golpe de revés (Foto Pepe Varela)

Foto 57. Terminación golpe de revés (Foto Pepe Varela)

- Finalización. Aunque parezca que no es importante esta fase del golpe, lo es tanto como las anteriores, ya que si no ejecutamos correctamente la terminación del golpe, estaremos ejecutando un golpe seco o un golpe incorrectamente ejecutado. Aquí el cuerpo se relaja después del impacto, pasando todo el peso del cuerpo hacia delante, terminando la pala a la altura del hombro derecho, haciendo apuntar el marco de la pala en la dirección a la que queramos enviar la pelota. Los pies mantienen su posición, pero el pie atrasado se levanta un poco sin perder el contacto con el suelo, para mantener un centro de gravedad estable y adelantado. El brazo izquierdo desaparece de su posición inicial y se extiende completamente. Es muy importante abrir completamente el brazo izquierdo, lo que nos dará amplitud en el golpe, estabilidad y dirección. Podemos practicar a ejecutar un golpe de revés sin utilizar el brazo izquierdo y veremos la diferencia.

Como bien hemos explicado en los tipos de efecto, nuestro nivel de juego y variedad de golpes se incrementará cuando implementemos el golpe cortado y liftado en nuestro juego. Por ello, cuando ejecutemos un golpe de revés liftado, las fases de ejecución varían quedando de la siguiente forma:

Foto 58. Posición de espera golpe de revés (Foto Pepe Varela)

- Partiendo de una posición de espera correcta, en este caso en la zona defensiva, orientaremos el cuerpo hacia la posición de donde parte la bola. El jugador repartirá el peso del cuerpo entre las dos piernas separadas a la altura de los hombros, manteniendo un punto de gravedad estable, rodillas semi flexionadas y talones elevados para poder reaccionar antes y poder preparar el golpe.

- Preparación y armado del golpe. Partiendo de la posición de espera, cuando la pelota se nos acerca por el lado izquierdo, el jugador bajará la punta de la pala hacia la zona por donde vendrá la pelota pero delante de nosotros para ir al encuentro de la bola. La cadera gira levemente para posibilitar el movimiento y apuntar con el hombro derecho a la bola.

Foto 59. Armado corto golpe de revés (Foto Pepe Varela)

- Impacto. Cuando la bola se acerca a nosotros, con la pala abajo y delante de nosotros, adelantaremos nuestro pie derecho (pie contrario al golpe; si fuese el jugador zurdo, se adelantaría el pie izquierdo) para tener una posición cómoda en la que pueda peinar la bola por arriba y liftarla. El movimiento de la pala será ascendente, ya que de la posición inicial que es abajo, deberemos subirla al punto de impacto y posteriormente continuar su recorrido.

Foto 60. Impacto golpe de revés (Foto Pepe Varela)

- Finalización. Sigue siendo importante la terminación para conseguir darle el efecto a la bola. Después del impacto y envolviendo la bola, terminaremos con la pala delante de nosotros, sin exagerar el movimiento.

Foto 61. Terminación golpe de revés
(Foto Pepe Varela)

Siendo uno de los golpes básicos dentro del pádel, existen unos errores comunes y su consecuencia, los cuales deberemos corregir para elevar nuestro nivel de juego:

- Si no me coloco de lado a la hora de impactar a la pelota, esto producirá que el impacto de la pelota se produzca totalmente con la fuerza del brazo, por lo que aparte de ejecutar un golpe incorrecto, nos puede producir lesiones futuras como tendinitis de hombro, muñeca o codo.

- Si tengo mecanizado el movimiento y no nos colocamos de lado, el impacto se irá a una zona distinta de la que buscamos.
- Si levanto el codo cuando golpeo, hará que la bola coja una dirección descendente.

- Si no te colocas de lado y bajas las rodillas, lo que conseguirás es golpear como si tuviéramos una cuchara, haciendo que la bola se eleve y posibilite la fácil devolución del contrario.

- Si no separas el brazo del tronco a la hora de ejecutar el golpe, generaré mecanismos erróneos como muñequeos o rotación de hombros forzados. Siempre que pueda y las condiciones de recepción de la pelota me lo permitan, mantendré el codo separado del cuerpo.

- Si no flexiono las rodillas durante el golpeo, se producirán compensaciones como un exceso de rotación de hombros, un exceso de pronación del codo y/o exceso de muñequeo.

- Si adelanto o retraso el punto de impacto al punto de referencia de la altura del pie adelantado, haré que el golpe adquiera otras características, como puede ser que se desvíe de la trayectoria marcada o adquiera una altura no deseada. Un ejercicio que podemos realizar para mejorar en el punto de impacto es ponernos delante de una pared y golpear contra ella. Si la bola me viene recta, es que he ejecutado el golpe en el punto correcto, si se desvía, tengo que seguir practicando.

- No pararse a golpear. Todos tenemos un gran jugador de pádel dentro de nosotros....... ¡¡pero en parado!! Esto quiere decir que somos buenos cuando estamos bien colocados y bien parados, si ejecutamos el golpe en movimiento será más difícil.

- Si eres un jugador que ha practicado anteriormente tenis, tendrás una tendencia a liftar la pelota y a armar demasiado el golpeo, lo que provocará compensaciones como acortar las fases de impacto o terminación, pudiendo provocar lesiones en el codo por exceso de pronación.

- Como continuación del tenis, deberemos saber que las terminaciones no son iguales. En tenis, las distancias son mayores y los golpes son muy largos, acabando con el brazo encima del hombro contrario. En el pádel no es igual, ya que el golpe debe terminar con la pala enfrente de nosotros, sin pasarnos, a la altura de la vista. El problema y ventaja de la terminación larga, es que da mucha profundidad. Ahora, en la construcción de nuestro golpe deberemos decidir si queremos profundidad o no.

- Si no realizamos un correcto armado de la pala, ejecutaremos golpeos repentinos y violentos de la pelota, que aparte de ser golpes erróneos, conllevará futuras lesiones de muñeca ya que ésta apenas tiene palanca para soportar la fuerza y peso que trae la bola, si lo comparamos con la fuerza y peso que tienen que soportar el brazo con el armado correcto.

- Otros errores habituales son la terminación excesiva como en el tenis, o la terminación alta o baja.

- Por último, deberemos tener en cuenta que, porcentualmente, la mayoría de las bolas de revés que ejecutamos son bajas, por lo cual, un armado alto, provocará que estemos mal colocados y hagamos un golpe repentino sin control. El armado alto de derecha se realizará cuando nos venga una bola alta y la queramos cortar o golpear.

Foto 62. Javi "Yayi" con armado para golpe de revés (Foto Juanjo Moyano)

Objetivo: Calentamiento previo al partido o clase
Secuencia de golpes: R – R

Descripción:
Ubicados los jugadores en el fondo de la pista enfrentados en diagonal, realizarán golpes cruzados de revés. Se intentará cambiar la velocidad y profundidad sin que la bola llegue a tocar ni la pared lateral ni la de fondo

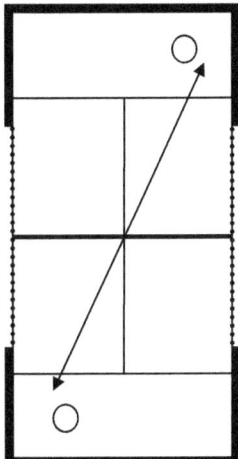

Objetivo: Control de golpes
Secuencia de golpes: R// – RX –R// – RX

Descripción:
Control de golpeo entre cuatro jugadores situados en el fondo de la pista. Los de un lado realizan golpes de revés en paralelo y los otros dos realizan golpes de revés en diagonal. Se intentará cambiar la velocidad y profundidad sin que la bola llegue a tocar ni la pared lateral ni la de fondo.
Después de 2´ se cambia la orientación de golpeo.

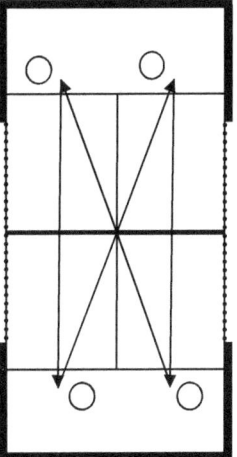

Objetivo: Control de golpe de revés en movimiento
Secuencia de golpes: RX – R//

Descripción:
Ubicado un jugador en el fondo de la pista, realizará golpes de revés cruzado y revés paralelo a un objetivo marcado en el fondo de la pista.
Después de 10 bolas se cambia de jugador.

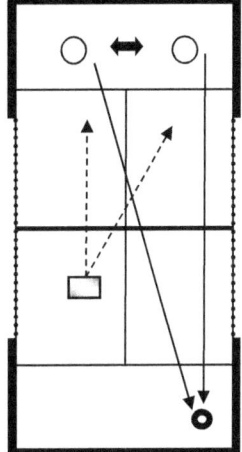

Objetivo: Control de golpe contra muro y movimiento
Secuencia de golpes: R – R

Descripción:
Ubicados los jugadores en media pista, golpearán dos veces de revés paralelo contra el muro y volverán a la fila.
Duración del ejercicio: 1´

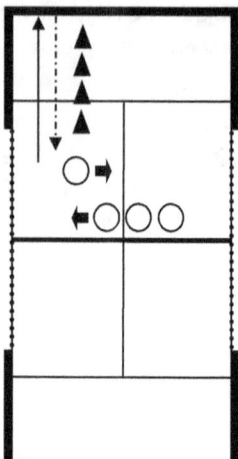

Objetivo: Revés con objetivo
Secuencia de golpes: R – R – R

Descripción:
Ubicado el jugador en la línea de fondo, realizará tres golpes de revés a través de cada uno de los aros colocados en la cadena.
Después de 12 bolas se cambia de jugador.

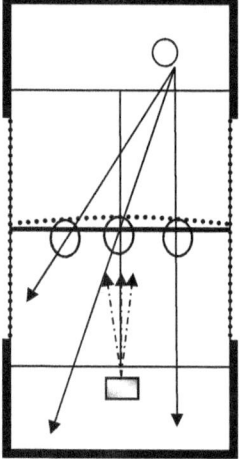

Objetivo: Dirección y profundidad
Secuencia de golpes: R

Descripción:
Ubicado el jugador en la línea de fondo, realizará seis golpes de revés alternando todas las zonas marcadas en la pista.
Después de 12 bolas se cambia de jugador.

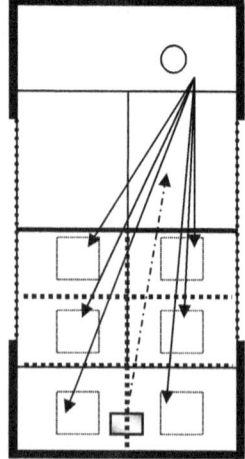

Objetivo: Variación de golpes de revés
Secuencia de golpes: R – R – R – R

Descripción:
Ubicado el jugador en la línea de fondo, el jugador realizará cuatro golpes de revés, por debajo de la cadena, a los distintos objetivos situados en la pista.
Después de 12 bolas se cambia de jugador.

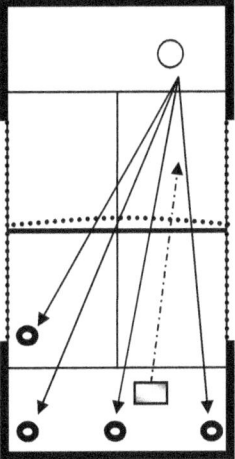

Objetivo: Reacción ante una situación
Secuencia de golpes: R// - R//

Descripción:
Ubicado el jugador en el fondo de la pista, realizará un golpe de revés paralelo y correrá hacia adelante a golpear de revés paralelo una bola corta que da primero en la reja, con el objetivo de la marca situada en el fondo de la pista.

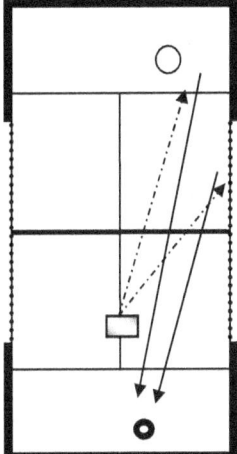

Objetivo: Reacción ante una situación
Secuencia de golpes: R

Descripción:
Ubicado el jugador en el fondo de la pista, realizará un giro y correrá hacia delante a buscar una dejada para golpear de revés.

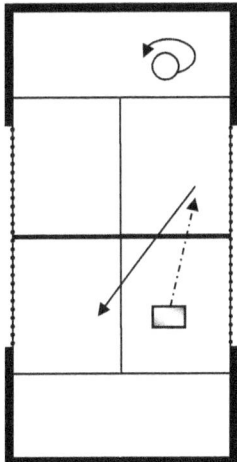

Objetivo: Control de golpe
Secuencia de golpes: R – Libre

Descripción:

Ubicado el jugador en el fondo de la pista, realizará un golpe de revés suave por encima de la barra y vuelve a golpear de revés, derecha o cadete tras el bote.

Importante el control en el primer golpe para facilitar el segundo.

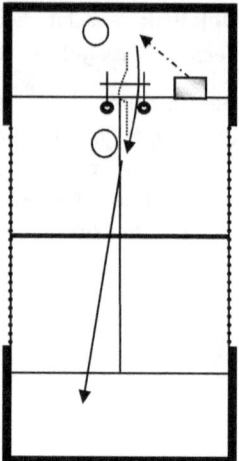

Objetivo: Reacción ante una situación
Secuencia de golpes: RX – RX

Descripción:
Ubicado el jugador en el fondo de la pista, realizará un golpe de fondo de revés cruzado y correrá hacia adelante a una bola corta que da primero en la malla haciendo una contra dejada cruzada de revés.

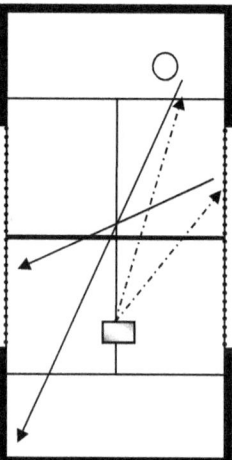

Objetivo: Reacción ante una situación
Secuencia de golpes: RX

Descripción:
Ubicado el jugador en el fondo de la pista, realizará un giro y correrá hacia delante a buscar una dejada para golpear de revés cruzado y hacer una contra dejada.

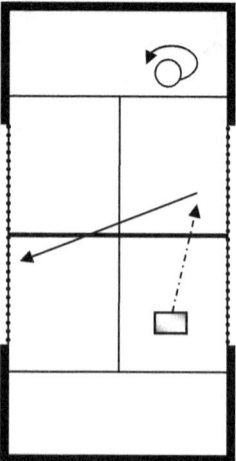

GOLPE DE SALIDA DE FONDO DE DERECHA

Foto 63. Carolina Navarro ejecutando una salida de pared de fondo de derecha. (Foto de Pepe Aínsúa)

GOLPE DE SALIDA DE FONDO DE DERECHA

Una de las diferencias con el hermano mayor, el tenis, es que en el pádel tenemos paredes en las que apoyar nuestro juego. Una de las paredes que deberemos dominar es la pared de fondo. Nuestros adversarios siempre intentarán que tengamos una posición incómoda en defensa y para ello nos jugarán bolas profundas con rebote.

El problema que se encuentran los contrarios es que si la bola tiene mucho rebote, se pueden encontrar con una bola de ataque nuestra.

La forma de ejecutar el golpe de salida de pared de fondo de derecha será la siguiente:

Foto 64. Preparación salida fondo de derecha (Foto Pepe Varela)

- Partiendo de una posición de espera correcta, en este caso en la zona defensiva, orientaremos el cuerpo hacia la posición de donde parte la bola para ver si la bola rebotará con ángulo o sin ángulo, ya que no es lo mismo devolver una bola que tiene un rebote recto a una bola que tiene un rebote con ángulo, en la que tendremos que realizar un ajuste de la posición de nuestro golpe. El jugador repartirá el peso del cuerpo entre las dos piernas separadas a la altura de los hombros, manteniendo un punto de gravedad estable, rodillas semi flexionadas y talones elevados para poder reaccionar antes y poder preparar el golpe.

Foto 65. Armado salida fondo de derecha (Foto Pepe Varela)

- Preparación y armado del golpe. Partiendo de la posición de espera, cuando la pelota se nos acerca por el lado derecho, el jugador girará los hombros apuntando el brazo izquierdo hacia la pelota para tener una referencia, elevará la pala hacia atrás sin cambiar la empuñadura con el brazo semi extendido, manteniendo el codo ligeramente separado del tronco y orientando el marco de la pala hacia la pared de fondo y la cabeza de la pala hacia arriba. Apoyará la pierna derecha detrás de él poniendo el peso del cuerpo en el pie atrasado, manteniéndose de lado a la espera de la bola. Lo que haremos desde la posición de espera, es similar a abrir una puerta y dejar pasar la pelota. Una vez hemos dejado pasar la bola, ya estamos preparados para impactar a la bola.

Foto 66. Impacto salida fondo de derecha (Foto Pepe Varela)

- Impacto. Después del rebote de la pelota en la pared de fondo y habiendo ajustado la posición de nuestro cuerpo a la zona donde caerá la bola (más cerca o más lejos de la pared), dejaremos pasar la bola hasta la altura de la pierna adelantada, donde bajaremos la pala desde su posición de preparación. Es importante reducir el armado y que no sea muy grande ya que, para bolas con rebote rápido, es importante que el armado sea corto. Si la bola tiene un rebote bajo, deberemos modificar nuestra empuñadura para conseguir que la pala se sitúe entre el suelo y la bola.

Foto 67. Terminación salida fondo de derecha (Foto Pepe Varela)

- Finalización. Una vez hemos realizado el impacto, deberemos realizar una terminación como la del golpe de derecha, intentando que el cuerpo se relaje después del impacto, pasando todo el peso del cuerpo hacia delante, terminando la pala a la altura del hombro contrario y haciendo apuntar el marco de la pala en la dirección a la que queramos enviar la pelota. Los pies mantienen su posición, pero el pie atrasado se levanta un poco sin perder el contacto con el suelo, para mantener un centro de gravedad estable y adelantado.

Debemos considerar las características de la bola que nos viene antes de realizar una salida de fondo. Si la bola nos viene con unas características que no me permiten su ataque, deberé ser consistente y fiable en el golpeo evitando arriesgar. Los errores más frecuentes al realizar la salida de fondo de derecha son los siguientes:

- Colocarse mal con respecto a la bola y la pared. Para realizar una salida de fondo correcta, deberá colocarse entre la pared y la bola, ajustando nuestra posición a la velocidad de la bola.
- Si se deja la pelota entre la pared y el jugador, realizará muñequeos, que evitarán que ejecute correctamente el golpe.
- Si no se coloca de lado a la hora de impactar la pelota, aparte de no ver correctamente la trayectoria de la pelota, producirá un golpeo incorrecto ya que lo ejecutará solamente con el brazo, y no acompañará con el cuerpo.
- Si no baja las rodillas a la hora de impactar, no suavizará el golpeo acompañando la pelota.
- Si no me coloco de lado y bajo las rodillas, lo que conseguiré es golpear como si tuviéramos una cuchara, haciendo que la bola se eleve y posibilite la fácil devolución del contrario.
- Si adelanto o retraso el punto de impacto al punto de referencia de la altura del pie adelantado, haré que el golpe adquiera otras características, como puede ser que se desvíe de la trayectoria marcada o adquiera una altura no deseada. Un ejercicio que podemos realizar para mejorar en el punto de impacto es ponernos delante de la pared lateral y golpear para ejecutar salidas de pared contra la pared de enfrente. Si la bola me viene recta, es que he ejecutado el golpe en el punto correcto, si se desvía, tengo que seguir practicando.
- Si realizamos un armado excesivo y la pelota nos viene rápida, provocará que realicemos un golpeo repentino sin control.

Objetivo: Salida de pared de fondo
Secuencia de golpes: SFDX – SFD//

Descripción:
Ubicado el jugador en el fondo de la pista, realizará control de golpeo después de rebote en pared de fondo alternando los golpes de derecha cruzados y de derecha paralelos a las bolas lanzadas en paralelo por el monitor, buscando como objetivos las marcas colocadas en los rincones de la pista.
Después de 10 bolas se cambia de jugador.

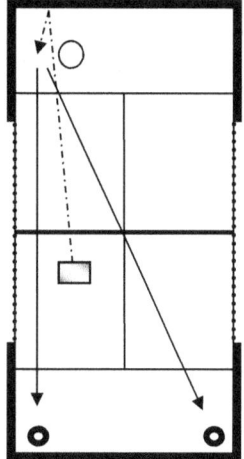

Objetivo: Salida de pared de fondo
Secuencia de golpes: SFDX – SFD//

Descripción:
Ubicado el jugador en el fondo de la pista, realizará control de golpeo después de rebote en pared de fondo alternando los golpes cortos de derecha cruzados y cortos de derecha paralelos a las bolas lanzadas en paralelo por el monitor, buscando como objetivos las marcas colocadas cerca de la red.
Después de 10 bolas se cambia de jugador.

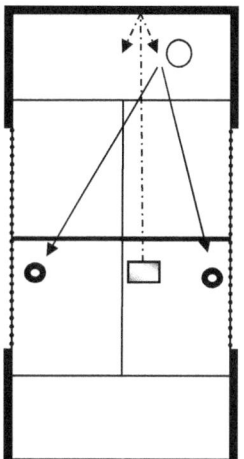

Objetivo: Salida de pared de fondo
Secuencia de golpes: SFDX – SFD//

Descripción:
Ubicado el jugador en el fondo de la pista, realizará control de golpeo después de rebote en pared de fondo alternando los golpes cortos de derecha cruzados y cortos de derecha paralelos a las bolas lanzadas en paralelo por el monitor, buscando como objetivos las marcas colocadas cerca de la red.
Después de 10 bolas se cambia de jugador.

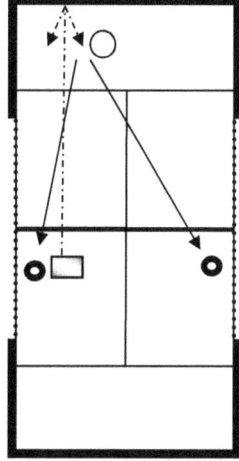

Objetivo: Salida de pared de fondo

Secuencia de golpes: SFD// corto – SFR// corto

Descripción:
Ubicado en el fondo de la pista, después de rebote en la pared de fondo, el jugador realizará golpes de derecha paralelos cortos, se desplazará al otro lado de su campo y golpeará de revés paralelo corto, buscando como objetivos las marcas situadas cerca de la red.
Después de 10 bolas se cambia de jugador.

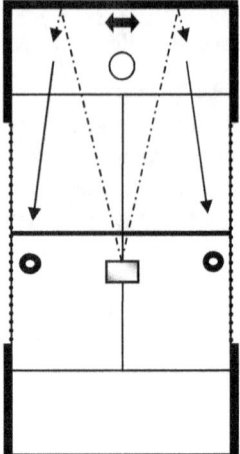

Objetivo: Salida de pared de fondo
Secuencia de golpes: SFDX corto – SFRX corto

Descripción:
Ubicado en el fondo de la pista, después de rebote en la pared de fondo, el jugador realizará golpes de derecha cruzados cortos, se desplazará al otro lado de su campo y golpeará de revés cruzado corto, buscando como objetivos las marcas situadas cerca de la red.
Después de 10 bolas se cambia de jugador.

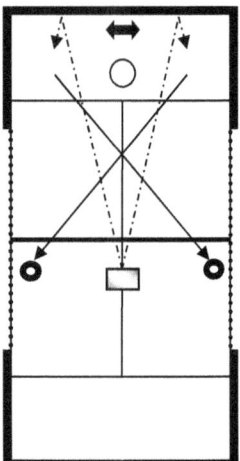

Objetivo: Doble rebote de pared
Secuencia de golpes: SDPD//

Descripción:
Ubicado en el fondo de la pista, después de rebote en las paredes Fondo-Lateral, el jugador realizará golpes de derecha paralelos buscando como objetivo la marca colocada en el fondo de la pista.
Después de 10 bolas se cambia de jugador.

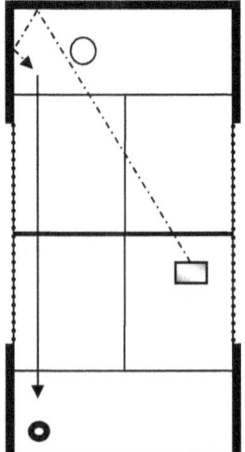

GOLPE DE SALIDA DE FONDO DE REVÉS

Foto 68. Seba Nerone ejecutando un salida de pared de fondo de revés (Foto de Pepe Aínsúa)

GOLPE DE SALIDA DE FONDO DE REVÉS

Al igual que en la salida de fondo de derecha, deberemos apoyarnos en la pared de fondo cuando nos encontramos defendiendo. Nuestros adversarios siempre intentarán que tengamos una posición incómoda en defensa y para ello nos jugarán bolas profundas con rebote.

El problema que se encuentran los contrarios es que, si la bola tiene mucho rebote, se pueden encontrar con una bola de ataque nuestra de revés.

La forma de ejecutar el golpe de salida de pared de fondo, será la siguiente:

- Partiendo de una posición de espera correcta, en este caso en la zona defensiva, orientaremos el cuerpo hacia la posición de donde parte la bola para ver si la bola rebotará con ángulo o sin ángulo, ya que no es lo mismo devolver una bola que tiene un rebote recto a una bola que tiene un rebote con ángulo, en la que tendremos que realizar un ajuste de la posición de nuestro golpe. El jugador repartirá el peso del cuerpo entre las dos piernas separadas a la altura de los hombros, manteniendo un punto de gravedad estable, rodillas semi flexionadas y talones elevados para poder reaccionar antes y poder preparar el golpe.

Foto 69. Posición de espera salida de fondo de revés (Foto Pepe Varela)

- Preparación y armado del golpe. Partiendo de la posición de espera, cuando la pelota se nos acerca por el lado izquierdo, el jugador girará los hombros apuntando el hombro derecho hacia la pelota para tener una referencia, elevará la pala hacia atrás sin cambiar la empuñadura con el brazo semi extendido, manteniendo el codo ligeramente separado del tronco, orientando el marco de la pala hacia la pared de fondo y la cabeza de la pala hacia arriba. Apoyará la pierna izquierda detrás de él poniendo el peso del cuerpo en el

Foto 70. . Armado salida de fondo de revés (Foto Pepe Varela)

pie atrasado, manteniéndose de lado a la espera de la pelota. Lo que haremos desde la posición de espera, es similar a abrir una puerta y dejar pasar la pelota. Una vez he dejado pasar la bola, ya estamos preparados para impactar a la bola.

- Impacto. Después del rebote de la pelota en la pared de fondo y habiendo ajustado la posición de nuestro cuerpo a la zona donde caerá la bola (más cerca o más lejos de la pared), dejaremos pasar la bola hasta la altura de la pierna adelantada, donde bajaremos la pala desde su posición de preparación. Es importante reducir el armado y que no sea muy grande ya que, para bolas con rebote rápido, es importante que el armado sea corto. Si la bola tiene un rebote bajo, deberemos modificar nuestra empuñadura para conseguir que la pala se sitúe entre el suelo y la bola.

Foto 71. Impacto salida de fondo de revés
(Foto Pepe Varela)

- Finalización. Una vez hemos realizado el impacto, deberemos realizar una terminación como la del golpe de revés, intentando que el cuerpo se relaje después del impacto, pasando todo el peso del cuerpo hacia delante, terminando la pala a la altura del hombro contrario, haciendo apuntar el marco de la pala en la dirección a la que queramos enviar la pelota y con el brazo izquierdo completamente estirado. Los pies mantienen su posición, pero el pie atrasado se levanta un poco sin perder el contacto con el suelo, para mantener un centro de gravedad estable y adelantado.

Foto 72. Terminación salida de fondo de revés
(Foto Pepe Varela)

Los errores más frecuentes a la hora de realizar una salida de fondo de revés son los siguientes:

- Si se deja la pelota entre la pared y el jugador, éste realizará muñequeos, que evitarán que ejecute correctamente el golpe.

- Si no baja las rodillas y el punto de gravedad a la hora de impactar, no suavizará el golpeo acompañando la pelota.

- Si adelanto o retraso el punto de impacto al punto de referencia de la altura del pie adelantado, haré que el golpe adquiera otras características, como puede ser que se desvíe de la trayectoria marcada o adquiera una altura no deseada. Un ejercicio que podemos realizar para mejorar en el punto de impacto es ponernos delante de la pared lateral y golpear para ejecutar salida de pared contra la pared de enfrente. Si la bola me viene recta, es que he ejecutado el golpe en el punto correcto, si se desvía, tengo que seguir practicando.

- Colocarse mal con respecto a la bola y la pared. Para realizar una salida de fondo correcta, deberá colocarse entre la pared y la bola, ajustando nuestra posición a la velocidad que traiga leyendo el rebote.

- Si no se coloca de lado a la hora de impactar la pelota, producirá un golpeo incorrecto ya que lo ejecutará solamente con el brazo, y no acompañará con el cuerpo.

- Si no me coloco de lado y bajo las rodillas, lo que conseguiré es golpear como si tuviéramos una cuchara, haciendo que la bola se eleve y posibilite la fácil devolución o ataque del contrario.

- Si realizamos un armado excesivo y la pelota nos viene rápida, provocará que realicemos un golpeo repentino sin control.

Objetivo: Salida de pared de fondo
Secuencia de golpes: SFRX – SFR//

Descripción:
Ubicado el jugador en el fondo de la pista, realizará control de golpeo después de rebote en pared de fondo alternando los golpes de revés cruzados y de revés paralelos a las bolas lanzadas en paralelo por el monitor, buscando como objetivos las marcas colocadas en los rincones de la pista.
Después de 10 bolas se cambia de jugador.

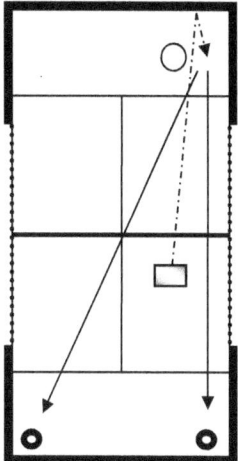

Objetivo: Salida de pared de fondo
Secuencia de golpes: SFRX – SFR//

Descripción:
Ubicado el jugador en el fondo de la pista, realizará control de golpeo después de rebote en pared de fondo alternando los golpes cortos de revés cruzados y cortos de revés paralelos a las bolas lanzadas en paralelo por el monitor, buscando como objetivos las marcas colocadas cerca de la red.
Después de 10 bolas se cambia de jugador.

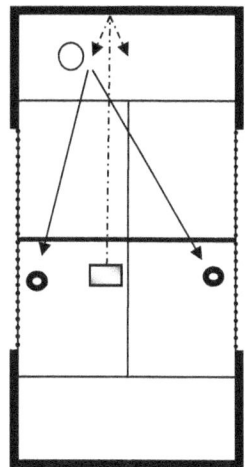

Objetivo: Salida de pared de fondo
Secuencia de golpes: SFRX – SFR//

Descripción:
Ubicado el jugador en el fondo de la pista, realizará control de golpeo después de rebote en pared de fondo alternando los golpes cortos de revés cruzados y cortos de revés paralelos a las bolas lanzadas en paralelo por el monitor, buscando como objetivos las marcas colocadas cerca de la red.
Después de 10 bolas se cambia de jugador.

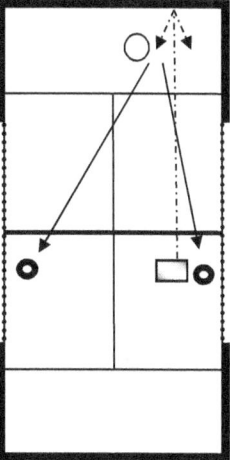

Objetivo: Salida de pared de fondo
Secuencia de golpes: SFD// – SFRX

Descripción:
Ubicado el jugador en el fondo de la pista, realizará control de golpeo después de rebote en pared de fondo alternando los golpes de derecha paralelo y de revés cruzado a las bolas lanzadas en paralelo por el monitor, buscando como objetivos las marcas colocadas cerca de la red.
Después de 10 bolas se cambia de jugador.

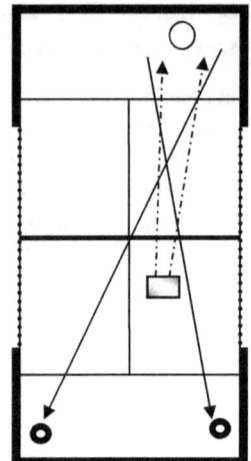

Objetivo: Salida de pared de fondo
Secuencia de golpes: SFD// – SFRX corto

Descripción:
Ubicado en el fondo de la pista, después de rebote en la pared de fondo, el jugador golpeará una bola de derecha paralelo y pasará por delante del cono para luego colocarse y golpear de revés cruzado corto, buscando como objetivos las marcas colocadas una en el rincón de la pista y la otra en la red.
Después de 10 bolas se cambia de jugador.

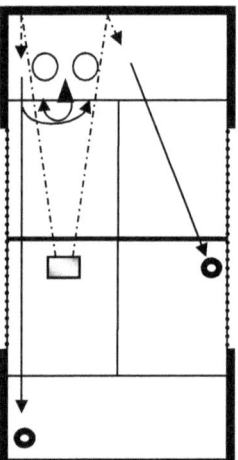

Ejercicio 0018   Golpes: V

Objetivo: Salida de pared de fondo
Secuencia de golpes: SFR// – SFDX corto

Descripción:
Ubicado en el fondo de la pista, después de rebote en la pared de fondo, el jugador golpeará una bola de revés paralelo y pasará por delante del cono para luego colocarse y golpear de derecha cruzado corto, buscando como objetivos las marcas colocadas una en el rincón de la pista y la otra en la red.
Después de 10 bolas se cambia de jugador.

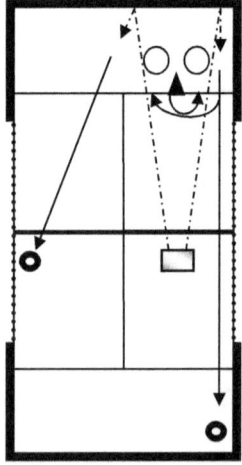

GOLPE DE SALIDA LATERAL DE DERECHA

Foto 73. Carolina Navarro ejecutando un salida lateral de derecha (Foto de Pepe Aínsúa)

GOLPE DE SALIDA LATERAL DE DERECHA

Dentro de los golpes de salida de pared, uno de los más fáciles es el de salida de pared lateral, tanto de derecha como de revés, en el que la bola sólo impacta en una pared. En este golpe los adversarios intentarán mantenernos en la zona defensiva, por lo que, buscando ángulos, intentarán que nuestra posición se mantenga en el fondo.

Debemos tener en cuenta unas referencias de la pista para saber cómo debemos realizar el golpe:

- Si la bola rebota en la pared lateral baja, la de 2 metros, golpearemos antes de que caiga al suelo o rebote en la pared de fondo.
- Si la bola rebota en la pared lateral alta, la de 3 metros y si viene lenta, golpearemos antes de que se meta más en el rincón. Si viene un poco más rápida, golpearemos de contrapared de revés antes de que rebote en la pared de fondo, si viene con poca fuerza.
- Si la bola viene con la suficiente fuerza para golpear en la pared lateral y rebotar en la pared de fondo, realizaremos un golpe de salida de doble pared, golpe que explicaremos más adelante.

Para ejecutar el golpe de salida lateral de drive o derecha, con un efecto plano, el jugador deberá seguir las siguientes fases:

- Partiendo de una posición de espera correcta, en este caso en la zona defensiva, orientaremos el cuerpo hacia la posición de donde parte la bola. El jugador repartirá el peso del cuerpo entre las dos piernas separadas a la altura de los hombros, manteniendo un punto de gravedad estable, rodillas semi flexionadas y talones elevados para poder reaccionar antes y poder preparar el golpe.

Foto 74. Posición de espera salida lateral de derecha (Foto Pepe Varela)

Foto 75. Armado salida lateral de derecha (Foto Pepe Varela)

- Preparación y armado del golpe. Partiendo de la posición de espera, cuando la pelota se nos acerca por el lado derecho, el jugador girará los hombros apuntando el brazo izquierdo hacia la zona imaginaria de donde vendrá el rebote de la pelota para tener una referencia, elevará la pala hacia atrás sin cambiar la empuñadura, con el brazo semi extendido, manteniendo el codo ligeramente separado del tronco, orientando el marco de la pala hacia la pared de fondo y la cabeza de la pala hacia arriba. Apoyará la pierna izquierda delante de él, poniendo el peso del cuerpo en el pie atrasado y manteniéndose de lado a la espera de la bola. El pie izquierdo intentará indicar la zona a la que queremos mandar la pelota. Es importante separarse de la pelota y ajustar la posición con los pies, ya que, si nos pegamos a la pelota después del rebote en la pared lateral, nos encontraremos con un golpe en el que no podremos separar el codo de nuestro cuerpo y evitará que el golpe sea correcto.

Foto 76. Armado salida lateral de derecha (Foto Pepe Varela)

Foto 77. Impacto salida lateral de derecha (Foto Pepe Varela)

- Impacto. Cuando la bola se acerca a nosotros después del rebote en la pared lateral, deberemos modificar nuestra posición anterior llevando el peso del cuerpo hacia delante mediante la rotación de hombros, llevando la pala al encuentro de la pelota, que se producirá a la altura del pie izquierdo, desapareciendo el brazo izquierdo de la posición que tenía.

Foto 78. Terminación salida lateral de derecha (Foto Pepe Varela)

- Finalización. Aunque parezca que no es importante esta fase del golpe, lo es tanto como las anteriores, ya que si no ejecutamos correctamente la terminación del golpe, estaremos ejecutando un golpe seco o un golpe incorrectamente ejecutado. Aquí el cuerpo se relaja después del impacto, pasando todo el peso del cuerpo hacia delante, terminando la pala a la altura del hombro contrario, haciendo apuntar el marco de la pala en la dirección a la que queramos enviar la pelota. Los pies mantienen su posición, pero el pie atrasado se levanta un poco sin perder el contacto con el suelo, para mantener un centro de gravedad estable y adelantado.

Dentro de los golpes específicos que ejecutamos después de que la pelota golpea a unas de las paredes, en este caso, la lateral de derecha, existen unos errores comunes y su consecuencia, los cuales deberemos corregir para elevar nuestro nivel de juego:

- Si no me coloco de lado a la hora de impactar a la pelota, esto producirá que el impacto de la pelota se produzca totalmente con la fuerza del brazo, por lo que aparte de ejecutar un golpe incorrecto, nos puede producir lesiones futuras como tendinitis de hombro, muñeca o codo.

- Si tengo mecanizado el movimiento y no me coloco de lado, el impacto se irá a una zona distinta de la que buscamos.

- Si levanto el codo cuando golpeo, hará que la bola coja una dirección descendente.

- Si no me coloco de lado y bajo las rodillas, lo que conseguiré es golpear como si tuviéramos una cuchara, haciendo que la bola se eleve y posibilite la fácil devolución del contrario. Debo tener en cuenta que después de golpear la pelota en una de las paredes, la pelota caerá de esa altura, y tendremos que adoptar una posición acorde a la posición de la pelota.

- Si no separo el brazo del tronco a la hora de ejecutar el golpe, generaré mecanismos erróneos como muñequeos o rotación de hombros forzados. Siempre que pueda y las condiciones de recepción de la pelota me lo permitan, mantendré el codo separado del cuerpo.

- Si no flexiono las rodillas durante el golpeo, se producirán compensaciones como un exceso de rotación de hombros, un exceso de pronación del codo y/o exceso de muñequeo.

- Si adelanto o retraso el punto de impacto al punto de referencia de la altura del pie adelantado, haré que el golpe adquiera otras características, como puede ser que se desvíe de la trayectoria marcada o adquiera una altura no deseada. Un ejercicio que podemos realizar para mejorar en el punto de impacto es ponernos delante de una pared y golpear contra ella. Si la bola me viene recta, es que he ejecutado el golpe en el punto correcto, si se desvía, tengo que seguir practicando.

Objetivo: Globo a la salida de lateral
Secuencia de golpes: SLD// - SLDX

Descripción:
Ubicado el jugador en el fondo de la pista, realizará una salida lateral de derecha paralela con globo y una salida lateral de derecha cruzada con globo por encima de la cadena situada entre los picos del fondo de la pista.
Después de 10 bolas se cambia de jugador.

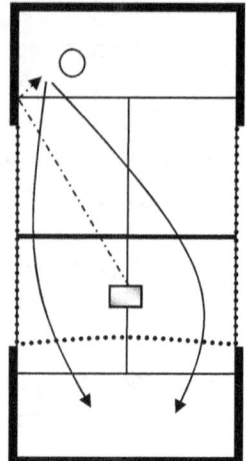

Objetivo: Globo a la salida lateral
Secuencia de golpes: SLDG// - SLDGX

Descripción:
Ubicado el jugador en el fondo de la pista, realizará una salida de lateral de derecha paralela con globo y una salida lateral de derecha cruzada con globo por encima de la cadena situada entre los picos de su pista.
Después de 10 bolas se cambia de jugador.

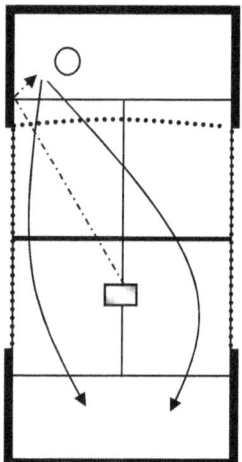

Objetivo: Control de la salida lateral
Secuencia de golpes: SLD// - SLDX

Descripción:
Ubicado el jugador en el fondo de la pista, alternará una salida de lateral de derecha paralela o una salida de lateral de derecha cruzada, con el objetivo de las marcas situadas en el fondo de la pista. Después de cada golpe, rodeará, por el lado contrario, los conos situados sobre la línea de saque.

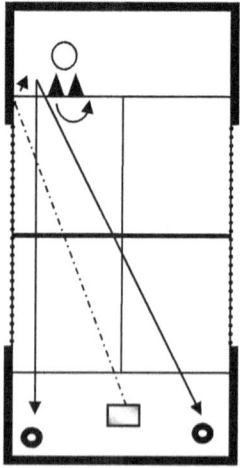

GOLPE DE SALIDA LATERAL DE REVÉS

Foto 79. Carolina Navarro ejecutando una salida lateral de revés (Foto de Pepe Aínsúa)

GOLPE DE SALIDA LATERAL DE REVÉS

Dentro de los golpes de salida de pared, uno de los más fáciles es el de salida de pared lateral, en el que la bola sólo impacta en una pared. Es fácil pero debemos realizar los movimientos correctos para acoplar el cuerpo a la posición en la que caerá la pelota después del rebote en la pared lateral. En éste golpe los adversarios intentarán mantenernos en la zona defensiva, por lo que, buscando ángulos, intentarán que nuestra posición se mantenga en el fondo.

Debemos tener en cuenta unas referencias de la pista para saber cómo debo realizar el golpe:

- Si la bola rebota en la pared lateral baja, la de 2 metros, golpearemos antes de que caiga al suelo o rebote en la pared de fondo.
- Si la bola rebota en la pared lateral alta, la de 3 metros, si viene lenta golpearemos antes de que se meta más en el rincón. Si viene un poco más rápida, golpearemos de contrapared de derecha antes de que rebote en la pared de fondo si viene con poca fuerza.
- Si la bola viene con la suficiente fuerza para golpear en la pared lateral y rebotar en la pared de fondo, realizaremos un golpe de salida de doble pared, golpe que explicaremos más adelante.

Para ejecutar el golpe de salida de lateral de revés, con un efecto plano, el jugador deberá seguir las siguientes fases:

- Partiendo de una posición de espera correcta, en este caso en la zona defensiva, orientaremos el cuerpo hacia la posición de donde parte la bola. El jugador repartirá el peso del cuerpo entre las dos piernas separadas a la altura de los hombros, manteniendo un punto de gravedad estable, rodillas semi flexionadas y talones elevados para poder reaccionar antes y poder preparar el golpe.

Foto 80. Posición de espera salida lateral de revés (Foto Pepe Varela)

Foto 81. Armado golpe salida de fondo de revés (Foto Pepe Varela)

- Preparación y armado del golpe. Partiendo de la posición de espera, cuando la pelota se nos acerca por el lado izquierdo, el jugador girará los hombros apuntando el hombro derecho hacia la zona imaginaria de donde vendrá el rebote de la pelota para tener una referencia, elevará la pala hacia atrás sin cambiar la empuñadura con el brazo semi extendido, manteniendo el codo ligeramente separado del tronco, orientando el marco de la pala hacia la pared de fondo y la cabeza de la pala hacia arriba.

Apoyará la pierna derecha delante de él poniendo el peso del cuerpo en el pie atrasado, manteniéndose de lado a la espera de la bola. El pie derecho intentará indicar la zona a la que queremos mandar la pelota. Es importante separarse de la pelota, y ajustar la posición con los pies, ya que si nos pegamos a la pelota después del rebote en la pared lateral, nos encontraremos con un golpe en el que no podremos separar el codo de mi cuerpo y evitará que el golpe sea correcto. La distancia tiene que ser media, ya que una separación excesiva hará que haga un revés con el brazo estirado y no consiga controlar la pelota.

- Impacto. Cuando la bola se acerca a nosotros, después del rebote en la pared lateral, deberemos modificar nuestra posición anterior llevando el peso del cuerpo hacia delante mediante la rotación de hombros, llevando la pala al encuentro de la pelota que se producirá a la altura del pie derecho, desapareciendo el brazo izquierdo de la posición que tenía, quedando completamente estirado.

Foto 82 Posición de impacto golpe salida de fondo de revés (Foto Pepe Varela)

Foto 83. Terminación golpe de salida de fondo de revés (Foto Pepe Varela)

- Finalización. Aunque parezca que no es importante esta fase del golpe, lo es tanto como las anteriores, ya que si no ejecutamos correctamente la terminación del golpe, estaremos ejecutando un golpe seco o un golpe incorrectamente ejecutado. Aquí el cuerpo se relaja después del impacto, pasando todo el peso del cuerpo hacia delante, terminando la pala a la altura del hombro contrario, haciendo apuntar el marco de la pala en la dirección a la que queramos enviar la pelota. Los pies mantienen su posición, pero el pie atrasado se levanta un poco sin levantar el contacto con el suelo, para mantener un centro de gravedad estable y adelantado.

Como bien dijimos del golpe de salida lateral de derecha, existen unos errores comunes y su consecuencia, los cuales deberemos corregir para elevar nuestro nivel de juego:

- Si no me coloco de lado a la hora de impactar a la pelota, esto producirá que el impacto de la pelota se produzca totalmente con la fuerza del brazo, por lo que aparte de ejecutar un golpe incorrecto, nos puede producir lesiones futuras como tendinitis de hombro, muñeca o codo.
- Si tengo mecanizado el movimiento y no me coloco de lado, el impacto se irá a una zona distinta de la que buscamos.
- Si levanto el codo cuando golpeo, hará que la bola coja una dirección descendente.
- Si no me coloco de lado y bajo las rodillas, lo que conseguiré es golpear como si tuviéramos una cuchara, haciendo que la bola se eleve y posibilite la fácil devolución del contrario. Debo tener en cuenta que después de golpear la pelota en una de las paredes, la pelota caerá de esa altura, y tendremos que adoptar una posición acorde a la posición de la pelota.
- Si no separo el brazo del tronco a la hora de ejecutar el golpe, generaré mecanismos erróneos como muñequeos o rotación de

hombros forzados. Siempre que pueda y las condiciones de recepción de la pelota me lo permitan, mantendré el codo separado del cuerpo.
- Si no flexiono las rodillas durante el golpeo, se producirán compensaciones como un exceso de rotación de hombros, un exceso de pronación del codo y/o exceso de muñequeo.
- Si adelanto o retraso el punto de impacto al punto de referencia de la altura del pie adelantado, haré que el golpe adquiera otras características, como puede ser que se desvíe de la trayectoria marcada o adquiera una altura no deseada. Un ejercicio que podemos realizar para mejorar en el punto de impacto es ponernos delante de una pared y golpear contra ella. Si la bola me viene recta, es que he ejecutado el golpe en el punto correcto, si se desvía, tengo que seguir practicando.

Objetivo: Globo a la salida de lateral
Secuencia de golpes: SLR// - SLRX

Descripción:
Ubicado el jugador en el fondo de la pista, realizará una salida lateral de revés paralela con globo y una salida lateral de revés cruzada con globo por encima de la cadena situada entre los picos del fondo de la pista.
Después de 10 bolas se cambia de jugador.

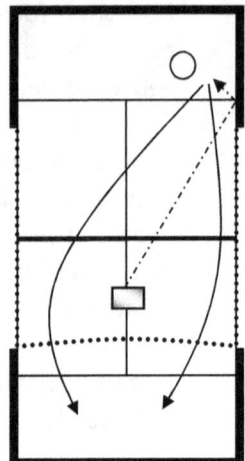

Objetivo: Globo a la salida lateral
Secuencia de golpes: SLRG// - SLRGX

Descripción:
Ubicado el jugador en el fondo de la pista, realizará una salida de lateral de revés paralela con globo y una salida lateral de revés cruzada con globo por encima de la cadena situada entre los picos de su pista.
Después de 10 bolas se cambia de jugador.

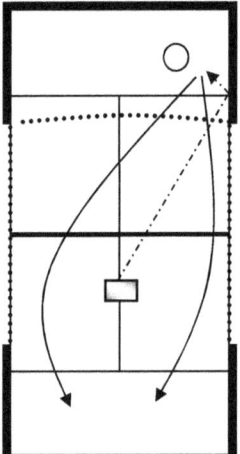

Objetivo: Control de la salida lateral
Secuencia de golpes: SLR// - SLRX

Descripción:
Ubicado el jugador en el fondo de la pista, alternará una salida de lateral de revés paralela o una salida de lateral de revés cruzada, con el objetivo de las marcas situadas en el fondo de la pista. Después de cada golpe, rodeará, por el lado contrario, los conos situados sobre la línea de saque.

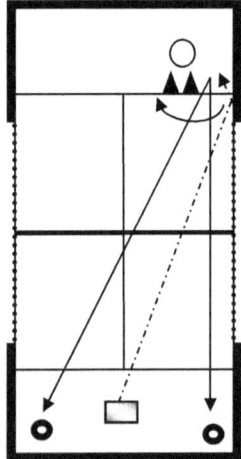

GOLPE DE SALIDA DOBLE PARED DERECHA (ABRE Y CIERRA)

GOLPE DE SALIDA DOBLE PARED REVÉS (ABRE Y CIERRA)

Foto 84. Carolina Navarro ejecutando una salida de doble pared de derecha (Foto de Pepe Aínsúa)

SALIDA DOBLE PARED DE DERECHA Y REVÉS (SE ABRE O SE CIERRA)

Uno de los golpes más difíciles, cuando nos encontramos en la zona defensiva, es la salida de doble pared, ya sea abriendo o cerrando.

En cualquiera de las dos, deberemos tener una única referencia en la pista, colocándonos siempre en una única posición detrás de la línea y más cerca de la pared que del medio, ya que si cada vez que ejecutamos un golpe lo hacemos desde una posición distinta, no llegaremos a mecanizar los movimientos, siendo al final, infinitas formas de realizar el movimiento.

Si tenemos la posición correcta, tendremos mecanizados todos los movimientos ya que una de las variantes que es mi posicionamiento en la pista, la tengo solucionada. Ahora bien, quedan más variantes por saber, como son de donde me viene la pelota, su fuerza, ángulo, efecto, posición de los jugadores contrarios y golpe que queremos realizar.

Para ejecutar el **golpe de salida de doble pared que cierra en el lado del drive**, tenemos dos opciones, girar con la pelota o apartarme.

- Si **giramos con la trayectoria de la pelota**, al impacto de la pelota en pared de lateral-fondo, deberemos seguir las siguientes fases:

- Partiendo de una posición de espera correcta, en este caso en la zona defensiva, orientaremos el cuerpo hacia la posición de donde parte la bola. El jugador repartirá el peso del cuerpo entre las dos piernas separadas a la altura de los hombros, manteniendo un punto de gravedad estable, rodillas semi flexionadas y talones elevados para poder reaccionar antes y poder preparar el golpe.

Foto 85. Posición de espera salida doble de pared (Foto Pepe Varela)

- Preparación y armado del golpe. Partiendo de la posición de espera, cuando la pelota se nos acerca por el lado derecho, ésta golpeará en la pared lateral y el jugador se meterá en la trayectoria de doble pared. El jugador realizará la trayectoria de la pelota ajustando sus pasos manteniéndose cerca de la pelota. Girará el cuerpo completamente, manteniendo la pala elevada y cerca de la pelota sin cambiar la empuñadura, con el brazo semi extendido y manteniendo el codo ligeramente separado del tronco. Apoyará la pierna derecha en la posición final delante de él poniendo el peso del cuerpo en el pie adelantado y manteniéndose de lado a la espera del giro completo de la bola.

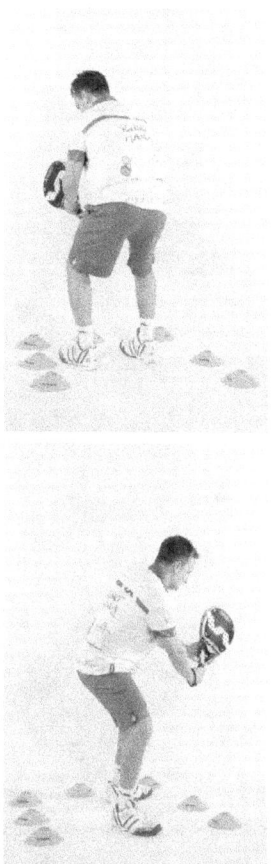

Fotos 86, 87, 88 y 89. Giro salida de doble pared (Foto Pepe Varela)

- Impacto. Cuando la bola se acerca a la posición final, después de golpear en la pared de fondo, deberemos modificar nuestra posición anterior llevando el peso del cuerpo hacia delante mediante la rotación de hombros, llevando la pala al encuentro de la pelota, que se producirá a la altura del pie derecho, desapareciendo el brazo izquierdo de la posición que tenía y quedando completamente estirado.

Foto 90. Impacto salida doble pared
(Foto Pepe Varela)

- Finalización. En esta fase del golpe, el cuerpo se relaja después del impacto, pasando todo el peso del cuerpo hacia delante, terminando la pala a la altura del hombro contrario, haciendo apuntar el marco de la pala en la dirección a la que queramos enviar la pelota. Los pies mantienen su posición, pero el pie atrasado se levanta un poco sin perder el contacto con el suelo, para mantener un centro de gravedad estable y adelantado.

Foto 91. Terminación salida doble pared (Foto Pepe Varela)

- Si en vez de girar, **nos apartamos de la trayectoria de la pelota**, al impacto de la pelota en pared de lateral-fondo, deberemos seguir las siguientes fases:

- Partiendo de una posición de espera correcta, en este caso en la zona defensiva, orientaremos el cuerpo hacia la posición de donde parte la bola. El jugador repartirá el peso del cuerpo entre las dos piernas separadas a la altura de los hombros, manteniendo un punto de gravedad estable, rodillas semi flexionadas y talones elevados para poder reacción ar antes y poder preparar el golpe.

Foto 92. Posición de espera salida doble pared (Foto Pepe Varela)

- Preparación y armado del golpe. Partiendo de la posición de espera, cuando la pelota se nos acerca por el lado derecho, ésta golpeará en la pared lateral y el jugador se apartará de la trayectoria de doble pared. El jugador se apartará lateralmente hasta la posición en la que caerá la pelota después del rebote en la pared lateral-fondo. Posicionará el cuerpo en la posición donde caerá la pelota, manteniendo la pala no muy elevada y cerca de la pelota, sin cambiar la empuñadura con el brazo semi extendido y manteniendo el codo ligeramente separado del tronco. Apoyará la pierna izquierda en la posición final delante de él poniendo el peso del cuerpo en el pie adelantado y manteniéndose de lado a la espera del giro completo de la bola.

- Impacto. Cuando la bola se acerca a la posición final, deberemos modificar nuestra posición anterior llevando el peso del cuerpo hacia delante mediante la rotación de hombros, llevando la pala al encuentro de la pelota, que se producirá a la altura del pie izquierdo, desapareciendo el brazo izquierdo de la posición que tenía y quedando completamente estirado.

Foto 93. Impacto salida de doble pared (Foto Pepe Varela)

- Finalización. En esta fase del golpe el cuerpo se relaja después del impacto, pasando todo el peso del cuerpo hacia delante, terminando la pala a la altura del hombro contrario y haciendo apuntar el marco de la pala en la dirección a la que queramos enviar la pelota. Los pies mantienen su posición, pero el pie atrasado se levanta un poco sin perder el contacto con el suelo, para mantener un centro de gravedad estable y adelantado.

Foto 94. Terminación salida de doble pared (Foto Pepe Varela)

Para ejecutar el golpe de **salida de doble pared que abre en el lado del drive**, tenemos dos opciones, girar con la pelota o apartarnos.

- Si **giramos con la trayectoria de la pelota**, al impacto de la pelota en pared de fondo-lateral, deberemos seguir las siguientes fases:

- Partiendo de una posición de espera correcta, en este caso en la zona defensiva, orientaremos el cuerpo hacia la posición de donde parte la bola. El jugador repartirá el peso del cuerpo entre las dos piernas separadas a la altura de los hombros, manteniendo un punto de gravedad estable, rodillas semi flexionadas y talones elevados para poder reaccionar antes y poder preparar el golpe.

Foto 95. Posición de espera salida doble pared (Foto Pepe Varela)

- Preparación y armado del golpe. Partiendo de la posición de espera, cuando la pelota se nos acerca por el lado izquierdo, ésta golpeará en la pared de fondo y el jugador se meterá en la trayectoria de doble pared. El jugador realizará la trayectoria de la pelota ajustando sus pasos y manteniéndose cerca de la pelota. Girará el cuerpo completamente manteniendo la pala elevada y cerca de la pelota, sin cambiar la empuñadura, con el brazo semi extendido y manteniendo el codo ligeramente separado del tronco. Apoyará la pierna izquierda en la posición final delante de él poniendo el peso del cuerpo en el pie adelantado, manteniéndose de lado a la espera del giro completo de la bola.

Fotos 96, 97, 98 y 99. Giro salida de doble pared (Foto Pepe Varela)

- Impacto. Cuando la bola se acerca a la posición final, después de golpear en la pared lateral, deberemos modificar nuestra posición anterior llevando el peso del cuerpo hacia delante mediante la rotación de hombros, llevando la pala al encuentro de la pelota, que se producirá a la altura del pie izquierdo, desapareciendo el brazo izquierdo de la posición que tenía.

Foto 100. Impacto salida de doble pared (Foto Pepe Varela)

- Finalización. En esta fase del golpe el cuerpo se relaja después del impacto, pasando todo el peso del cuerpo hacia delante, terminando la pala a la altura del hombro contrario y haciendo apuntar el marco de la pala en la dirección a la que queramos enviar la pelota. Los pies mantienen su posición, pero el pie atrasado se levanta un poco sin perder el contacto con el suelo, para mantener un centro de gravedad estable y adelantado.

Foto 101. Terminación salida de doble pared (Foto Pepe Varela)

- Si en vez de girar, **nos apartamos de la trayectoria de la pelota**, al impacto de la pelota en pared de fondo-lateral, deberemos seguir las siguientes fases:

  - Partiendo de una posición de espera correcta, en este caso en la zona defensiva, orientaremos el cuerpo hacia la posición de donde parte la bola. El jugador repartirá el peso del cuerpo entre las dos piernas separadas a la altura de los hombros, manteniendo un punto de gravedad estable, rodillas semi flexionadas y talones elevados para poder reaccionar antes y poder preparar el golpe.

Foto 102. Posición de espera salida de doble pared (Foto Pepe Varela)

  - Preparación y armado del golpe. Partiendo de la posición de espera, cuando la pelota se nos acerca por el lado derecho, ésta golpeará en la pared de fondo y el jugador se apartará de la trayectoria de doble pared. El jugador se apartará lateralmente, y ajustará la posición hasta la pared lateral donde caerá la pelota después del rebote en la pared fondo-lateral. Posicionará el cuerpo en la posición donde caerá la pelota, manteniendo la pala no muy elevada y cerca de la pelota, sin cambiar la empuñadura, con el brazo semi extendido y manteniendo el codo ligeramente separado del tronco. Apoyará la pierna izquierda en la posición final delante de él poniendo el peso del cuerpo en el pie adelantado, manteniéndose de lado a la espera del giro completo de la bola.

Fotos 103 y 104. Armado salida de doble pared (Foto Pepe Varela)

- **Impacto.** Cuando la bola se acerca a la posición final, deberemos modificar nuestra posición anterior llevando el peso del cuerpo hacia delante mediante la rotación de hombros, llevando la pala al encuentro de la pelota que se producirá a la altura del pie izquierdo, desapareciendo el brazo izquierdo de la posición que tenía.

Foto 105. Impacto salida de doble pared
(Foto Pepe Varela)

- **Finalización.** En esta fase del golpe el cuerpo se relaja después del impacto, pasando todo el peso del cuerpo hacia delante, terminando la pala a la altura del hombro contrario y haciendo apuntar el marco de la pala en la dirección a la que queramos enviar la pelota. Los pies mantienen su posición, pero el pie atrasado se levanta un poco sin perder el contacto con el suelo, para mantener un centro de gravedad estable y adelantado.

Foto 106. Terminación salida de doble pared (Foto Pepe Varela)

Para ejecutar el **golpe de salida de doble pared que cierra en el lado del revés**, tenemos dos opciones, girar con la pelota o apartarnos.

- Si **giramos con la trayectoria de la pelota**, al impacto de la pelota en pared de lateral-fondo, deberemos seguir las siguientes fases:

- Partiendo de una posición de espera correcta, en este caso en la zona defensiva, orientaremos el cuerpo hacia la posición de donde parte la bola. El jugador repartirá el peso del cuerpo entre las dos piernas separadas a la altura de los hombros, manteniendo un punto de gravedad estable, rodillas semi flexionadas y talones elevados para poder reaccionar antes y poder preparar el golpe.

Foto 107. Posición de espera golpe de salida de doble pared (Foto Pepe Varela)

Preparación y armado del golpe. Partiendo de la posición de espera, cuando la pelota se nos acerca por el lado izquierdo, ésta golpeará en la pared lateral y el jugador se meterá en la trayectoria de doble pared. El jugador realizará la trayectoria de la pelota ajustando sus pasos manteniéndose cerca de la pelota. Girará el cuerpo completamente manteniendo la pala elevada y cerca de la pelota sin cambiar la empuñadura, con el brazo semi extendido y manteniendo el codo ligeramente separado del tronco. Apoyará la pierna izquierda en la posición final delante de él poniendo el peso del cuerpo en el pie adelantado y manteniéndose de lado a la espera del giro completo de la bola.

Fotos 108, 109, 110 y 111. Giro salida de doble pared (Foto Pepe Varela)

- Impacto. Cuando la bola se acerca a la posición final, después de golpear en la pared de fondo, deberemos modificar nuestra posición anterior llevando el peso del cuerpo hacia delante mediante la rotación de hombros, llevando la pala al encuentro de la pelota, que se producirá a la altura del pie izquierdo, desapareciendo el brazo izquierdo de la posición que tenía.

Foto 112. Impacto salida doble pared (Foto Pepe Varela)

- Finalización. En esta fase del golpe el cuerpo se relaja después del impacto, pasando todo el peso del cuerpo hacia delante, terminando la pala a la altura del hombro contrario y haciendo apuntar el marco de la pala en la dirección a la que queramos enviar la pelota. Los pies mantienen su posición, pero el pie atrasado se levanta un poco sin perder el contacto con el suelo, para mantener un centro de gravedad estable y adelantado.

Foto 113. Terminación salida doble pared (Foto Pepe Varela)

PÁDEL: SUS GOLPES, ENTRENAMIENTO Y MÁS...

- Si en vez de girar, **nos apartamos de la trayectoria de la pelota**, al impacto de la pelota en pared de lateral-fondo, deberemos seguir las siguientes fases:

- Partiendo de una posición de espera correcta, en este caso en la zona defensiva, orientaremos el cuerpo hacia la posición de donde parte la bola. El jugador repartirá el peso del cuerpo entre las dos piernas separadas a la altura de los hombros, manteniendo un punto de gravedad estable, rodillas semi flexionadas y talones elevados para poder reaccionar antes y poder preparar el golpe.

Foto 114. Posición de espera salida de doble pared (Foto Pepe Varela)

- Preparación y armado del golpe. Partiendo de la posición de espera, cuando la pelota se nos acerca por el lado izquierdo, ésta golpeará en la pared lateral y el jugador se apartará de la trayectoria de doble pared. El jugador se apartará lateralmente hasta la posición en la que caerá la pelota después del rebote en la pared lateral-fondo. Posicionará el cuerpo en la posición donde caerá la pelota, manteniendo la pala elevada y cerca de la pelota, sin cambiar la empuñadura, con el brazo semi extendido y manteniendo el codo ligeramente separado del tronco. Apoyará la pierna derecha en la posición final delante de él poniendo el peso del cuerpo en el pie adelantado, manteniéndose de lado a la espera del giro completo de la bola.

Fotos 115, 116 y 117. Armado salida de doble pared (Foto Pepe

137

- **Impacto.** Cuando la bola se acerca a la posición final, deberemos modificar nuestra posición anterior llevando el peso del cuerpo hacia delante mediante la rotación de hombros, llevando la pala al encuentro de la pelota, que se producirá a la altura del pie derecho, desapareciendo el brazo izquierdo de la posición que tenía y quedando completamente estirado.

Foto 118. Impacto salida de doble pared
(Foto Pepe Varela)

- **Finalización.** En esta fase del golpe el cuerpo se relaja después del impacto, pasando todo el peso del cuerpo hacia delante, terminando la pala a la altura del hombro contrario y haciendo apuntar el marco de la pala en la dirección a la que queramos enviar la pelota. Los pies mantienen su posición, pero el pie atrasado se levanta un poco sin perder el contacto con el suelo, para mantener un centro de gravedad estable y adelantado.

Foto 119. Terminación salida de doble de pared (Foto Pepe Varela)

Para ejecutar el **golpe de salida de doble pared que abre en el lado del revés**, tenemos dos opciones, girar con la pelota o apartarnos.

- Si **giramos con la trayectoria de la pelota**, al impacto de la pelota en pared de fondo-lateral, deberemos seguir las siguientes fases:

- Partiendo de una posición de espera correcta, en este caso en la zona defensiva, orientaremos el cuerpo hacia la posición de donde parte la bola. El jugador repartirá el peso del cuerpo entre las dos piernas separadas a la altura de los hombros, manteniendo un punto de gravedad estable, rodillas semi flexionadas y talones elevados para poder reaccionar antes y poder preparar el golpe.

Foto 120. Posición de espera salida de doble pared (Foto Pepe Varela)

- Preparación y armado del golpe. Partiendo de la posición de espera, cuando la pelota se nos acerca por el lado derecho, ésta golpeará en la pared de fondo y el jugador se meterá en la trayectoria de doble pared. El jugador realizará la trayectoria de la pelota, ajustando sus pasos y manteniéndose cerca de la pelota. Girará el cuerpo completamente, manteniendo la pala elevada y cerca de la pelota, sin cambiar la empuñadura, con el brazo semi extendido y manteniendo el codo ligeramente separado del tronco. Apoyará la pierna derecha en la posición final delante de él poniendo el peso del cuerpo en el pie adelantado, manteniéndose de lado a la espera del giro completo de la bola.

Fotos 121, 122, 123 y 124. Giro salida de doble pared (Foto Pepe Varela)

- **Impacto.** Cuando la bola se acerca a la posición final, después de golpear en la pared lateral, deberemos modificar nuestra posición anterior llevando el peso del cuerpo hacia delante mediante la rotación de hombros, llevando la pala al encuentro de la pelota, que se producirá a la altura del pie derecho, desapareciendo el brazo izquierdo de la posición que tenía y quedando completamente estirado.

Foto 125. Impacto salida de doble pared (Foto Pepe Varela)

- **Finalización.** En esta fase del golpe el cuerpo se relaja después del impacto, pasando todo el peso del cuerpo hacia delante, terminando la pala a la altura del hombro contrario y haciendo apuntar el marco de la pala en la dirección a la que queramos enviar la pelota. Los pies mantienen su posición, pero el pie atrasado se levanta un poco sin perder el contacto con el suelo, para mantener un centro de gravedad estable y adelantado.

Foto 126. Terminación salida de doble pared (Foto Pepe Varela)

- Si en vez de girar, **nos apartamos de la trayectoria de la pelota**, al impacto de la pelota en pared de fondo-lateral, deberemos seguir las siguientes fases:

- Partiendo de una posición de espera correcta, en este caso en la zona defensiva, orientaremos el cuerpo hacia la posición de donde parte la bola. El jugador repartirá el peso del cuerpo entre las dos piernas separadas a la altura de los hombros, manteniendo un punto de gravedad estable, rodillas semi flexionadas y talones elevados para poder reaccionar antes y poder preparar el golpe.

Foto 127. Posición de la pala para un golpeo plano (Foto Pepe Varela)

Preparación y armado del golpe. Partiendo de la posición de espera, cuando la pelota se nos acerca por el lado derecho, ésta golpeará en la pared de fondo y el jugador se apartará de la trayectoria de doble pared. El jugador se apartará lateralmente y ajustará la posición hasta la pared lateral, donde caerá la pelota después del rebote en la pared fondo-lateral. Posicionará el cuerpo en la posición donde caerá la pelota manteniendo la pala elevada y cerca de la pelota, sin cambiar la empuñadura, con el brazo semi extendido y manteniendo el codo ligeramente separado del tronco. Apoyará la pierna derecha en la posición final delante de él poniendo el peso del cuerpo en el pie adelantado, manteniéndose de lado a la espera del giro completo de la bola.

Fotos 128 y 129. Posición de la pala para un golpeo plano (Foto Pepe Varela)

- Impacto. Cuando la bola se acerca a la posición final, deberemos modificar nuestra posición anterior llevando el peso del cuerpo hacia delante mediante la rotación de hombros, llevando la pala al encuentro de la pelota que se producirá a la altura del pie izquierdo, desapareciendo el brazo izquierdo de la posición que tenía y quedando completamente estirado.

Foto 130. Posición de la pala para un golpeo plano (Foto Pepe Varela)

- Finalización. En esta fase del golpe el cuerpo se relaja después del impacto, pasando todo el peso del cuerpo hacia delante, terminando la pala a la altura del hombro contrario y haciendo apuntar el marco de la pala en la dirección a la que queramos enviar la pelota. Los pies mantienen su posición, pero el pie atrasado se levanta un poco sin perder el contacto con el suelo, para mantener un centro de gravedad estable y adelantado.

Foto 131. Posición de la pala para un golpeo plano (Foto Pepe Varela)

Los errores más comunes que se comenten cuando ejecutamos un golpe de salida de doble pared, ya sea en el lado del drive o del revés, son los siguientes:

- Golpear la bola sin haber completado el giro, ya que hará que, al tener la pala muy separada de la bola, aceleremos el golpe.
- El no realizar pasos cortos y coordinados, hará que la separación de la pala con la pelota sea grande, por lo que, al ver que no llego correctamente al punto de impacto, aceleraré el golpe.
- Cuando veo venir la bola, debo retrasar el pie por donde va a pasar la pelota, para quedarme cerca de las paredes. Al hacerlo al revés y adelantar el pie, lo que hago en separarme de la pelota, y dejar la pelota entre la pared y yo, lo que hará que no pueda golpear correctamente.
- Cuando realizamos un exceso de terminación, es cuando vemos que llegamos tarde a la pelota, y no controlamos la bola.
- Si armo tarde la pala, no llevaré un control del giro ni de la pala, lo que hará que acelere el golpeo.
- Debo tener en cuenta que en el golpe de doble pared, una de las paredes despide la bola y la otra absorbe parte de la velocidad. Debo leer muy bien el efecto que trae la bola y el que cogerá en las paredes para no pasarme ni quedarme lejos de la bola.
- Si no flexiono bien las rodillas, realizaremos un golpe con el brazo, ya que lo normal es que la bola tenga poca altura.

- Si levanto el codo cuando golpeo, hará que la bola coja una dirección descendente.

- Si no flexiono las rodillas durante el golpeo, se producirán compensaciones como un exceso de rotación de hombros, un exceso de pronación del codo y/o exceso de muñequeo.

- Si adelanto o retraso el punto de impacto al punto de referencia de la altura del pie adelantado, haré que el golpe adquiera otras características, como puede ser que se desvíe de la trayectoria marcada o adquiera una altura no deseada.

Objetivo: Doble rebote de pared
Secuencia de golpes: SDPD//

Descripción:
Ubicado en el fondo de la pista, después de rebote en las paredes Fondo-Lateral, el jugador realizará golpes de derecha paralelos buscando como objetivo la marca colocada en el fondo de la pista.
Después de 10 bolas se cambia de jugador.

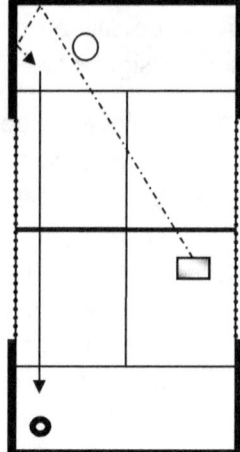

Objetivo: Doble rebote de pared
Secuencia de golpes: SDPR//

Descripción:
Ubicado en el fondo de la pista, después de rebote en las paredes Fondo-Lateral, el jugador realizará golpes de revés paralelos buscando como objetivo la marca colocada en el fondo de la pista.
Después de 10 bolas se cambia de jugador.

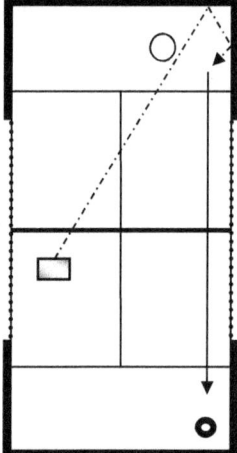

Objetivo: Doble rebote de pared
Secuencia de golpes: SDPD// - SDPDX

Descripción:
Ubicado en el fondo de la pista, después de rebote en las paredes Fondo-Lateral, el jugador realizará golpes de derecha paralelos y golpes de derecha cruzados buscando como objetivos las marcas colocadas en los rincones de la pista.
Después de 12 bolas se cambia de jugador.

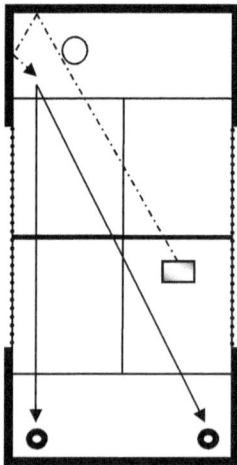

Objetivo: Doble rebote de pared
Secuencia de golpes: SDPR// - SDPRX

Descripción:
Ubicado en el fondo de la pista, después de rebote en las paredes Fondo-Lateral, el jugador realizará golpes de revés paralelos y golpes de revés cruzados buscando como objetivos las marcas colocadas en los rincones de la pista.
Después de 12 bolas se cambia de jugador.

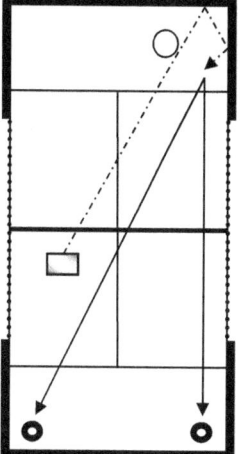

Objetivo: Doble rebote de pared
Secuencia de golpes: SDPD// - SDPDX

Descripción:
Ubicado en el fondo de la pista, después de rebote en las paredes Fondo-Lateral el jugador alternará los golpes de derecha paralelos y los golpes de derecha cruzados cortos buscando como objetivos las marcas colocadas en la pista.
Después de 10 bolas se cambia de jugador.

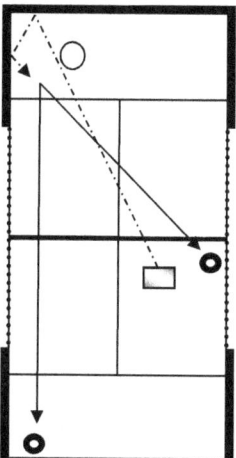

Ejercicio 0033   Golpes: Bd

Objetivo: Doble rebote de pared
Secuencia de golpes: SDPR// - SDPRX

Descripción:
Ubicado en el fondo de la pista, después de rebote en las paredes Fondo-Lateral el jugador alternará los golpes de revés paralelos y los golpes de revés cruzados cortos buscando como objetivos las marcas colocadas en la pista.
Después de 10 bolas se cambia de jugador.

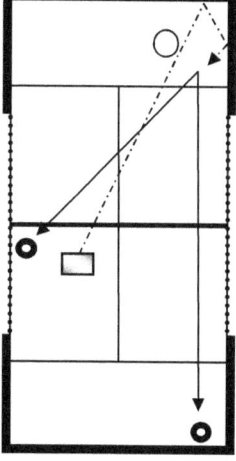

Objetivo: Doble rebote de pared
Secuencia de golpes: SDPRX

Descripción:
Ubicado en el fondo de la pista, después de rebote en las paredes Lateral-Fondo el jugador realizará golpes de derecha cruzados buscando como objetivo la marca colocada en el fondo de la pista.
Después de 10 bolas se cambia de jugador.

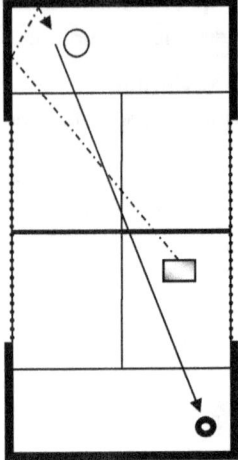

Objetivo: Doble rebote de pared
Secuencia de golpes: SDPRX

Descripción:
Ubicado en el fondo de la pista, después de rebote en las paredes Lateral-Fondo el jugador realizará golpes de revés cruzados buscando como objetivo la marca colocada en el fondo de la pista.
Después de 10 bolas se cambia de jugador.

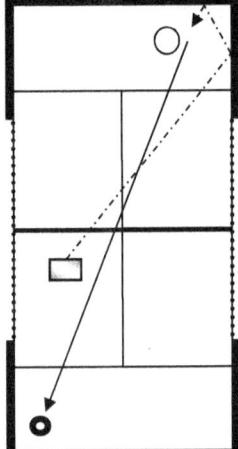

Objetivo: Doble rebote de pared
Secuencia de golpes: SDPD// - SDPDX

Descripción:
Ubicado en el fondo de la pista, después de rebote en las paredes Lateral-Fondo el jugador alternará los golpes de derecha paralelos y los golpes de derecha cruzados buscando como objetivos las marcas colocadas en el fondo de la pista.
Después de 10 bolas se cambia de jugador.

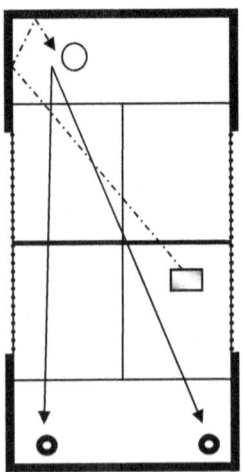

Objetivo: Doble rebote de pared
Secuencia de golpes: SDPR// - SDPRX

Descripción:
Ubicado en el fondo de la pista, después de rebote en las paredes Lateral-Fondo el jugador alternará los golpes de revés paralelos y los golpes de revés cruzados buscando como objetivos las marcas colocadas en el fondo de la pista.
Después de 10 bolas se cambia de jugador.

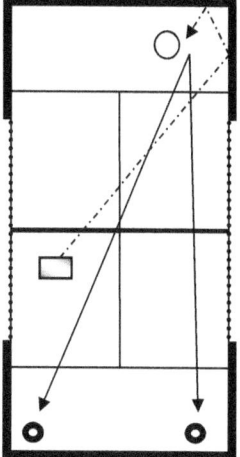

Objetivo: Doble rebote de pared
Secuencia de golpes: SDPDX – SDPDX corto

Descripción:
Ubicado en el fondo de la pista, después de rebote en las paredes Lateral-Fondo el jugador alternará los golpes de derecha cruzados y los golpes de derecha cruzados cortos buscando como objetivos las marcas colocadas en el fondo de la pista.
Después de 10 bolas se cambia de jugador.

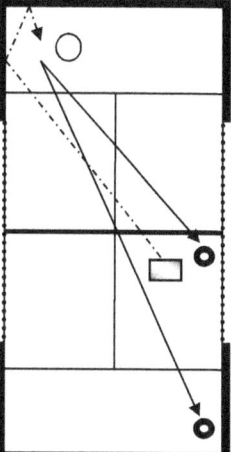

Objetivo: Doble rebote de pared
Secuencia de golpes: SDPRX – SDPRX corto

Descripción:
Ubicado en el fondo de la pista, después de rebote en las paredes Lateral-Fondo el jugador alternará los golpes de revés cruzados y los golpes de revés cruzados cortos buscando como objetivos las marcas colocadas en el fondo de la pista.
Después de 10 bolas se cambia de jugador.

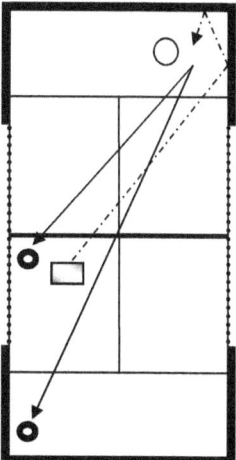

Objetivo: Doble rebote de pared
Secuencia de golpes: SDPD// - SDPDX

Descripción:
Ubicado en el fondo de la pista, después de rebote en la doble pared, alternando Fondo-Lateral y Lateral-Fondo, el jugador alternará los golpes de derecha paralelos y los golpes de derecha cruzados buscando como objetivos las marcas colocadas en los rincones de la pista.
Después de 10 bolas se cambia de jugador.

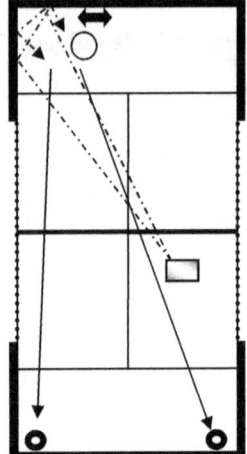

Objetivo: Doble rebote de pared
Secuencia de golpes: SDP// - SDPX

Descripción:
Ubicado en el fondo de la pista, después de rebote en la doble pared, alternando Fondo-Lateral y Lateral-Fondo, el jugador alternará los golpes libres paralelos y los golpes libres cruzados buscando como objetivos las marcas colocadas cerca de la red.
Después de 10 bolas se cambia de jugador.

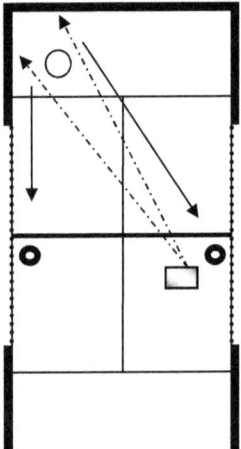

Objetivo: Giro después de rebote en doble pared
Secuencia de golpes: Giro – GD

Descripción:
Ubicado en el fondo de la pista, después de rebote en las paredes Lateral-Fondo el jugador realizará un giro acompañando a la bola en su recorrido de rebote en pared Lateral-Fondo y realizará un globo de revés cruzado, con el objetivo de la marca situada en el rincón de la pista.
Después de 10 bolas se cambia de jugador.

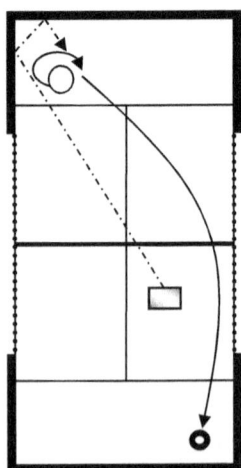

GOLPE DE BAJADA DE PARED DE DERECHA (ATAQUE)

Foto 132. Paquito Navarro ejecutando bajada de pared de derecha (ataque) (Foto de Pepe Aínsúa)

GOLPE DE BAJADA DE PARED DE DERECHA (ATAQUE)

Cuando hagamos una salida de pared deberemos ver la altura y distancia de la pared en que nos queda la pelota. Si el rebote de la pelota es alejado de la pared y alto, deberemos pensar que es una pelota que deberemos atacar con un tiro de potencia y por abajo. La bola debe tener unas características, las cuales si se cumplen, nos permitirán atacarla:

- Rebote largo.
- Rebote alto.
- Poca velocidad de bola.

Estas características nos permitirán acomodar nuestro cuerpo a la situación y atacar con potencia.

Si realizamos un ataque efectivo, la bola que los contrarios recibirán será potente y descendente, por lo cual la respuesta con su volea no nos afectará en exceso, ya que sólo podrán devolver la bola potente o bloquearla, sin atacarnos.

Ahora viene la situación en la que deberemos decidir si realizamos una bandeja en una posición incómoda o una salida de pared. Tácticamente es preferible realizar una salida de pared a pesar de perder la red, ya que si realizamos una bandeja mal colocado, la posición en la que quedaré no me permitirá recuperar la red. De ésta forma, tendremos una opción de atacar con la salida de pared.

La manera en que realizaremos la bajada de pared de derecha atacando será la siguiente:

- Partiendo de la posición en que el globo nos rebasa, correremos hasta la pared de fondo, dejando que la bola rebote en la pared y metiéndonos detrás y debajo de ella.

Foto 133. Preparación del golpe de bajada de pared de derecha (Foto Pepe Varela)

- Preparación y armado del golpe. Partiendo de la posición en la que nos ponemos detrás de la bola, ya viendo la altura que va a coger la pelota, subiremos la pala como si de una bandeja se tratase, con la salvedad de que la bola nos viene de atrás.

Foto 134. Preparación del golpe de bajada de pared de derecha (Foto Pepe Varela)

- Impacto. Después del rebote de la pelota en la pared de fondo, y habiendo ajustado la posición de nuestro cuerpo a la zona donde caerá la bola, dejaremos pasar la bola hasta la altura de la pierna adelantada, donde bajaremos la pala desde su posición de preparación. Es importante que el armado sea alto para coger la bola de arriba hacia abajo. Hay que intentar jugar las bolas con margen, ya que si la bola se nos va alta y potente, seguro que se nos irá a la pared de fondo. Si cuantificamos la potencia, ésta sería entorno al 70%.

Foto 135. Impacto del golpe de bajada de pared de derecha (Foto Pepe Varela)

- **Finalización.** Una vez he realizado el impacto, deberemos realizar una terminación como la del golpe de bandeja, intentando que el cuerpo se relaje después del impacto, pasando todo el peso del cuerpo hacia delante, haciendo apuntar el marco de la pala en la dirección en la que queramos enviar la pelota. Los pies mantienen su posición, pero el pie atrasado se levanta un poco sin perder el contacto con el suelo, para mantener un centro de gravedad estable y adelantado.

Foto 136. Terminación del golpe de bajada de pared de derecha (Foto Pepe Varela)

Las características del golpe se adaptarán dependiendo de lo que queramos conseguir con el golpe:

- Bajada de pared plana, la cual ejecutaremos cuando los jugadores contrarios se pegan mucho a la red, para evitar su volea fácil. La empuñadura que adoptaremos será continental y pronaremos el antebrazo al finalizar el golpe para hacer que la bola coja mucho peso.

- Cuando veamos que los contrarios no suben a la red, lo que intentaremos es darle a la bajada de pared un efecto cortado, para que en su contacto con el suelo tenga poco rebote y, aparte de la velocidad a la que va, sea difícil la devolución de los contrarios.

- Bola lenta, dejadita a los lados de la red, para evitar una devolución fácil de los contrarios. Este golpe irá acompañado de la subida, tanto mía como de mi compañero, a la red, ya que la devolución que harán ellos no será de ataque al ser una bola baja.

Siendo uno de los golpes de ataque más difíciles de ejecutar, ya que se tienen que dar unas características especiales para poder conseguir el golpe que deseamos. Existen unos errores comunes y su consecuencia, los cuales deberemos corregir para elevar nuestro nivel de juego:

- Si no me coloco de lado a la hora de impactar a la pelota, esto producirá que el impacto de la pelota se produzca totalmente con la fuerza del brazo.
- No dejar pasar la bola hasta el pie adelantado.

- Si levanto el codo cuando golpeo, hará que la bola coja una dirección descendente.

- Si no me coloco debajo de la pelota y acompaño con todo el cuerpo el golpeo, estaré ejecutando un golpe seco y mal ejecutado.

- Si no separo el brazo del tronco a la hora de ejecutar el golpe, generaré mecanismos erróneos como muñequeos o rotación de hombros forzados. Siempre que pueda y las condiciones de recepción de la pelota me lo permitan, mantendré el codo separado del cuerpo.

- Si adelanto o retraso el punto de impacto al punto de referencia de la altura del pie adelantado, haré que el golpe adquiera otras características, como puede ser que se desvíe de la trayectoria marcada o adquiera una altura no deseada. Para la tener una referencia clara de que altura deberá llevar la bola, esta debe apuntar al pecho del jugador situado en la red. Al 70% de potencia y con esta altura, la bola caerá sin ningún problema en el otro lado de la pista.

- No pararse a golpear.

- Si no realizamos un correcto armado de la pala, como si se tratase de una bandeja, ejecutaremos golpeo ascendente ya que la pala se encontraré por debajo de la pelota, y lo importante es que la pelota se encuentre al menos a la misma altura que la pala.

Objetivo: Giro después de rebote en doble pared
Secuencia de golpes: Giro – Bajada R

Descripción:
Ubicado en el fondo de la pista, después de rebote en las paredes Lateral-Fondo el jugador realizará un giro acompañando a la bola en su recorrido de rebote en pared Lateral-Fondo y realizará una bajada de derecha al medio, con el objetivo de la marca situada en el fondo de la pista.
Después de 10 bolas se cambia de jugador.

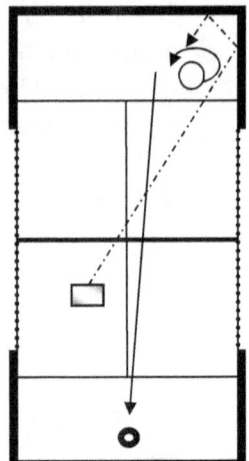

Objetivo: Salida de pared de fondo
Secuencia de golpes: SFD// corto – SFR// corto

Descripción:
Ubicado en el fondo de la pista, después de rebote en la pared de fondo, el jugador realizará golpes de derecha paralelos cortos, se desplazará al otro lado de su campo y golpeará de revés paralelo corto, buscando como objetivos las marcas situadas cerca de la red.
Después de 10 bolas se cambia de jugador.

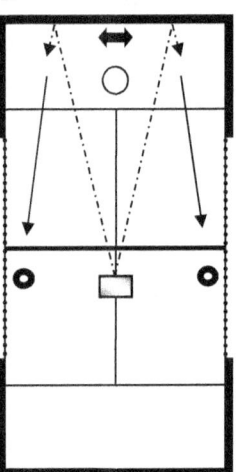

Foto 137. Bajada de derecha de José Carlos Gaspar (Foto Pepe Ainsúa)

GOLPE DE BAJADA DE PARED DE REVÉS (ATAQUE)

Foto 138. Seba Nerone ejecutando una bajada de pared de revés (ataque) (Foto de Pepe Ainsúa)

GOLPE DE BAJADA DE PARED DE REVÉS (ATAQUE)

Cuando hagamos una salida de pared de revés deberemos ver la altura y distancia de la pared en que nos queda la pelota. Si el rebote de la pelota es alejado de la pared y alto, deberemos pensar que es una pelota que deberemos atacar con un tiro de potencia y por abajo. La bola debe tener unas características, las cuales si se cumplen, me permitirán atacarla:

- Rebote largo.
- Rebote alto.
- Poca velocidad de bola.

Estas características me permitirán acomodar mi cuerpo a la situación y atacar con potencia.

Si realizamos un ataque efectivo, la bola que los contrarios recibirán será potente y descendente, por lo cual la respuesta con su volea no nos afectará en exceso, ya que sólo podrán devolver la bola potente o bloquearla, sin atacarnos.

Ahora viene la situación en la que debo decidir si realizar una salida de pared de revés sin atacar o atacarla.

La manera en que realizaremos la bajada de pared de revés atacando será la siguiente:

- Partiendo de la posición en que el globo nos rebasa por el lado izquierdo, correremos hasta la pared de fondo, dejando que la bola rebote en la pared y metiéndonos detrás y debajo de ella.

Foto 139. Preparación del golpe de bajada de pared de revés (Foto Pepe Varela)

- Preparación y armado del golpe. Partiendo de la posición en la que nos ponemos detrás de la bola, ya viendo la altura que va a coger la pelota, subiremos la pala como si de una volea alta de revés se tratase, con la salvedad, de que la bola nos viene de atrás.

Foto 140. Preparación del golpe de bajada de pared de revés (Foto Pepe Varela)

- Impacto. Después del rebote de la pelota en la pared de fondo, y habiendo ajustado la posición de nuestro cuerpo a la zona donde caerá la bola, dejaremos pasar la bola hasta la altura de la pierna adelantada, donde bajaremos la pala desde su posición de preparación. Es importante que el armado sea alto para coger la bola de arriba hacia abajo. Hay que intentar jugar las bolas con margen, ya que si la bola se nos va alta y potente, seguro que se nos irá a la pared de fondo. Si cuantificamos la potencia, ésta sería entorno al 70%.

Foto 141. Impacto del golpe de bajada de pared de revés (Foto Pepe Varela)

- Finalización. Una vez hemos realizado el impacto, deberemos realizar una terminación como la del golpe de volea de revés, intentando que el cuerpo se relaje después del impacto, pasando todo el peso del cuerpo hacia adelante, haciendo apuntar el marco de la pala en la dirección en la que queramos enviar la pelota. Los pies mantienen su posición, pero el pie atrasado se levanta un poco sin perder el contacto con el suelo, para mantener un centro de gravedad estable y adelantado.

Foto 142. Terminación del golpe de bajada de pared de revés (Foto Pepe Varela)

Las características del golpe se adaptarán dependiendo de lo que queramos conseguir con el golpe:

- Bajada de pared plana, la cual ejecutaremos cuando los jugadores contrarios se pegan mucho a la red, para evitar su volea fácil. La empuñadura que adoptaremos será continental.

- Cuando veamos que los contrarios no suben a la red, lo que intentaremos es darle a la bajada de pared un efecto cortado, para que en su contacto con el suelo tenga poco rebote y, aparte de la velocidad a la que va, sea difícil la devolución de los contrarios.

- Bola lenta, dejadita a los lados de la red, para evitar una devolución fácil de los contrarios. Este golpe irá acompañado de la subida, tanto mía como de mi compañero, a la red, ya que la devolución que harán ellos no será de ataque al ser una bola baja.

El golpe de bajada de revés es el golpe de ataque más difícil de ejecutar. Ya la bajada de derecha es complicada por las características especiales para poder conseguir el golpe que deseamos, pero de revés se juntan que porcentualmente fallamos más. Existen unos errores comunes y su consecuencia, los cuales deberemos corregir para elevar nuestro nivel de juego:

- Si no me coloco de lado a la hora de impactar a la pelota, esto producirá que el impacto de la pelota se produzca totalmente con la fuerza del brazo.

- No dejar pasar la bola hasta el pie adelantado. Muy importante ya que es casi imposible hacer una bajada con la bola retrasada del cuerpo.

- Si levanto el codo cuando golpeo, hará que la bola coja una dirección descendente.

- Si no me coloco debajo de la pelota y acompaño con todo el cuerpo el golpeo, estaré ejecutando un golpe seco y mal ejecutado.

- Si no separo el brazo del tronco a la hora de ejecutar el golpe, generaré mecanismos erróneos como muñequeos o rotación de hombros forzados. Siempre que pueda y las condiciones de recepción de la pelota me lo permitan, mantendré el codo separado del cuerpo.

- Si adelanto o retraso el punto de impacto al punto de referencia de la altura del pie adelantado, haré que el golpe adquiera otras características, como puede ser que se desvíe de la trayectoria marcada o adquiera una altura no deseada. Para la tener una referencia clara de que altura deberá llevar la bola, esta debe apuntar al pecho del jugador situado en la red. Al 70% de potencia y con esta altura, la bola caerá sin ningún problema en el otro lado de la pista.

- No pararse a golpear.

- Si no realizamos un correcto armado de la pala, como si se tratase de una bandeja, ejecutaremos golpeo ascendente ya que la pala se encontraré por debajo de la pelota, y lo importante es que la pelota se encuentre al menos a la misma altura que la pala.

Objetivo: Giro después de rebote en doble pared
Secuencia de golpes: Giro – Bajada R

Descripción:
Ubicado en el fondo de la pista, después de rebote en las paredes Lateral-Fondo el jugador realizará un giro acompañando a la bola en su recorrido de rebote en pared Lateral-Fondo y realizará una bajada de revés al medio, con el objetivo de la marca situada en el fondo de la pista.
Después de 10 bolas se cambia de jugador.

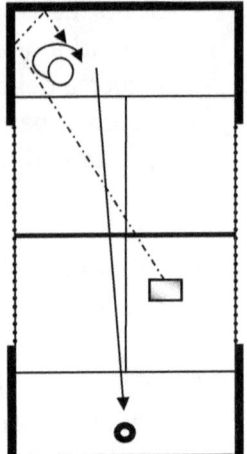

Objetivo: Salida de pared de fondo
Secuencia de golpes: SFD// corto – SFR// corto

Descripción:
Ubicado en el fondo de la pista, después de rebote en la pared de fondo, el jugador realizará golpes de derecha paralelos cortos, se desplazará al otro lado de su campo y golpeará de revés paralelo corto, buscando como objetivos las marcas situadas cerca de la red.
Después de 10 bolas se cambia de jugador.

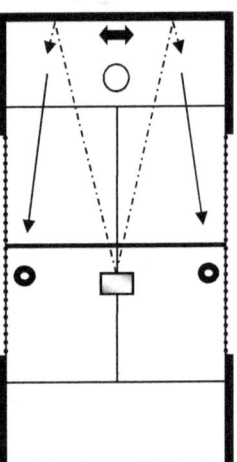

Objetivo: Variante de salidas de fondo de revés
Secuencia de golpes: SFR// - SFRX

Descripción:
Ubicado el jugador en el fondo de la pista, alternará una salida de fondo de revés paralela o una salida de fondo de revés cruzada, con el objetivo de las marcas situadas en el fondo de la pista. Después de cada golpe, rodeará, por el lado contrario, los conos situados sobre la línea de saque.

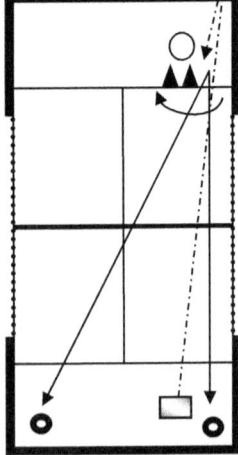

GOLPE DE VOLEA DE DERECHA

Foto 143. Pablo Lima ejecutando una volea de derecha (Foto de Pepe Aínsúa)

GOLPE DE VOLEA DE DERECHA

Dentro de los golpes de ataque, uno de los que más ejecutaremos en un partido será la volea, tanto de derecha como de revés.

Es uno de los golpes definitorios cuando hemos conseguido ganar la red, por la posición en la que nos encontramos (cerca de la red), como por las bolas que nos vendrán.

Deberemos ajustar nuestra posición en la red, viendo la posición de los contrarios y su posible devolución, para que no nos coja su devolución ni muy cerca ni muy lejos de la red.

- Partiendo de una posición de espera correcta, en este caso en la zona de ataque, orientaremos el cuerpo hacia la posición de donde parte la bola. El jugador repartirá el peso del cuerpo entre las dos piernas separadas a la altura de los hombros, manteniendo un punto de gravedad estable, rodillas semi flexionadas, dando pequeños saltos con los talones elevados para poder reaccionar antes y poder preparar el golpe

Foto 144. Posición de espera volea de derecha (Foto Pepe Varela)

- Preparación y armado del golpe. Partiendo de la posición de espera, cuando la pelota se nos acerca por el lado derecho, el jugador girará la cadera hacia el lado derecho, colocando la pala hacia la zona por donde entra la bola, colocando la mano izquierda delante como referencia, elevará la pala sin cambiar la empuñadura, con el brazo semi extendido y manteniendo el codo ligeramente separado del tronco.

Foto 145. Preparación y armado volea de derecha (Foto Pepe Varela)

- Impacto. Cuando la bola se acerca a nosotros, deberemos modificar nuestra posición anterior llevando el peso del cuerpo hacia delante mediante la rotación de hombros, llevando la pala al encuentro de la pelota, que se producirá a la altura del pie izquierdo, desapareciendo el brazo izquierdo de la posición que tenía. En el momento de impacto, adelantaremos el pie izquierdo para echar el peso encima de la bola.

Foto 146. Impacto volea de derecha (Foto Pepe Varela)

- Finalización. Si no ejecutamos correctamente la terminación del golpe, estaremos ejecutando un golpe seco o un golpe incorrectamente ejecutado. Aquí el cuerpo se relaja después del impacto, pasando todo el peso del cuerpo hacia delante, terminando la pala adelante, haciendo apuntar el marco de la pala en la dirección a la que queramos enviar la pelota. A continuación la pala sigue su recorrido natural hasta la cadera izquierda. Los pies mantienen su posición, pero el pie atrasado se levanta un poco sin perder el contacto con el suelo, para mantener un centro de gravedad estable y adelantado.

Foto 147. Terminación volea de derecha (Foto Pepe Varela)

Los errores más comunes que se producen cuando ejecutamos una volea de derecha, son los siguientes:

- Si ejecutamos el golpe de frente y tengo mecanizado el movimiento, conseguiremos que la pelota se nos vaya a los laterales.

- Si realizo una preparación excesiva del golpe antes del impacto, lo que conseguiremos es llegar tarde al impacto, y el golpe será erróneo.

- Si la punta de la pala mira hacia abajo, el golpe será ascendente, y no podré realizar una volea correcta.

- Si no acompañamos y terminamos el golpe, será un golpe seco y el golpe no será correcto.

- Si tenemos la pala muy baja, el golpe tendrán una trayectoria de abajo hacia arriba y facilitará la devolución de los contrarios.

- Si tenemos la pala mal inclinada, el golpe será incorrecto. Deberemos fijarnos que el puño de la pala apunta a nuestras rodillas.

- Si no realizamos el movimiento con los dos brazos, el golpe no será correcto. La mano libre deberá estar en contacto con la pala hasta el momento de la preparación, y posteriormente se posicionará en la posición correcta para que la terminación sea óptima.

Objetivo: Control de volea con desplazamiento lateral

Secuencia de golpes: VD

Descripción:

Ubicados los jugadores en un lateral de la pista cerca de la red, los jugadores realizarán tres voleas de derecha cruzadas con desplazamiento al objetivo marcado en el fondo de la pista y volverán a la fila.

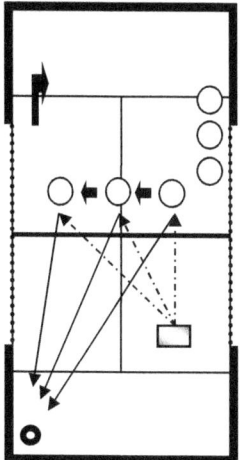

Objetivo: Control de volea con desplazamiento

Secuencia de golpes: VD con desplazamiento hacia adelante

Descripción:

Ubicados los jugadores sobre la línea de saque, realizarán, con desplazamiento hacia adelante, tres voleas de derecha cruzadas al objetivo marcado en el fondo de la pista y volverán a la fila.

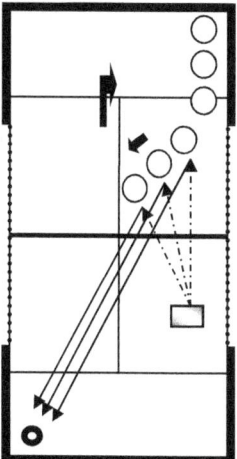

Objetivo: Control de volea

Secuencia de golpes: VD// - VDX corta con ángulo

Descripción:

Ubicado el jugador cerca de la red, realizará una volea de derecha paralela y una volea de derecha cruzada corta con ángulo a las marcas situadas en la pista.

Después de 10 bolas se cambia de jugador.

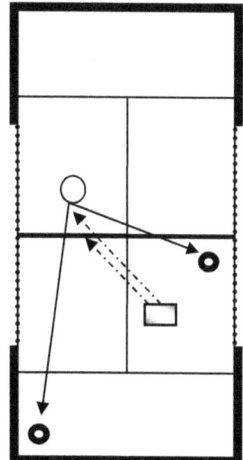

Objetivo: Control de volea
Secuencia de golpes: VD al centro - VDX corta con ángulo

Descripción:
Ubicado el jugador cerca de la red, realizará una volea de derecha al centro y una volea de derecha cruzada corta con ángulo a las marcas situadas en la pista.
Después de 10 bolas se cambia de jugador.

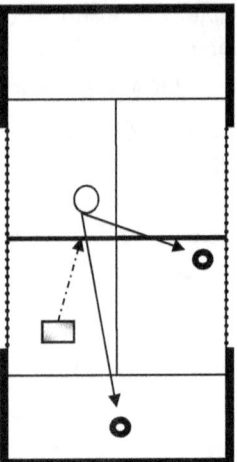

Objetivo: Volea en movimiento
Secuencia de golpes: VDX – VDX – VDX

Descripción:
Ubicado el jugador cerca de la red, realizará tres voleas de derecha cruzadas a los distintos objetivos situados en la pista.
Después de 10 bolas se cambia de jugador.

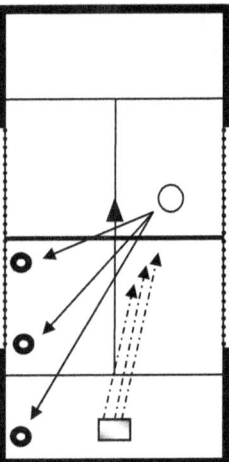

Objetivo: Bloqueo de volea
Secuencia de golpes: VDX

Descripción:
Ubicado el jugador cerca de la red, pegado a la reja, el jugador cubrirá el medio y bloqueará de volea de derecha cruzada a la marca situada en el fondo de la pista, y volverá a realizar el ejercicio.
Después de 10 bolas se cambia de jugador.

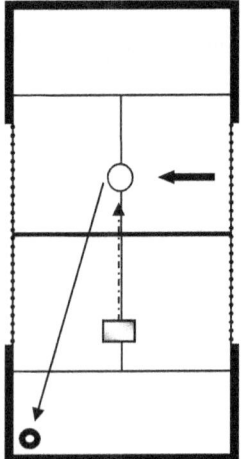

Objetivo: Control de volea con desplazamiento
Secuencia de golpes: VD// – VD// – VD//

Descripción:
Ubicado el jugador en el fondo de la pista, realizará voleas de derecha paralelas, tocará el cono de su izquierda y avanzará a la siguiente volea, con el objetivo de las marcas situadas en el fondo de la pista.
Después de 12 bolas de cambia de jugador.

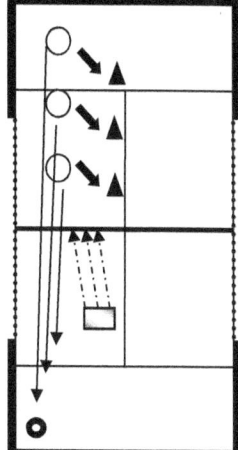

Objetivo: Control de volea con desplazamiento
Secuencia de golpes: VDX – VDX – VDX

Descripción:
Ubicado el jugador en el fondo de la pista, realizará voleas de derecha cruzadas, tocará el cono de su izquierda y avanzará a la siguiente volea, con el objetivo de las marcas situadas en el fondo de la pista.
Después de 12 bolas de cambia de jugador.

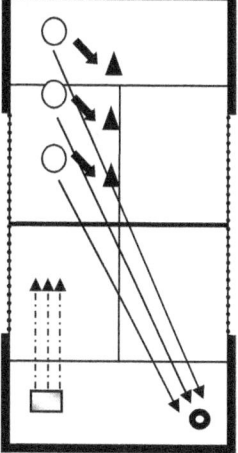

Objetivo: Volea en movimiento
Secuencia de golpes: VD – VD – VD

Descripción:
Ubicado el jugador cerca de la red, realizará tres voleas de derecha en movimiento, con el objetivo de la marca situada en el rincón de la pista.
Después de 12 bolas se cambia de jugador.

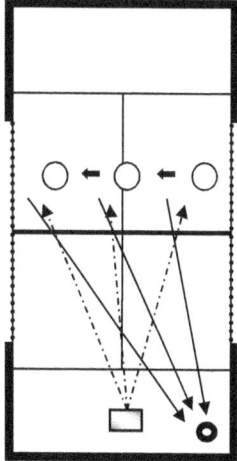

Objetivo: Variación de voleas
Secuencia de golpes: VDX – VDX – VDX

Descripción:
Ubicado el jugador sobre la línea de saque, subirá a la red y a la altura de cada cono negro realizará voleas de derecha de aproximación y en el cono blanco una volea de potencia de derecha cruzada, con el objetivo de la marca situada en el rincón de la pista.
Después de 12 bolas se cambia de jugador.

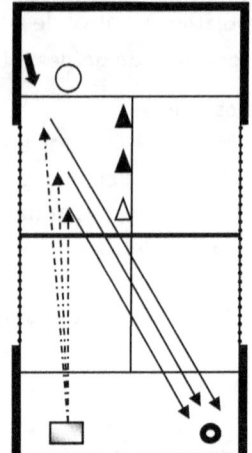

Objetivo: Volea con desplazamiento
Secuencia de golpes: VDX – VDX – VDX

Descripción:
Ubicado el jugador a la altura del pico, avanzará hacia la red realizando tres voleas de derecha cruzadas, con el objetivo de la marca situada en el rincón de la pista.
Después de 12 bolas se cambia de jugador.

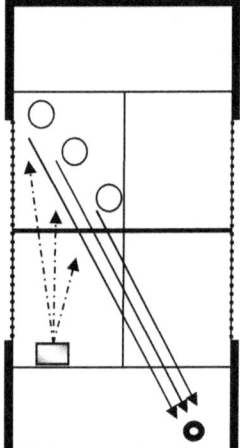

Objetivo: Volea con desplazamiento
Secuencia de golpes: VDX–VDX–VDX-VD-VD-VD

Descripción:
Ubicado el jugador a la altura del pico, el jugador avanzará hacia la red para realizar tres voleas de derecha cruzada y volverá a la T para realizar otras tres voleas de derecha, con el objetivo de la marca situada en el rincón de la pista.
Después de 12 bolas se cambia de jugador.

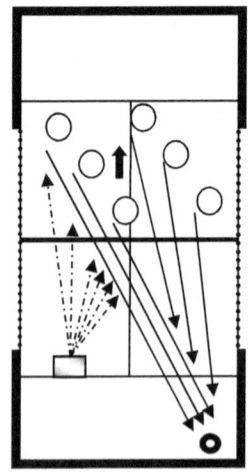

GOLPE DE VOLEA DE REVÉS

Foto 148. Ernesto Moreno ejecutando una volea de revés (Foto de Pepe Aínsúa)

GOLPE DE VOLEA DE REVÉS

Dentro de los golpes de ataque, uno de los que más ejecutaremos en un partido será la volea, tanto de derecha como de revés.

Es uno de los golpes definitorios cuando hemos conseguido ganar la red, por la posición en la que nos encontramos (cerca de la red), como por las bolas que nos vendrán.

Deberemos ajustar nuestra posición en la red, viendo la posición de los contrarios y su posible devolución, para que no nos coja su devolución ni muy cerca ni muy lejos de la red.

- Partiendo de una posición de espera correcta, en este caso en la zona de ataque, orientaremos el cuerpo hacia la posición de donde parte la bola. El jugador repartirá el peso del cuerpo entre las dos piernas separadas a la altura de los hombros, manteniendo un punto de gravedad estable, rodillas semi flexionadas, dando pequeños saltos con los talones elevados para poder reaccionar antes y poder preparar el golpe.

Foto 149. Posición de espera volea de revés
(Foto Pepe Varela)

- Preparación y armado del golpe. Partiendo de la posición de espera, cuando la pelota se nos acerca por el lado izquierdo, el jugador girará la cadera hacia el lado izquierdo, colocando la pala y apuntando con el hombro derecho a la zona por donde entra la bola, colocando el hombro derecho como referencia, elevará la pala sin cambiar la empuñadura, con el brazo semi extendido y manteniendo el codo ligeramente separado del tronco.

Foto 150. Preparación y armado volea de revés
(Foto Pepe Varela)

- Impacto. Cuando la bola se acerca a nosotros, deberemos modificar nuestra posición anterior llevando el peso del cuerpo hacia delante mediante la rotación de hombros, llevando la pala al encuentro de la pelota que se producirá a la altura del pie derecho, desapareciendo el brazo izquierdo de la posición que tenía, estirándose completamente. En el momento de impacto, adelantaremos el pie derecho para echar el peso encima de la bola.

Foto 151. Impacto volea de revés (Foto Pepe Varela)

- Finalización. Si no ejecutamos correctamente la terminación del golpe, estaremos ejecutando un golpe seco o un golpe incorrectamente ejecutado. Aquí el cuerpo se relaja después del impacto, pasando todo el peso del cuerpo hacia delante, terminando la pala adelante, haciendo apuntar el marco de la pala en la dirección a la que queramos enviar la pelota. Los pies mantienen su posición, pero el pie atrasado se levanta un poco sin perder el contacto con el suelo, para mantener un centro de gravedad estable y adelantado.

Foto 152. Finalización volea de revés (Foto Pepe Varela)

Los errores más comunes que se producen cuando ejecutamos una volea de revés, son los siguientes:

- Si ejecutamos el golpe de frente y tengo mecanizado el movimiento, conseguiremos que la pelota se nos vaya a los laterales.

- Si realizo una preparación excesiva del golpe antes del impacto, lo que conseguiremos es llegar tarde al impacto, y el golpe será erróneo.

- Si la punta de la pala mira hacia abajo, el golpe será ascendente, y no podré realizar una volea correcta.

- Si no acompañamos y terminamos el golpe, será un golpe seco y el golpe no será correcto. Deberé extender el brazo izquierdo completamente una vez realizado el impacto.

- Si tenemos la pala muy baja, el golpe tendrán una trayectoria de abajo hacia arriba y facilitará la devolución de los contrarios.

- Si tenemos la pala mal inclinada, el golpe será incorrecto. Deberemos fijarnos que el puño de la pala apunta a nuestras rodillas.

- Si no realizamos el movimiento con los dos brazos, el golpe no será correcto. La mano libre deberá estar en contacto con la pala hasta el momento de la preparación, y posteriormente se posicionará en la posición correcta para que la terminación sea óptima.

Objetivo: Control de volea con desplazamiento lateral
Secuencia de golpes: VR

Descripción:
Ubicados los jugadores en un lateral de la pista cerca de la red, los jugadores realizarán tres voleas de revés cruzadas con desplazamiento al objetivo marcado en el fondo de la pista y volverán a la fila.

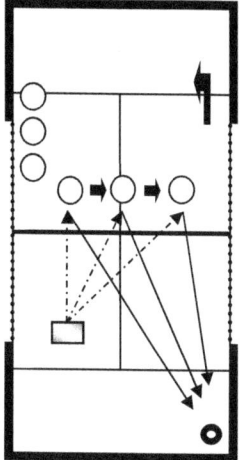

Objetivo: Control de volea con desplazamiento
Secuencia de golpes: VR con desplazamiento hacia adelante

Descripción:
Ubicados los jugadores sobre la línea de saque, realizarán, con desplazamiento hacia adelante, tres voleas de revés cruzadas al objetivo marcado en el fondo de la pista y volverán a la fila.

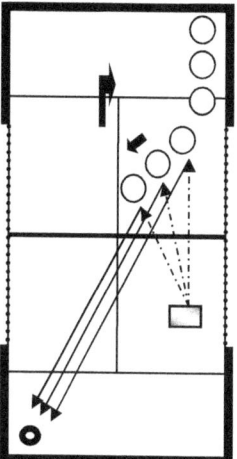

Objetivo: Control de volea
Secuencia de golpes: VR// - VRX corta con ángulo

Descripción:
Ubicado el jugador cerca de la red, realizará una volea de revés paralela y una volea de revés cruzada corta con ángulo a las marcas situadas en la pista.
Después de 10 bolas se cambia de jugador.

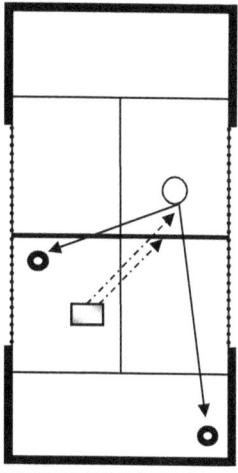

Objetivo: Volea de revés en movimiento
Secuencia de golpes: VR//

Descripción:
Ubicado el jugador cerca de la red, realizará una volea de revés paralela a la marca situada en el fondo de la pista y después tocará el cono azul del medio de la pista.
Después de 10 bolas se cambia de jugador.

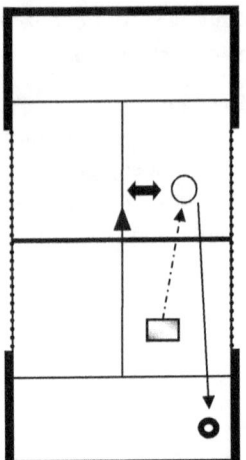

Objetivo: Volea en movimiento
Secuencia de golpes: VR// – tocar cono – VRX

Descripción:
Ubicado el jugador cerca de la red, realizará una volea de revés paralela, tocará el cono azul y realizará otra volea de revés cruzada corta con el objetivo de las marcas situadas en la pista.
Después de 10 bolas se cambia de jugador.

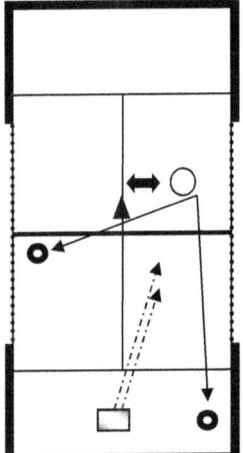

Objetivo: Volea en movimiento
Secuencia de golpes: VRX – VRX – VRX

Descripción:
Ubicado el jugador cerca de la red, realizará tres voleas de revés cruzadas a los distintos objetivos situados en la pista.
Después de 10 bolas se cambia de jugador.

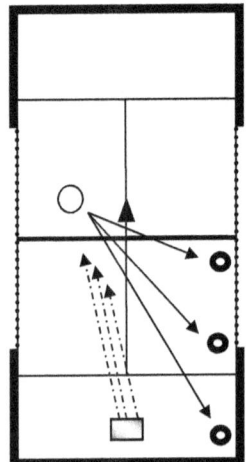

Objetivo: Bloqueo de volea
Secuencia de golpes: VRX

Descripción:
Ubicado el jugador cerca de la red, pegado a la reja, el jugador cubrirá el medio y bloqueará de volea de revés cruzada a la marca situada en el fondo de la pista, y volverá a realizar el ejercicio.
Después de 10 bolas se cambia de jugador.

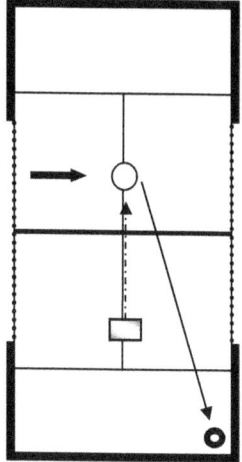

Objetivo: Control de volea con desplazamiento
Secuencia de golpes: VR// – VR// – VR//

Descripción:
Ubicado el jugador en el fondo de la pista, realizará voleas de revés paralelas, tocará el cono de su derecha y avanzará a la siguiente volea, con el objetivo de las marcas situadas en el fondo de la pista.
Después de 12 bolas de cambia de jugador.

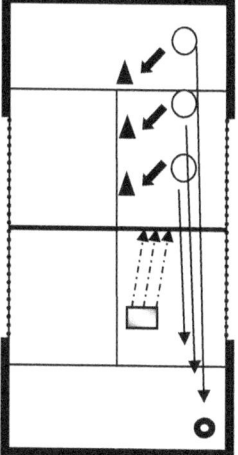

Objetivo: Control de volea con desplazamiento
Secuencia de golpes: VRX – VRX – VRX

Descripción:
Ubicado el jugador en el fondo de la pista, realizará voleas de revés cruzadas, tocará el cono de su derecha y avanzará a la siguiente volea, con el objetivo de las marcas situadas en el fondo de la pista.
Después de 12 bolas de cambia de jugador.

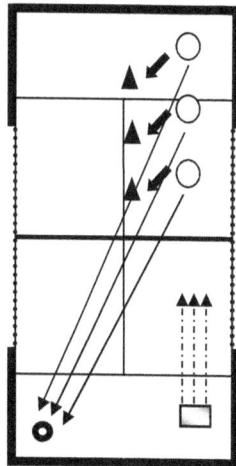

Objetivo: Volea con desplazamiento
Secuencia de golpes: VRX–VRX–VRX-VR//-VR//

Descripción:
Ubicado el jugador a la altura del pico, avanzará en paralelo hacia la red para realizando tres voleas de revés cruzada y continuará con desplazamiento lateral realizando otras dos voleas de revés paralelas, con el objetivo de la marca situada en el rincón de la pista.
Después de 10 bolas se cambia de jugador.

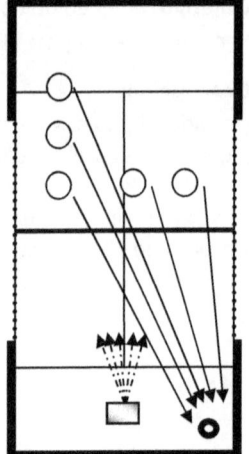

Objetivo: Volea con desplazamiento
Secuencia de golpes: VRX – VRX – VRX

Descripción:
Ubicado el jugador a la altura del pico, avanzará hacia la red realizando tres voleas de revés cruzadas, con el objetivo de la marca situada en el rincón de la pista.
Después de 12 bolas se cambia de jugador.

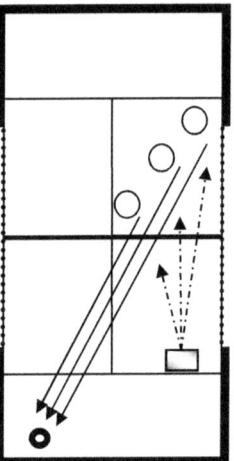

Objetivo: Volea con desplazamiento
Secuencia de golpes: VRX–VRX–VRX-VR-VR-VR

Descripción:
Ubicado el jugador a la altura del pico, el jugador avanzará hacia la red para realizar tres voleas de revés cruzada y volverá a la T para realizar otras tres voleas de revés, con el objetivo de la marca situada en el rincón de la pista.
Después de 12 bolas se cambia de jugador.

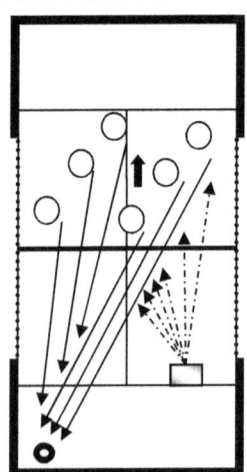

GOLPE DE BANDEJA

Foto 153. Seba Nerone ejecutando una bandeja (Foto de Pepe Aínsúa)

GOLPE DE BANDEJA

Uno de los golpes que deberemos dominar con el avance de nuestro aprendizaje, es la bandeja. Al principio veremos que es un golpe complejo ya que aparte de una buena técnica, deberemos tener una buena movilidad para colocarnos en una posición correcta para el golpe. Una vez dominemos este golpe, se convertirá en un referente de nuestro juego, ya que varios de los golpes se parecen en la ejecución de la bandeja, como por ejemplo la bajada de pared de ataque.

Para los jugadores que vienen del tenis, este será un golpe nuevo, ya que no tiene su equivalencia en su anterior deporte. El golpe de bandeja apareció en el pádel como una necesidad táctica para recuperar la red en los globos que recibimos.

Se ejecutará cuando nos hagan un globo, y por ser una posición alejada de la red, o por no tener la capacidad para realizar un remate, tenemos la necesidad de realizar un golpe que nos permita recuperar la red.

Dependiendo de la zona en la que ejecutemos la bandeja, podremos realizar una bandeja de potencia o de control, pero siempre con la intención de recuperar la red y poner problemas a los contrarios en defensa.

Lo que buscaremos en la bandeja será:

- Ser siempre seguros. Deberemos buscar un golpe seguro y sin errores, siendo sobre todo fiables y consistentes en nuestra bandeja.
- Como hemos explicado en la construcción del golpe, lo que buscaremos antes que nada es profundidad, y si ya la bola y nuestra posición nos lo permite, le podremos dar fuerza y/o efecto. Toda bola que dejemos delante de la línea de saque, hará que el contrario tenga una fácil defensa de nuestro golpe.
- Poca fuerza en el rebote, ya que si la bola tiene mucho rebote, facilitará la defensa de los contrarios. Si ejecutamos una bandeja con un rebote alto, conseguiremos lo contrario de lo que buscamos, ya que le dejaremos al contrario una clara posibilidad de contragolpe.

Al igual que el saque es uno de los golpes en que cada jugador tiene su impronta, en la bandeja nos podremos fijar en varios jugadores, y veremos que cada uno la ejecuta de una manera distinta, y no por ello dejan de ser efectivos.

Los pasos comunes en todos ellos serán los siguientes:

- Partiendo de una posición de espera correcta, en este caso en la zona de ataque, dando pequeños saltos sobre las puntas de nuestros pies, orientaremos el cuerpo hacia la posición de donde parte la bola. El jugador repartirá el peso del cuerpo entre las dos piernas separadas a la altura de los hombros, manteniendo un punto de gravedad estable, talones elevados para poder reaccionar antes y poder preparar el golpe.

Foto 154. Posición de espera bandeja (Foto Pepe Varela)

- Preparación y armado del golpe. Partiendo de la posición de espera, cuando la pelota se nos acerca por el lado derecho, ajustaremos la posición de nuestro cuerpo a la zona en la que pensamos caerá la bola, dando pasos laterales con la pala en la posición para el golpe. El jugador girará los hombros apuntando el brazo izquierdo hacia la pelota para tener una referencia, elevará la pala hacia atrás sin cambiar la empuñadura, con el brazo semi extendido y manteniendo el codo ligeramente separado del tronco. Es importante que la separación de la pala sea corta, es decir, cuanto menor sea el armado, mejor impacto ejecutaremos, ya que al realizar un armado amplio, tendremos que realizar un golpe rápido y comprometerá la seguridad en el golpe. El armado

Foto 155. Armado bandeja (Foto Pepe Varela)

habitual será con la pala mirando la cara de impacto hacia arriba, creando una W entre la pala, mi cabeza y la mano izquierda.

- Impacto. Cuando la bola se acerca a nosotros, deberemos esperar a que caiga a la altura de la vista por nuestro lado derecho, intentando golpearla por abajo, para darle un efecto cortado y conseguir que la bola al impactar en el suelo, tenga poco rebote. Si le entramos a la bola por el lado derecho, aparte de cortarla, le daremos un efecto de rotación que complicará aún más la devolución.

Foto 156. Impacto bandeja (Foto Pepe Varela)

- Finalización. Como siempre es importante esta fase del golpe. Una vez que hemos impactado a la bola, la pala continuará su recorrido hacia la cadera contraria, y dejaremos que la pala fluya por su recorrido natural, sin llegar a pararla, ya que de lo contrario tarde o temprano realizaríamos un golpe seco.
- Como continuación a estas fases de golpeo, tendríamos que seguir con el movimiento de nuestro cuerpo hacia delante para cubrir la red, que es el principal objetivo de este golpe.

Fotos 157 y 158. Terminación bandeja (Foto Pepe Varela)

Dependiendo de la zona en la que nos encontremos, podremos realizar una bandeja de potencia o una bandeja de control.

Si estamos jugando en el drive:

- Podemos realizar una bandeja de potencia al medio.
- Podemos realizar una bandeja cruzada a la pared de fondo-lateral.
- Podemos realizar una bandeja paralela que tenga rebote corto en la pared de fondo.

Si estamos jugando en el revés:

- Podemos realizar una bandeja de potencia cruzada a la pared de fondo-lateral.
- Podemos realizar una bandeja de potencia paralela a la pared de fondo-lateral.
- Podemos realizar una bandeja de control al medio, lenta con poco rebote.

Los errores más frecuentes a la hora de ejecutar la bandeja, son los siguientes:

- Impacto erróneo de la bola, al no impactar la bola de lleno. La bola podrá ir con efecto al no darle completamente, y lo notaremos por el sonido a la hora de impactar. Intentaremos golpear a la bola de lleno y que sea un golpe seco. Una vez dominemos el golpe, podremos meterle efecto a la bandeja, golpeando a las "3", lo que hará que la bola coja un efecto de rotación que al contacto con el suelo y la pared, adquiera poca altura.
- No estar bien colocado lo que evitará que golpeemos en la dirección que queremos. Si quiero golpear a la pared de fondo, deberé colocarme bien de lado para posicionar mi cuerpo al impacto que voy a realizar.
- Si realizamos un impacto más delante de la posición óptima, la bola posiblemente irá a la red o muy baja.
- Si realizamos un impacto muy retrasado, veremos que no podemos darle mucha velocidad o que se nos irá al muro de enfrente. Ésta bola no será bien golpeada y evitará la efectividad que buscamos.
- Si golpeamos la bola muy alta y pasa la red, la bola cogerá mucha altura, lo que provocará una defensa fácil por los contrarios.
- Si intentamos pasar la bola cerca de la red, la bola botará delante de la línea de defensa de los contrarios, y no hará el daño que buscamos con la bandeja.
- Si realizamos una bandeja muy rápida cuando estoy alejado de la red, tendremos que correr rápido hacia arriba para cubrir la red, si no lo hago, la devolución me caerá a los pies.

Objetivo: Bandeja desde distintas posiciones
Secuencia de golpes: Bd// - BdX

Descripción:
Ubicados los jugadores en dos filas cerca de la red, realizarán una bandeja paralela y cambiarán de fila para realizar una bandeja cruzada, con el objetivo de la zona marcada en el rincón de la pista.

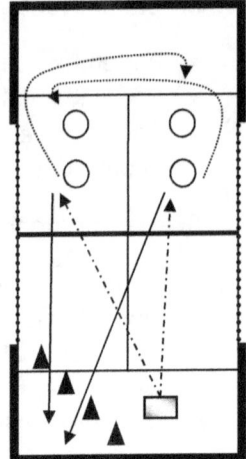

Objetivo: Reacción ante una situación
Secuencia de golpes: BdX

Descripción:
Acostado el jugador boca abajo en media pista, se levanta e intenta llegar a un globo para realizar una bandeja cruzada.
Después de cada recuperación, vuelve a tumbarse junto al cono.
Después de 5 bolas se cambia de jugador.

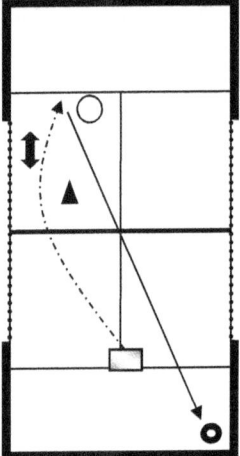

Objetivo: Reacción ante una situación
Secuencia de golpes: Bd//

Descripción:
Acostado el jugador boca abajo en media pista, se levanta e intenta llegar a un globo para realizar una bandeja paralela.
Después de cada recuperación, vuelve a tumbarse junto al cono.
Después de 5 bolas se cambia de jugador.

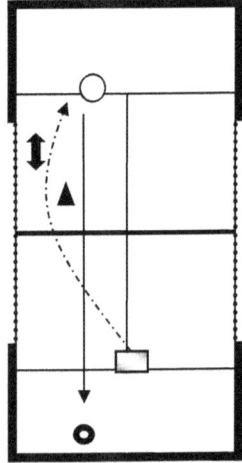

Objetivo: Control de bandeja a distintos objetivos
Secuencia de golpes: Bd// – Bd medio – BdX

Descripción:
Ubicado el jugador cerca de la red, trabajará 3 tipos de bandeja. Si esta cómodo ataca con bandeja lenta al medio o fuerte en diagonal, si esta incómodo se defiende con bandeja paralela.
Después de 12 bolas se cambia de jugador.

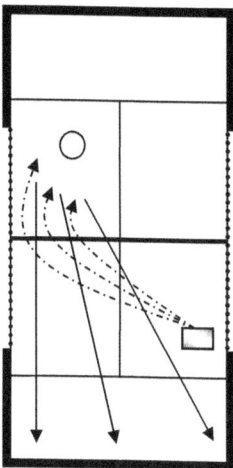

Objetivo: Aprendizaje del armado de la bandeja
Secuencia de golpes: Bd

Descripción:
Ubicado el jugador con la espalda pegada en la pared de fondo, realizará bandejas. Se le pega la espalda a la pared para que no exagere el armado del golpe. Cuando se domine se avanza hacia la red.
Se puede realizar desde el otro lado para practicar todos los ángulos de golpeo.

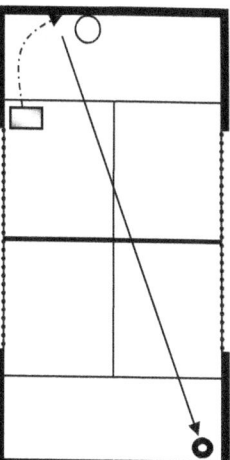

Objetivo: Aprendizaje de la bandeja
Secuencia de golpes: Bd//

Descripción:
Ubicado el jugador en media pista a la altura de los conos, realizará una bandeja lenta paralela al monitor en cada cono. Con éste ejercicio empezaremos a armar correctamente la bandeja. Trabajamos la técnica de golpeo, no la fuerza ni el efecto.
Después de 10 bolas se cambia de jugador.

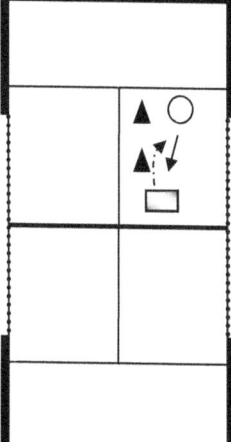

Objetivo: Aprendizaje de la bandeja
Secuencia de golpes: BdX

Descripción:
Ubicado el jugador en media pista a la altura de los conos, realizará una bandeja lenta cruzada al monitor en cada cono.
Con éste ejercicio empezaremos a armar correctamente la bandeja. Trabajamos la técnica de golpeo, no la fuerza ni el efecto.
Después de 10 bolas se cambia de jugador.

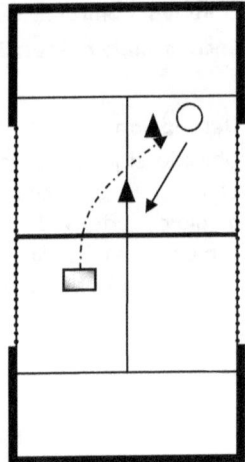

Objetivo: Control de bandeja a distintas alturas
Secuencia de golpes: BdX – BdX - BdX

Descripción:
Ubicado el jugador en la línea de saque, realizará tres bandejas cruzadas a la altura de cada cono. Si la realiza bien progresará al siguiente cono, pero si falla en algún cono, la repetirá hasta que la haga correctamente.
Después de 12 bolas se cambia de jugador.

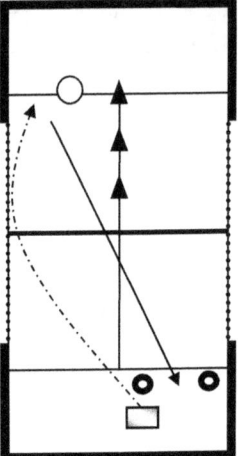

Objetivo: Control de bandejas con desplazamiento
Secuencia de golpes: BdX - BdX

Descripción:
Ubicados los jugadores cerca de la red, realizarán bandejas cruzadas. Después de cada golpe, rodearán las marcas por delante para volver a realizar una bandeja.
Después de 10 bolas se alterna la posición de los jugadores.

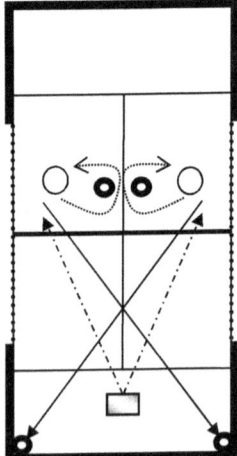

GOLPE DE REMATE

Foto 159. Carolina Navarro ejecutando un remate (Foto de Pepe Aínsúa)

GOLPE DE REMATE

El remate se considera como el golpe de definición por antonomasia, el cual ejecutaremos para definir un punto, ya sea sacando la bola de la pista o golpeando para traernos la bola a nuestro campo sin que los contrarios puedan devolverla. Es uno de los golpes más difíciles de ejecutar, ya que se juntan la potencia y la técnica.

El momento en que nosotros ejecutaremos este golpe es cuando nos encontremos la bola delante de nosotros, cerca de la red y cómodos para golpear.

Si la bola no cumple estos requisitos y se nos queda mal colocada, lo que nos obligará a retrasar nuestra posición, deberemos olvidar ejecutar este golpe y sustituirlo por otro, como por ejemplo, la bandeja.

Las fases para ejecutar el golpe serán:

- Preparación. Viendo la bola llegar, y viendo que cumple los requisitos necesarios, colocaremos el cuerpo de lado, con los pies separados como máximo la distancia entre hombros, dejando la bola delante de nosotros y arriba. Inmediatamente a la colocación del cuerpo, levantaremos los brazos al mismo tiempo, perfilándonos hacia la pelota, llevando la pala encima de la cabeza, con el codo semi flexionado y con el brazo izquierdo indicando el punto donde se producirá el impacto. El peso del cuerpo, en esta fase, se encontrará ligeramente retrasado, para posteriormente lanzarlo hacia delante en el momento de impacto. La posición es parecida a la de un arquero con su arco, ya que el cuerpo del jugador se debe arquear y parece que estamos tensando la cuerda del arco.

Fotos 160 y 161. Posición de espera y armado del remate (Foto Pepe Varela)

Foto 162. Impacto remate (Foto Pepe Varela)

- Impacto. El punto de impacto se encontrará donde anteriormente teníamos colocada la mano izquierda (en caso de ser jugador diestro). Es importante estirar completamente el codo del brazo que impacta para conseguir dar mayor potencia a la bola y conseguir impactar en el punto más alto posible, lo que hará que el golpe adquiera un ángulo lo suficientemente amplio como para que, después de golpear en la pared de fondo, suba hacia arriba y evitemos la devolución del contrario. En el momento de impactar, pasaremos la pala que estaba encima de nuestra cabeza hacia el punto de impacto, dándole la máxima velocidad al brazo para que el golpe adquiera la máxima potencia posible. También, en el momento de impacto, pronaremos la muñeca para que quede perpendicular a la bola. Después, giraremos los hombros para quedar de frente a la hora de impactar y de espaldas a la posición inicial.

- Terminación. La pala continuará su recorrido hacia abajo, terminando en el lado contrario al de impacto, dejando fluir la pala hasta la cadera contraria y sin pararla.

Foto 163. Terminación remater (Foto Pepe Varela)

Los errores más frecuentes a la hora de ejecutar el remate son los siguientes:

- "No tengo fuerza para traerme la bola" Ese es un error en el que caemos ya que no se trata de fuerza, sino de potencia. Si pensamos en los componentes de la potencia, son la fuerza y la velocidad. La fuerza la puedo aumentar con un plan de preparación física, pero en un partido, habrá golpes que tengan más o menos potencia. Para aumentar la potencia de golpe, lo que tendré que hacer es darle velocidad a mi golpeo. ¿Cómo aumento la velocidad? Una de las formas es realizando armado corto ya que a menos distancia, mayor velocidad, lo que necesito es imprimir una gran aceleración.

Foto 164. Pablo Franco en la preparación de un remate (Foto Juanjo Moyano)

- Impacto erróneo de la bola, al no impactar la bola de lleno. La bola podrá ir con efecto al no darle completamente, y lo notaremos por el sonido a la hora de impactar. Intentaremos golpear a la bola de lleno y que sea un golpe seco.

- No estar bien colocado, lo que provocará que no golpeemos en la dirección que queremos. Si queremos golpear a la pared de fondo, deberemos colocarnos bien de lado para posicionar nuestro cuerpo al impacto que vamos a realizar.

- Si realizamos un impacto delante de la posición óptima, la bola posiblemente irá a la red o muy baja.

- Si realizamos un impacto muy retrasado, veremos que no podemos darle mucha velocidad o se nos irá al muro de enfrente. Esta bola no será bien golpeada y se perderá la efectividad que buscamos.
- No pronar la muñeca en el momento del impacto, hará que la bola vaya recta y no coja el ángulo deseado.

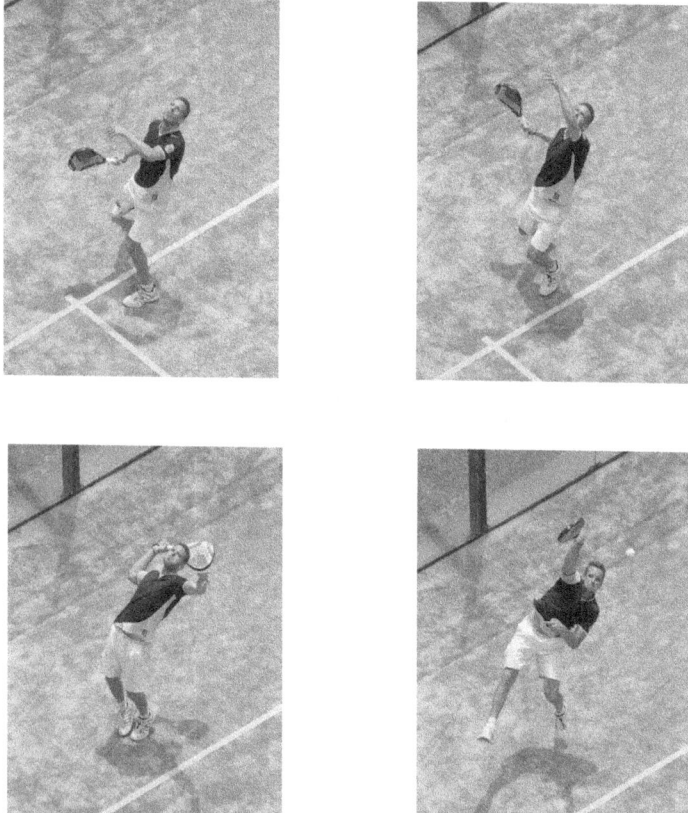

Fotos 165, 166, 167 y 168. Fases del remate de Aday Santana (Fotos de Pepe Ainsúa)

Objetivo: Aprendizaje de la bandeja
Secuencia de golpes: BdX

Descripción:
Ubicado el jugador sobre la línea de saque, cogerá una bola y la botará fuerte contra el suelo para que tenga mucho rebote. A la altura correspondiente realizará una bandeja cruzada a las marcas situadas en el fondo de la pista.
Después de 10 bolas se alterna la posición de los jugadores.

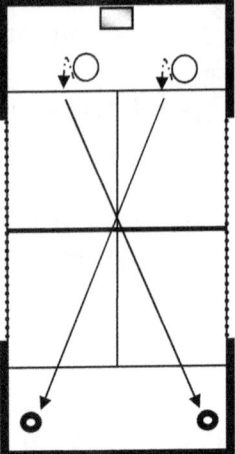

Objetivo: Control de la Bandeja
Secuencia de golpes: Bd al medio - BdX

Descripción:
Ubicado el jugador cerca de la red, realizará una bandeja al medio y otra bandeja cruzada con el objetivo de las marcas situadas en la pista, a los globos lanzados por el monitor.
Después de las bandejas, el jugador volverá a la fila.

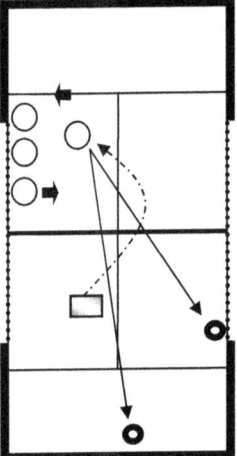

Objetivo: Control de la Bandeja.
Secuencia de golpes: BdX

Descripción:
Ubicado el jugador cerca de la red, realizará una bandeja cruzada a la reja a los globos lanzados por el monitor y volverá a la fila, con el objetivo de la marca situada en la pista.
Después de las bandejas, el jugador volverá a la fila.

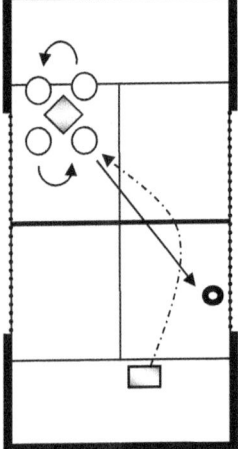

EL SAQUE

Foto 169. Pablo Lima ejecutando un saque (Foto de Pepe Aínsúa)

EL SAQUE

Aunque inicialmente no consideremos el saque como importante, deberíamos pensar que el saque es el comienzo de nuestro posicionamiento en el juego. Si realizamos un saque fácil y suave, el resto del contrario nos hará retroceder y perderemos el dominio territorial que nos da el saque.

Foto 170. Preparación de un saque (Foto Pepe Varela)

El saque es el primer movimiento con el que formaremos la jugada con la que intentaremos ganar el punto. No por sacar fuerte, vamos a ganar seguro, ya que si tenemos un buen restador, nuestra posición no será la correcta para devolver este resto.

Antes de comenzar la ejecución del saque, deberemos adoptar una posición y sobre todo, una empuñadura. Como hemos comentado en capítulos anteriores, la empuñadura más utilizada es la continental, aunque si lo que queremos es ejecutar un saque cortado, la empuñadura que adoptaremos será una continental este, que nos permita realizar el golpe cortado sin modificar la muñeca.

Una vez adoptada la empuñadura, el servidor se colocará detrás de la línea de saque en zona que le corresponda sacar en ese momento. Como sabemos, el saque según el reglamento deberá ser realizado en diagonal, por encima de la red y tocando obligatoriamente el cuadrado de saque del otro campo (líneas incluidas).

Foto 171. Impacto del saque (Foto Pepe Varela)

El tipo de golpeo habitual será el cortado, ya que lo que queremos con el saque es que la devolución nos facilite continuar la progresión para ganar el punto. Al hacerlo cortado, ya sea de derecha o de revés, lo que intentaremos es que la bola se deslice por el suelo, e incluso, si consigue tocar la pared lateral o la de fondo, que consigamos con nuestro saque que la bola caiga. Pero también hay jugadores que ejecutan el saque liftado, con lo que el rebote en las paredes será alto, y lo que conseguiremos es descolocar al jugador de su posición defensiva.

Lo que tenemos que tener claro a la hora de ejecutar el saque, es que no debemos realizar todos los saques al mismo sitio, ya que si lo hacemos así, estaremos "enseñando" al contrario, y a pesar de que al principio falle los restos, al final nos lo devolverá con mayor facilidad. Deberemos variar entre los tipos de saque, ya sea cortado, liftado e incluso plano, y sobre todo, variar las zonas a las que orientemos la bola: pared lateral, a la T y al cuerpo del contrario. Si tenemos variedad en nuestro saque, tendremos muchas más posibilidades de conseguir llevar el peso del punto desde el principio.

Si jugamos a la "australiana", deberemos tener claro cómo debemos de sacar y la zona que debo de cubrir antes de ejecutar el saque. Por ejemplo, si juego en el revés, y hago un primer saque al jugador del drive que es diestro, intentaré sacarle sobre la T para no abrir ángulo y así tener que cubrir menos pista. Si le tiro el saque a la pared lateral, tendría que cubrir mucha más pista.

Foto 172. Terminación del saque (Foto Pepe Varela)

Es importante en el saque la comunicación con mi compañero. Decimos que el saque es el comienzo de nuestro juego de ataque, y por ello, al estar mi compañero prevenido de donde realizaré el saque, nuestro posicionamiento será mucho más estable que si mi compañero desconoce mis intenciones. Una manera que habitualmente utilizo son los números: 1 pared lateral, 2 medio, 3 T. Así, antes de realizar el saque, con solo decirle un número a mi compañero, éste sabe qué zona debe cubrir.

La ejecución del saque será adoptando una posición inicial orientado al lado donde quiero sacar. El movimiento de la pala será descendente cuando realicemos un saque cortado y envolvente si lo hacemos liftado. La continuación del saque será nuestra subida a la red en la misma dirección de la bola, para cubrir esa zona.

El saque no suele ser definitivo pero si importante para armar nuestro juego, por lo cual, si cometemos una falta de saque, deberemos evitar la imprudencia de realizar una doble falta.

Como hemos dicho, el primer saque debe complicar la devolución del contrario, intentando buscar el golpe débil del contrario.

El segundo saque debe ser seguro y si es posible profundo, pero sin arriesgar.

Foto 173. Preparación de la ejecución de un saque (Foto Pepe Varela)

Los errores más comunes que cometeremos al ejecutar el saque serán:

- Si ejecutamos el saque muy delante o muy detrás nuestra, no ejecutaremos correctamente el saque. La ejecución es similar al golpe de derecha, con el golpeo de la bola a la altura de la pierna adelantada.

- Si le aplicamos un exceso de efecto, ya sea cortado o liftado, no será un golpe correcto.

- Si nos tiramos la bola demasiado baja a la hora de ejecutar el saque, la bola describirá una parábola que hará que el rebote sea alto, lo que facilitará el resto de los contrarios. Por reglamentación, tenemos la posibilidad de golpear hasta la altura de la cadera en el momento del impacto.

- Si ejecutamos un saque demasiado potente, lo que provocaremos es que nuestra subida a la red no sea correcta y nos pille en medio. Tenemos que recordar que con el saque queremos ganar la red poniendo en dificultades al restador.

- Siguiendo con ello, deberemos ejecutar el saque y subir a la red. Nunca debo quedarme parado detrás de la línea después de sacar.

- Errores de reglamentación serían botar la bola sobre la línea o después de la línea, sacar por encima de la cintura, invadir la zona de saque en el saque a la australiana o pisar la línea de saque.

Aunque se explicará en el apartado de Normativa, vamos a adelantar las faltas de saque que contempla la Normativa vigente:

Regla 6. El saque o servicio.

Todos los puntos se inician con el saque. Si el primer saque es fallido se dispondrá de una segunda oportunidad. El saque debe efectuarse de la siguiente manera:

a) El que lo ejecute (el servidor) deberá estar en el momento de inicio del servicio con ambos pies detrás de la línea de saque, entre la prolongación imaginaria de la línea central de saque y la pared lateral (Recuadro de Saque) y que los mismos permanezcan en ese espacio hasta que la pelota sea golpeada.

b) El servidor botará la pelota en el suelo para efectuar el saque dentro del recuadro de saque en que se encuentre.

c) El servidor queda obligado a no tocar con los pies la línea de saque, ni la línea imaginaria continuación de la línea central.

d) En el momento de golpear la pelota en el saque, esta deberá estar a la altura o por debajo de la cintura, y el jugador debe tener al menos un pie en contacto con el suelo.

e) La pelota golpeada deberá pasar por encima de la red hacia el recuadro de recepción de saque situado en el otro campo, en línea diagonal, haciendo que el primer bote se produzca en dicho recuadro, que incluye las líneas que lo delimitan, y en primer lugar realizará el servicio sobre el recuadro de recepción de saque que esté situado a su izquierda y, terminado el punto, el siguiente servicio sobre el de su derecha, procediendo a partir de este momento alternativamente.

f) Al sacar, el jugador no podrá andar, correr o saltar. Se estimará que el jugador no ha cambiado de posición aunque realice pequeños movimientos con los pies que no afecte a la posición adoptada inicialmente.

g) En el momento de impactar la pelota o en un intento fallido con intención de golpearla, el saque se considerará efectuado.

h) Si un saque es ejecutado inadvertidamente desde el recuadro de saque no correspondiente, el error de posición deberá ser corregido tan pronto como se descubra. Todos los tantos obtenidos en tal situación son válidos, pero si ha habido una sola falta de saque antes de apercibirse, esta debe ser tenida en cuenta.

i) La pareja que tenga el derecho a servir en el primer juego de cada set, decidirá cuál de los componentes de la misma comenzará a servir. A su vez, al terminar el primer juego, la pareja que ha venido restando pasará a sacar eligiendo el jugador que debe hacerlo y así alternativamente durante todos los juegos de un set. Una vez establecido el orden de servicio, este no puede ser alterado hasta el comienzo del siguiente set.

j) Si un jugador saca fuera de su turno, el que hubiera tenido que sacar debe hacerlo en cuanto se descubra el error. Todos los tantos contados antes de advertirse el error son válidos, pero si ha habido una sola falta de saque antes de apercibirse, ésta no debe ser tenida en cuenta. En el caso de que antes de apercibirse del error se haya terminado el juego, el orden de saque permanecerá tal como ha sido alterado, hasta la finalización del set.

k) El sacador no efectuará el servicio hasta que el restador no esté preparado. No obstante, el restador se adaptará al ritmo razonable del sacador y estará listo para recibir el servicio cuando el sacador lo esté para efectuarlo.

l) No se podrá alegar no haber estado listo para restar un servicio si se ha intentado devolverlo. Si se demuestra que el restador no estaba preparado, tampoco se podrá cantar falta.

Foto 174. Limitadores de altura TechnologySport en práctica de saque (Foto de Juanjo Moyano)

Objetivo: Saque a distintas zonas
Secuencia de golpes: Saque

Descripción:
Ubicados los jugadores en el fondo de la pista, realizarán saques con varios objetivos en los que alternarán velocidad y tipo de golpe, variando entre plano, liftado y cortado.
Los jugadores van cambiando de lado cada 10 bolas.

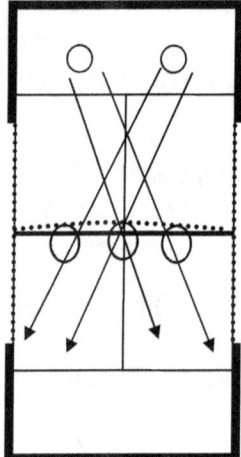

Objetivo: Saque a distintas zonas con límite de altura
Secuencia de golpes: Saque

Descripción:
Ubicados los jugadores en el fondo de la pista, realizarán saques con varios objetivos en los que alternarán velocidad y tipo de golpe, variando entre plano, liftado y cortado, con la limitación de la altura impuesta por la cadena que está sobre la red.
Los jugadores van cambiando de lado cada 10 bolas.

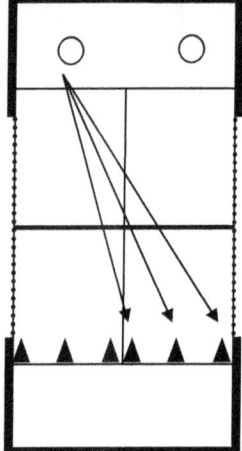

Objetivo: Saque a distintas zonas a través de los aros
Secuencia de golpes: Saque

Descripción:
Ubicados los jugadores en el fondo de la pista, realizarán saques a través de los aros en los alternarán velocidad y tipo de golpe, variando entre plano, liftado y cortado.
Los jugadores van cambiando de lado cada 10 bolas.

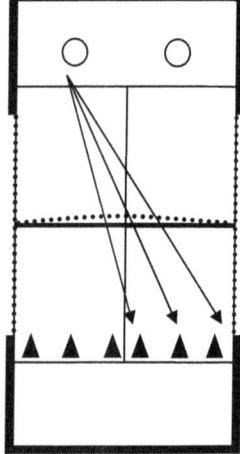

EL RESTO

Foto 175. Carolina Navarro ejecutando un resto (Foto de Pepe Aínsúa)

EL RESTO

Un punto comienza con el saque y su continuación es el resto. Deberemos dar una especial importancia, ya que de nuestra devolución dependerá que el punto se vaya decantando por un lado u otro. Con un resto defectuoso, provocaremos un tanto en contra o una situación fácil para los contrarios. De nuestro resto dependerá quien llevará la iniciativa en el resto.

Tenemos que tener en cuenta que el restador estará condicionado por la efectividad del servicio del contrario, y de sus propias limitaciones técnicas y físicas.

Antes de restar, deberemos observar las posibilidades que tenemos de resto, y para ello deberemos evaluar nuestras capacidades, las del contrario, nuestra zona de resto, si el saque es natural o australiana, si el jugador que saca es diestro o zurdo,....

Foto 176. Posición de espera para el resto (Foto Pepe Varela)

La posición idónea es similar a la que adoptamos cuando estamos defendiendo, detrás de la línea de saque, pero un poco más cerca de la pared lateral para golpear, a ser posible, antes de que la bola golpee en la pared lateral, ya que si la bola viene cortada, ésta rebotará poco y dificultará nuestra devolución. No debemos descuidar el medio, ya que como hemos dicho a la hora de explicar el saque, los saques se deberán variar, para no acostumbrar al restador.

El resto debe variarse al igual que nos variarán el saque. El principal objetivo es que el contrario no lea nuestro resto y anticipe la acción. Variaremos el resto y la forma:

Foto 177. Armado para el resto (Foto Pepe Varela)

- Golpe cruzado dirigido a quien nos ha sacado. Es recomendable en restos fáciles o en segundos saques en los que la bola no viene con tanta intención y podemos realizar golpes

más fuertes. Si nuestra técnica nos lo permite, realizaremos golpes rápidos y bajos a los pies del jugador que saca.
- Realizar un globo, ya sea cruzado o paralelo. El más lógico de los dos es el cruzado, ya que lo podremos realizar con mayor distancia y menor error, y con este golpe intentaremos, si el golpe es efectivo, recuperar la posición que los contrarios tenían.
- Golpe liftado. Como hemos explicado en los tipos de efectos, es uno de los golpes más difíciles de ejecutar. Cuando nos vienen saques bajos y fuertes, al envolver la bola, le podremos dar un efecto para que la bola caiga a los pies del contrario. Ahora ya deberemos decidir si queremos darle mucha o poca fuerza.
- Golpe paralelo. Si lo ejecutamos es para alertar al adversario para que no deje tanto espacio cerca de la reja, y así tenga yo más hueco por el medio en golpes futuros. Si lo ejecutamos paralelo, evitaremos darle flojo, ya que el contrario nos podrá contraatacar. Si podemos, un globo paralelo, cambiará tanto la posición en la pista, como el sentido de juego, ya que lo lógico es que la siguiente bola la jueguen contra nuestro compañero en cruzado.

Foto 178. Posición de impacto para un resto de revés (Foto Pepe Varela)

Dependiendo de la zona desde la que restemos y de la posición de los contrarios, deberemos restar de una u otra forma.

Si el jugador resta desde el drive, tiene dos opciones:

.- Si el adversario que no saca está en nuestro lado del campo en la red, restaremos con:

   o Globo cruzado dirigido hacia la zona desde donde nos han sacado. Deberemos tener en cuenta que si el jugador es zurdo, toda bola que le llegue al medio y cómoda será un golpe de ataque, por lo cual deberemos buscar una bola profunda y más alejada del medio. Si el jugador es diestro, buscaremos la línea del medio, para que le caiga la bola al revés y no tenga un golpe fácil de ataque.

   o Una bola cruzada a los pies o a la volea del sacador que sube. Lo bueno de ésta bola es que el jugador voleará en movimiento, por lo cual no será una bola de excesivo ataque.

Deberé ver si el jugador es diestro o zurdo, para buscarle o la línea del medio o una bola más escorada.
- Una bola paralela, para que el jugador de la red esté alerta y no cierre el medio, dándonos esa posibilidad en golpes futuros. El golpe paralelo no deberá ser muy agresivo para no cometer errores.

.- Si el adversario que no saca está en nuestro cruzado, es decir, sacan a la australiana, restaremos con:
- Resto paralelo, ya sea de derecha o de revés, pero sin buscar bolas arriesgadas, ya que con sólo meter la bola suave, el jugador que sube a la otra zona tendrá una bola que le impedirá atacar. Si buscamos una bola un poco más fuerte o con globo, intentaremos que éste golpe paralelo no tenga mucho rebote para evitar el contragolpe.
- Resto cruzado buscando al jugador que está situado en la red. Puede ser una bola suave y con efecto liftado para que volee una bola baja, o con globo cruzado para que nosotros podamos recuperar la red. Deberemos ver si es zurdo o diestro para ver si escoramos la bola más o menos.

Si el jugador resta desde el revés, tiene dos opciones:

.- Si el adversario que no saca está en nuestro lado del campo en la red, restaremos con:
- Globo cruzado dirigido hacia la zona desde donde nos han sacado. Deberemos tener en cuenta que si el jugador es zurdo, toda bola que le llegue al medio y cómoda será un golpe de ataque, por lo cual deberemos buscar una bola profunda y más alejada del medio. Si el jugador es diestro, buscaremos la línea del medio, para que le caiga la bola al revés y no tenga un golpe fácil de ataque.
- Una bola cruzada a los pies o a la volea del sacador que sube. Lo bueno de esta bola es que el jugador voleará en movimiento, por lo cual no será una bola de excesivo ataque. Deberemos ver si el jugador es diestro o zurdo, para buscarle la línea del medio o una bola más escorada.
- Una bola paralela, para que el jugador de la red esté alerta y no cierre el medio, dándonos esa posibilidad en golpes futuros. El golpe paralelo no deberá ser muy agresivo para no cometer errores.

.- Si el adversario que no saca está en nuestro cruzado, es decir, sacan a la australiana, restaremos con:
- o Resto paralelo, ya sea de derecha o de revés, pero sin buscar bolas arriesgadas, ya que con sólo meter la bola suave, el jugador que sube a la otra zona tendrá una bola que le impedirá atacar. Si buscamos una bola un poco más fuerte o con globo, intentaremos que este golpe paralelo no tenga mucho rebote para evitar el contragolpe.
- o Resto cruzado buscando al jugador que está situado en la red. Puede ser una bola suave y con efecto liftado para que volee una bola baja, o con globo cruzado para que nosotros podamos recuperar la red. Deberemos ver si es zurdo o diestro para ver si escoramos la bola más o menos.

Foto 179. Elias Estrella ejecutando un resto de revés (Foto de Pepe Aínsúa)

Los errores más comunes al realizar el resto son los siguientes:

- Colocarnos muy cerca de la línea, lo que hará que realicemos golpes repentinos a bolas que boten cerca de la línea.
- Armado excesivo de la pala. Lo que hará que lleguemos tarde al impacto.
- No esperar el rebote en pared lateral. O esperamos o nos anticipamos, no podemos dudar.
- No tener claro la zona de resto, dependiendo de donde nos saquen.
- Restar con poca altura y flojo, facilitará el ataque del contrario.
- No colocarnos de lado en el resto, hará que realicemos un golpe con el brazo y no acompañemos con el cuerpo.

El **Reglamento** vigente nos indica las normas a seguir en el resto:

REGLA 8. El resto o devolución del saque:

a) El jugador que resta deberá esperar a que la pelota bote dentro de su recuadro de recepción de saque y golpearla antes de que bote en el suelo por segunda vez.

b) La pareja que recibe el saque en el primer juego de cada set decidirá cuál de sus dos integrantes comenzará a restar, y dicho jugador continuará recibiendo el primer servicio de cada juego hasta la terminación del set.

Cada jugador recibirá durante el juego alternativamente el saque y una vez que el orden haya sido decidido, no podrá ser alterado durante ese set o tie-break pero sí lo podrá hacer al principio de un nuevo set.

Si durante un juego o tie-break, el orden de resto es alterado por la pareja que devuelve el servicio, deberá continuarse de esta forma hasta el final del juego o tie-break en el que se ha producido la equivocación. En los juegos siguientes de aquel set, la pareja adoptará la colocación escogida al iniciar el mismo.

c) Si al jugador que resta o a su compañero les golpeara la pelota o la tocaran con la pala antes de que hubiera botado, se considerará tanto del jugador al servicio.

Caso 1: En el caso de las antiguas pistas donde se encuentran algunas con picos verticales en la unión de la pared y la malla, es decir la pared y la malla no están claramente en el mismo plano, cuando la pelota dé en la "esquina" o "pico", el saque sólo se considerará válido si, tras botar en el suelo y dar en el mencionado "pico", saliera oblicuamente en dirección al que resta, poniendo como límite el rebasar la línea imaginaria que discurre desde el pico hasta el otro pico.

Caso 2: Si la pelota botara dos veces seguidas dentro del recuadro de recepción de saque del restador, aunque entre los dos botes hubiese tocado la pared, el saque se considerará tanto para el servidor.

Caso 3: El jugador al resto en ningún caso puede volear la pelota incluso aunque se encontrara fuera del recuadro de recepción de saque.

Objetivo: Resto y ganar la red
Secuencia de golpes: Resto – VD// – BdX

Descripción:
Ubicado el jugador en el fondo de la pista, realizará un resto al saque del monitor, subirá a la red para hacer una volea de derecha paralela y una bandeja cruzada, con el objetivo de las marcas situadas en el fondo de la pista.

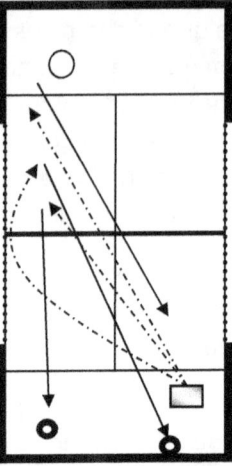

Objetivo: Resto y ganar la red
Secuencia de golpes: Resto – VR// – BdX

Descripción:
Ubicado el jugador en el fondo de la pista, realizará un resto al saque del monitor, subirá a la red para hacer una volea de revés paralela y una bandeja cruzada, con el objetivo de las marcas situadas en el fondo de la pista.

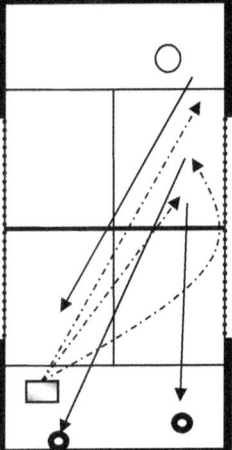

Objetivo: Resto y volea
Secuencia de golpes: Resto – V

Descripción:
Con dos jugadores en pista, un jugador restará en diagonal por abajo el saque del monitor para que su compañero volee fuerte e intente ganar el punto. Se continúa el juego en diagonal hasta que se termine el punto.
Después de 10 bolas se alterna la posición de los jugadores.

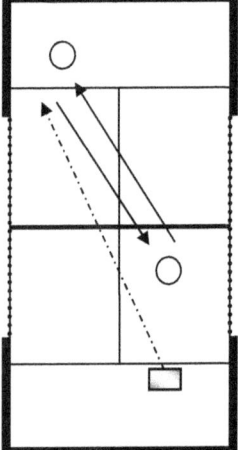

GOLPE DE CONTRAPARED

Foto 180. Seba Nerone ejecutando una contrapared (Foto de Pepe Aínsúa)

GOLPE DE CONTRAPARED.

El golpe de contrapared es un golpe de emergencia que deberemos evitar ejecutar, ya que puede dejar la bola en una posición muy clara para el contragolpe del contrario.

Es de emergencia ya que lo ejecutaremos en situaciones en las que, por no estar bien colocados o por falta de espacio, nos hacen volver hacia la pared de fondo para golpear a la bola y poder dejarla en el campo contrario. La zona donde ejecutaremos este golpe será entre la línea de saque y la pared, siendo muy raro que sea más lejos de la línea de saque.

El impacto de la bola se ejecutará en cualquiera de las siguientes opciones:

- Después del rebote en la pared de fondo, por posición errónea no nos permite realizar una salida de pared.
- Sobrepasados por la bola en una posición adelantada, retrocedo y golpeo antes de que la bola llegue a la pared de fondo, ya que de lo contrario, la bola golpearía en la pared de fondo y no me permitiría devolverla, O incluso hay veces que la bola llegaría antes de tocar la pared de fondo.
- Después de golpear en la pared lateral, ya sea la de derecha o la de revés, vemos que siendo una bola muy profunda y lenta, no tendrá la fuerza suficiente para golpear a dos paredes, así que decidimos, después de golpear en la pared lateral, realizar una salida de pared contra la pared de fondo.

Normalmente, con la contrapared intentaremos pasar la bola lo más lejos posible de la red, a ser posible cerca de la pared contraria, ya que al llevar un efecto de retroceso, dará poco rebote en la pared de fondo contraria. Buscaremos esta posición, ya que en la actualidad, los jugadores a una contrapared responderán con un remate de potencia. Últimamente se está viendo a los jugadores profesionales realizar la contrapared baja, es decir, que pase por abajo a la volea del contrario.

Lo que tendremos que tener claro es que, después de una contrapared, el ataque del contrario es inminente, y por ello deberemos salir de la pared, ya que es muy probable que la bola nos vuelva a la posición en la que la realizamos.

Para ejecutar el golpe de contrapared, el jugador deberá seguir las siguientes fases:

- Partiendo de una posición de espera en la que la bola nos sobrepasa, correremos detrás de la bola para esperar que se acerque lo máximo posible a la pared de fondo si no ha llegado a golpear, o esperar a que haya golpeado y se encuentre cerca de la pared.

Foto 181. Armado de una contrapared de derecha (Foto Pepe Varela)

- Preparación y armado del golpe. Partiendo de la carrera que estamos ejecutando, prepararemos la pala debajo de la bola para impactar completamente por debajo. La empuñadura será cambiada si nos da tiempo pero, al ser un golpe de emergencia y muy rápido, tendremos que pronar la muñeca para que la pala golpee completamente plana, dejando el brazo semi extendido, manteniendo el codo ligeramente separado del tronco. Apoyaremos la pierna derecha delante, poniendo el peso del cuerpo en el pie atrasado, manteniéndose de lado a la espera de la posición correcta de la bola.

- Impacto. Cuando la bola se acerca a nosotros, deberemos modificar nuestra posición anterior llevando el peso del cuerpo hacia delante mediante la rotación de hombros, llevando la pala al encuentro de la pelota, que se producirá a la altura del pie izquierdo, desapareciendo el brazo izquierdo de la posición que tenía. El impacto será ascendente, intentando que la bola golpee en el último metro de pared de fondo, para que la pelota dibuje una parábola que sobrepase a los contarios que se encuentran cerca de la red.

Foto 182. Impacto de una contrapared de derecha (Foto Pepe Varela)

Foto 183. Terminación de una contrapared de derecha (Foto Pepe Varela)

- Finalización. Una vez golpeado y terminada la pala apuntando al último metro de pared, retrocederemos para adoptar una posición defensiva acorde al impacto que nos va a venir.

Como imagen de la ejecución del golpe, deberemos imaginar que nuestra pala es una bola de bolos, y que la lanzamos. En la trayectoria de lanzamiento, justo cuando la soltamos, es cuando golpeamos a la bola, pero la trayectoria ascendente de nuestra pala continúa hasta acabar arriba, recuperando rápidamente la posición de defensa.

Los errores más frecuentes que se producen cuando ejecutamos una contrapared, son los siguientes:

- Preparación tardía del golpe, lo que conlleva una pérdida de equilibrio en la posición de golpeo. Aquí golpearemos la bola detrás del punto de impacto correcto.
- Si golpeamos con los pies de frente a la pared de fondo, la posición será incorrecta, ya que estaremos realizando un golpe con el brazo solamente. Para hacerlo correctamente, deberemos transferir todo el peso del cuerpo a la bola, para la cual nos colocaremos de lado, bajando el punto de gravedad y subiendo el cuerpo a la vez que golpeamos la bola por debajo.
- Si la punta de la pala apunta muy arriba o muy abajo, el golpe será incorrecto. La punta de la pala deberá terminar apuntando al lugar de la pared donde queremos que golpee la bola.
- Si la terminación de la pala se desvía de la línea imaginaria que marca nuestro cuerpo con la pared de fondo, conseguiremos que la pelota adquiera una trayectoria distinta a la que deseamos. Deberemos trabajar la contrapared a distintas zonas de la pista contraria, golpeando en el mismo sitio. Esto se consigue con la terminación de mi pala.
- Si golpeamos la pelota en el medio, conseguiremos un golpe plano y recto contra la pared de fondo, lo que hará que la pelota no describa una parábola y pase fácilmente la red. Deberemos apuntar al último metro de la pared de fondo, golpeando a la bola por debajo.

Objetivo: Reacción ante una situación
Secuencia de golpes: CpD// - CpRX

Descripción:
Sentados en el suelo en el medio de la pista, el monitor hace un globo y el jugador se levanta para hacer un golpe de contra pared de revés paralelo o de derecha cruzado, después de lo que volveremos al cono para repetir el ejercicio.
Después de 10 bolas se cambia de jugador.

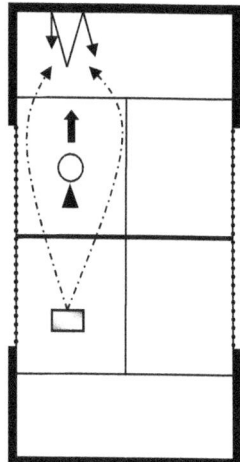

Objetivo: Contra pared de derecha
Secuencia de golpes: 8 en conos - CPD

Descripción:
Ubicado el jugador en el fondo de la pista, realizará un 8 en los conos y correrá a la bola que le lanzan para hacer una contra pared suave de derecha contra el monitor.
Solamente lo trabajamos con una bola para ajustar el movimiento y que el jugador tenga control y pueda jugarla a la mano del monitor.

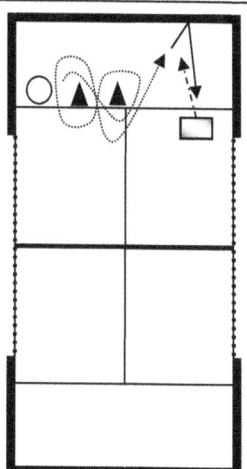

Objetivo: Contra pared de revés
Secuencia de golpes: CPR

Descripción:
Ubicado el jugador en el fondo de la pista, realizará un 8 en los conos y correrá a la bola que le lanzan para hacer una contra pared suave de revés contra el monitor.
Lo hacemos con una sola bola, para que el alumno pueda tener autocontrol de la misma y así también marcar bien la técnica en cuanto a donde impactar, tanto la bola como en la pared de fondo y trabajar correctamente los desplazamientos para llegar bien. Importante girar siempre el cuerpo hacia dónde va la bola, así no tenemos ningún tipo de lesión en rodillas ni zona lumbar.

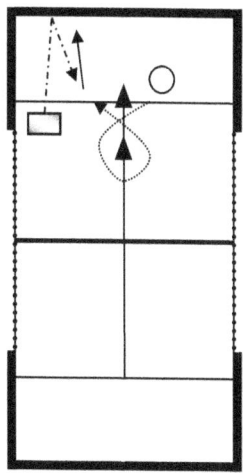

Objetivo: Contra pared de derecha
Secuencia de golpes: 5 Plio - CPD

Descripción:
Ubicado el jugador en media pista, entre los conos abrimos y cerramos piernas 5 veces, y vamos a la bola de fondo y realizamos contra pared de derecha.
Después de cada golpe, pisamos línea y repetimos el golpe (x5).
Con una sola bola más peso en la misma, combinamos ejercicio físico y técnico. Usamos conos para que el alumno trabaje en ellos con ejercicios
pliométricos. Las bolas de contra pared irán a la mano del monitor.

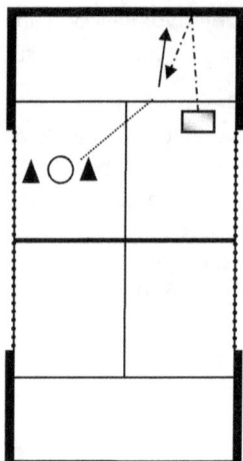

Objetivo: Globo sin bote y contra pared
Secuencia de golpes: GD – GD – CPD

Descripción:
Ubicado el jugador sobre la línea de fondo, realizará dos globos de derecha sin bote a las bolas lanzadas por el monitor. Después correrá en diagonal detrás del monitor para golpear una contra pared de derecha.

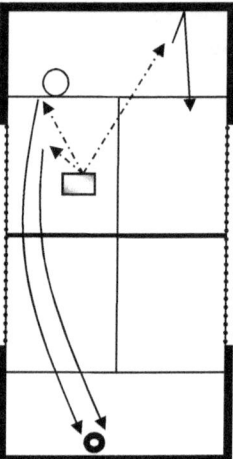

Objetivo: Salida de pared lateral con contra pared
Secuencia de golpes: VDX – SLD CP

Descripción:
Ubicado el jugador cerca de la red, realizará una volea de derecha cruzada y correrá en diagonal para golpear de contra pared una bola que golpea primero en la pared lateral.
Luego se puede hacer en el otro lado, donde se realizará una volea de revés cruzada y una salida de pared lateral con contra pared de revés.

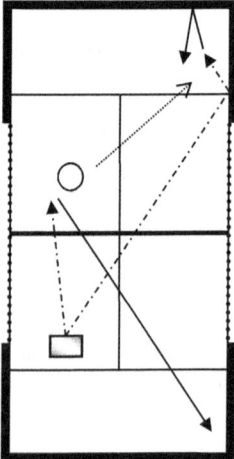

GOLPE DE GLOBO

Foto 184. Alejandro Ruiz ejecutando un globo de revés (Foto de Pepe Aínsúa)

GOLPE DE GLOBO.

El globo es uno de los golpes que deberemos dominar en nuestro juego, ya que si lo ejecutamos correctamente y sin error, conseguiremos ganar la red y hacer retroceder a los contrarios a su zona defensiva.

En el pádel femenino es un golpe esencial, en el pádel masculino no tanto, ya que con el avance de la técnica, ya hay jugadores que no ejecutan bandejas sobre las líneas de saque y se atreven a realizar con éxito remates.

Un globo bien ejecutado me posibilitará seguir jugando y poder ganar la red, pero un globo mal ejecutado, posiblemente sea punto seguro del contrario.

En tenis se considera al globo como un golpe de último recurso, en el pádel se considera como un golpe medio, ya que si se ejecuta bien, podremos ganar la red y pasar al ataque, aunque en defensa lo podemos utilizar cuando tengamos una posición incómoda, pero deberemos pensar que el ataque estará cerca.

Si ejecutamos el globo correctamente, conseguiremos:

- Llevar el peso del partido, bajar la velocidad de bola.
- Hacer correr a los contrarios, ya que tendrán que estar subiendo y bajando.
- Ganar la red tras el globo bien ejecutado.
- Contraatacar después de un globo corto nuestro y un remate mal ejecutado por el contrario.
- Hacer que los contrarios no se encuentren pegados a la red, ya que al esperar un globo, dejarán la zona más cercana a la red sin cubrir.

La forma de ejecutar el globo de derecha es sencilla, y consta de los siguientes pasos:

- Partiendo de una posición de espera correcta, en este caso en la zona defensiva, orientaremos el cuerpo hacia la posición de donde parte la bola. El jugador repartirá el peso del cuerpo entre las dos piernas separadas a la altura de los hombros, manteniendo un punto de gravedad estable, rodillas semi flexionadas y talones elevados para poder reaccionar antes y poder preparar el golpe.

Foto 185. Posición de espera para ejecutar un globo (Foto Pepe Varela)

- Preparación y armado del golpe. Partiendo de la posición de espera, cuando la pelota se nos acerca por el lado derecho, el jugador girará los hombros apuntando el brazo izquierdo hacia la pelota para tener una referencia, bajará la pala hacia atrás, cambiando la empuñadura para que la cara de la pala golpee a la bola por debajo. Apoyará la pierna izquierda delante de él poniendo el peso del cuerpo en el pie atrasado y manteniéndose de lado a la espera de la bola.

Foto 186. Armado para ejecutar un globo de derecha (Foto Pepe Varela)

- **Impacto.** Cuando la bola se acerca a nosotros, deberemos modificar nuestra posición bajando las rodillas para colocarnos debajo de la bola, y a la hora de golpear, ayudarnos con el movimiento ascendente del cuerpo. Es importante realizar el golpe con todo el cuerpo, no solo con el brazo, ya que así el golpe será más suave y estará más controlado.

Foto 187. Impacto de un globo de derecha (Foto Pepe Varela)

- **Finalización.** Desde la posición de impacto, continuaremos con el recorrido natural de la pala, el cual será ascendente en dirección a la posición más alta de la bola, la cual adquirirá la altura máxima cuando pase por la red.

- Para que un globo esté correctamente ejecutado, deberá tener una altura que no permita a los contrarios realizar un remate o bandeja, pero también deberemos evitar que, si el contrario deja caer la bola, que ésta no tenga mucha altura después del rebote en la pared. Como referencia, tenemos que buscar una altura mínima de 4 metros y que la bola caiga detrás de la línea de saque para que rebote poco en la pared de fondo.

Foto 188. Terminación de un globo de derecha (Foto Pepe Varela)

Otro de los golpes que podemos realizar, es el golpe de globo cortado, el cual, después de tocar en la pared de fondo, tiene un rebote irregular, pero para ejecutar este tipo de golpe debemos de estar en una posición cómoda.

Como resumen de la ejecución del globo, deberemos tener en cuenta que:

- Es un golpe defensivo pero lo utilizamos para ganar la red. Bien ejecutado nos permite ganarla.
- Ejecución: flexión de piernas, golpe plano, terminación larga.
- Evitar efecto liftado o plano, para que no tenga mucho rebote.
- No utilizar la muñeca, ya que no controlaremos el golpe.

Fotos 189, 190, 191 y 192. Fases del golpe de globo de revés
(Fotos Pepe Varela)

Este es uno de los golpes que tendremos que dominar para poder llevar el ritmo del juego. Si domino el globo, dominaré la táctica y podré ganar muchas más veces la red. Debo tener en cuenta que existen errores que deberemos corregir para elevar nuestro nivel de juego:

- Si no me coloco de lado a la hora de impactar a la pelota, esto producirá que el impacto de la pelota se produzca totalmente con la fuerza del brazo, por lo que aparte de ejecutar un golpe incorrecto, nos puede producir lesiones futuras como tendinitis de hombro, muñeca o codo.

- Si tengo mecanizado el movimiento y no me coloco de lado, el impacto se irá a una zona distinta de la que buscamos.

- Si no me coloco de lado y bajo las rodillas, lo que conseguiré es darle más fuerza de la que necesitamos. Tengo que bajar las rodillas y a la hora de golpear, acompañar el golpeo con el movimiento ascendente de mi cuerpo.
- Si no separo el brazo del tronco a la hora de ejecutar el golpe, generaré mecanismos erróneos como muñequeos o rotación de hombros forzados.

- Si no flexiono las rodillas durante el golpeo, se producirán compensaciones como un exceso de rotación de hombros, un exceso de pronación del codo y/o exceso de muñequeo.

- Si adelanto o retraso el punto de impacto al punto de referencia de la altura del pie adelantado, haré que el golpe adquiera otras características, como puede ser que se desvíe de la trayectoria marcada o adquiera una altura no deseada.

Objetivo: Control de globo sin rebote
Secuencia de golpes: GD // - GR//

Descripción:
Ubicado el jugador en el fondo de la pista, realizará globos paralelos de derecha y globos paralelos de revés a la marca situada en el fondo de la pista.
Después de 10 bolas se cambia de jugador.

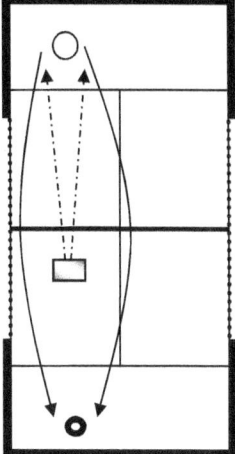

Objetivo: Control de globo sin rebote
Secuencia de golpes: GD // - GRX

Descripción:
Ubicado el jugador en el fondo de la pista, realizará globos paralelos de derecha y globos cruzados de revés a las marcas situadas en el fondo de la pista.
Después de 10 bolas se cambia de jugador.

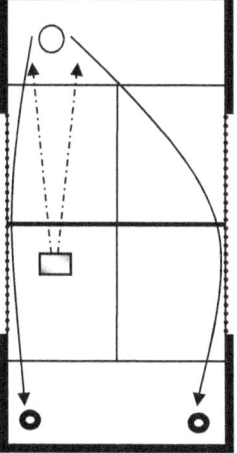

Objetivo: Control de globo con y sin rebote
Secuencia de golpes: GDX – GDX

Descripción:
Ubicado el jugador en el fondo de la pista, realizará globos cruzados de derecha con y sin rebote a la marca situada en el fondo de la pista.
Después de 10 bolas se cambia de jugador

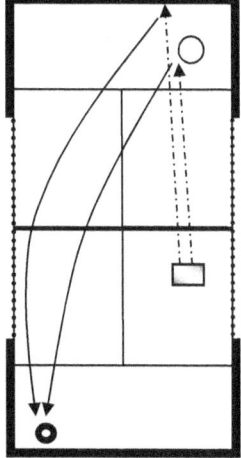

Objetivo: Control de globo con rebote
Secuencia de golpes: GD// – GRX

Descripción:
Ubicado el jugador en el fondo de la pista, realizará globos paralelos de derecha después de rebote en doble pared y globos de revés cruzados después de rebote en la pared de fondo a las marcas situadas en el fondo de la pista.
Después de 10 bolas se cambia de jugador.

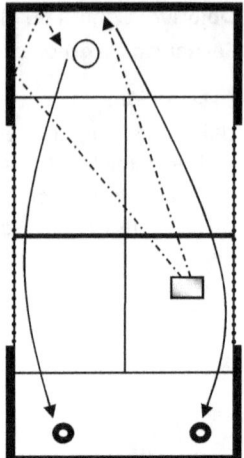

Objetivo: Control de globo con rebote
Secuencia de golpes: GDX

Descripción:
Ubicados los jugadores en el fondo de la pista, realizarán globos cruzados de derecha después de rebote en doble pared a la marca situada en el fondo de la pista y volverá a la fila.

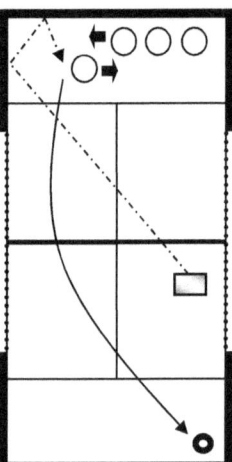

Objetivo: Control de globos
Secuencia de golpes: GD// – GRX

Descripción:
Ubicado el jugador en el fondo de la pista, realizará globos de derecha paralelos y globos de revés cruzados por encima de la cadena situada entre los picos del fondo de la pista.
Después de 10 bolas se cambia de jugador.

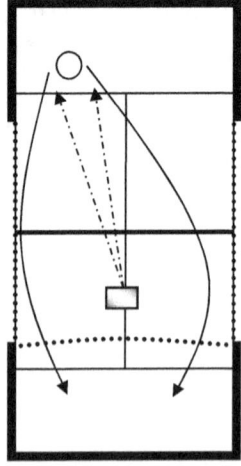

1. SISTEMAS DE ENTRENAMIENTO QUE MEJORAN LA RESISTENCIA

Foto 193. Material para implementar las clases (Foto Juanjo Moyano)

1.1. CONTINUOS

A realizar en la Naturaleza (caminos, bosques, campo a través, etc.).

1.1.1. Carrera continua sin variaciones de ritmo

Se realiza por terreno llano a ritmo uniforme.

Duración o distancia: de 30 minutos a 2 horas; de 5 a 20 km.

Intensidad: como norma es aconsejable no sobrepasar las 150 pulsaciones por minuto.

Progresión: en los primeros entrenamientos ir aumentando progresivamente la distancia (cada tres entrenamientos) y posteriormente sin modificar ésta, ir aumentando la intensidad (ritmo), pero respetando siempre el no pasar de 160 ppm, a menos de estar muy entrenado.

Tres son los tipos de carrera continua sin variación de ritmo:

a.- carrera continua suave: sólo la realizan individuos que se inician (no pasar de 120 ppm.). Para los demás no sirve de nada.

b.- carrera continua media: no sobrepasar de 160 ppm.: mejora la capacidad aeróbica.

c.- carrera continua fuerte: ritmo superior a 160 ppm.: mejora la potencia aeróbica (más ritmo).

Los efectos principales que se consiguen son mejorar la resistencia aeróbica (mejorar la capacidad cardiovascular y respiratoria), ejercitar la voluntad y la capacidad de sufrimiento.

1.1.2. Farlek sueco (rotura de ritmo)

Se ha de realizar en la Naturaleza (caminos, campo a través, etc.), incluyendo cuestas de distinta longitud y pendiente a ser posible.

Duración y distancia: de 30 a 90 minutos. De 6 a 15 km.

Composición: Carrera continua intercalada con progresiones (aumento de ritmos o alargamiento de zancada de manera uniforme) y aceleraciones (aumento de la intensidad, ritmo o aceleración de carrera de manera instantánea).

Progresiones: 100-400 m variado, en cada una, si se desea, la intensidad, velocidad y distancia.

Aceleraciones: 50-100 m con la intensidad (velocidad) que se desee.

Pausa: no existe.

Progresión: en los primeros entrenamientos ir aumentando progresivamente la duración/distancia, y posteriormente, sin modificar éstas, aumentar la intensidad (ritmo).

Ejemplo de una sesión:

.- 3 km de carrera continua.

.- Cuatro aceleraciones de 70 m alternándose con 300 m de carrera continua (de recuperación y para bajar pulsaciones).

.- 1 km de carrera continua.

.- Cinco progresiones de 300 m alternando con 400 m de carrera continua (de recuperación y para bajar pulsaciones).

.- 1 km de carrera continua.

Los efectos principales que se consiguen son mejorar la resistencia aeróbica (capacidad cardiovascular y respiratoria) y la anaeróbica (hipertrofia el músculo cardíaco y acostumbra al organismo a trabajar en condiciones desfavorables).

1.1.3. Cuestas

Éstas pueden ser largas y suaves o medianas.

Progresión: se realizará aumentando en primer lugar la longitud de las cuestas, y en sesiones posteriores, la intensidad de ataque a las mismas.

Ejemplo de una sesión:

.- quince minutos de carrera continua suave como calentamiento, seguida de dos cuestas medianas, finalizando con dos cuestas largas, pero suaves (300 m), a ritmo lento. No es necesario que deban realizarse los trabajos por bloque uniforme, sobre un tipo de cuestas determinadas, sino que se deben mezclar entre sí, pero procurando que las cuestas medianas y de mayor pendiente (que van a exigir un mayor esfuerzo) sean realizadas en la primera parte de la sesión. Es útil aprovechar la bajada de las cuestas para conseguir mejorar la frecuencia y amplitud de la zancada.

Con este entrenamiento se mejora la capacidad aeróbica, pero sobre todo se fortalece el tren inferior.

1.1.4. Cross-paseo

También denominado entrenamiento total.

Debe realizarse en plena naturaleza; en él han de desarrollarse ejercicios variados en los que se desarrollan cualidades como fuerza, velocidad, resistencia, equilibrio, etc.

Este entrenamiento va orientado a desarrollar armónicamente todo el cuerpo. Duración de la sesión: entre una y dos horas.

COMPOSICIÓN DE LA SESIÓN:

1.- *Calentamiento, ejercicios de Flexibilidad*:

Sesión típica de calentamiento intercalando juegos (pídola, volteretas, juegos de lucha, etc.), al final estiramientos de todos los grupos musculares.

Duración aproximada: de 15 a 20 minutos.

2.- Ejercicios de desarrollo muscular.

Realizar de 6 a 12 ejercicios de fuerza con igual número de repeticiones con pausa al trote ligero entre ejercicios. Los ejercicios serán con sobrecargas como rollizos, piedras o el cuerpo de un compañero en hombros, etc.).

Duración aproximada: de 15 a 20 minutos.

3.- Ejercicios de velocidad:

Ejercicios a base de aceleraciones cortas, cuestas cortas y fuertes, saltos en altura y profundidad de gran intensidad y con suficiente recuperación.

Duración aproximada: de 10 a 15 minutos.

4.- Ejercicios de resistencia:

Carrera continua alternando diferentes ritmos o bien se puede realizar dos series de *Interval-Training* (se describirá más adelante).

1.2. FRACCIONADOS

Se realizan normalmente en pista en su desarrollo.

Predomina la intensidad sobre el volumen.

Factores determinantes de los sistemas fraccionados:

D. Distancia de una repetición.

I. Intervalo o pausa indicada en tiempo o márgenes de pulsaciones.

T. Trabajo, intensidad o ritmo. Se indica en % o en tiempo.

R. Repeticiones (no confundir con serie, que es un grupo de repeticiones).

A. Acción a desarrollar durante la pausa.

Importante:

Para calcular los porcentajes del factor se hará empleando la fórmula de la regla de tres inversa.

Un jugador corre los 100m en 14s. Se desea calcular el 80% de su velocidad para poder entrenar sobre ese porcentaje:

80% = 14 s 100% = x

X = 100% x 14s / 80% = 17,5

Este es el 80% de su máxima velocidad (14s) en 100 metros.

Definiciones:

- *Repeticiones*: reiteraciones de un determinado ejercicio, carga o esfuerzo.
- *Series*: grupos de repeticiones.

1.2.1. Interval – training:

- *Finalidad*: mejora rápida de la resistencia aeróbica.

- *Progresión*: en primer lugar, ir aumentando el número de repeticiones; posteriormente, disminuir progresivamente el tiempo de intervalo, y en último lugar, aumentar la intensidad.

- *Rendimiento*: no conviene rebasar al final de una repetición los 180 p.p.m. e iniciar el siguiente con 110/120 p.p.m.

- *Factores de trabajo*:

D. 100-400 m (100-200 los más usuales)
I. 45-90 segundos o 1/3 de la recuperación o iniciar el esfuerzo por debajo de 140 ppm.
T. 60-75%
R. 10-50 (agrupadas en series)
A. Pausa activa (caminar, trotar)

Sesiones semanales: dos o tres

1.2.2. Ritmo – resistencia:

- *Finalidad*: mejorar la resistencia aeróbica.

- *Progresión*: aumentar, en primer lugar el número de repeticiones; posteriormente, disminuir el tiempo de intervalo, y finalmente, aumentar la intensidad.

- *Factores de trabajo*:

D. 1.000-3.000 m superiores a la especialidad.
I. de tres a seis minutos. Siempre por debajo de 140 ppm.
T. 70-80%

R.   4 a 8 (hasta 12 en distancias cortas)

A.   Discrecional

Sesiones semanales: las que se deseen (mín.: 24 h de recuperación).

1.2.3. Velocidad – resistencia:

- *Finalidad*: mejorar la resistencia anaeróbica, adquirir resistencia a la fatiga producida por la velocidad...

- *Progresión*: en primer lugar, ir aumentando el número de repeticiones; posteriormente, aumentar la intensidad, y en último lugar, disminuir el intervalo. Las distancias de trabajo se disminuyen progresivamente.

- *Rendimiento*: no conviene rebasar, al final de un esfuerzo, las 200 p.p.m., e iniciar el siguiente con menos de 120 p.p.m.

- *Factores de trabajo*:

    1. Velocidad-resistencia largo:

D.   100-500 m

I.   de 3 a 8 minutos (2/3 de la recuperación total. En todo caso, siempre por debajo de 120 ppm).

R.   pocos (de 3 a 8).

A.   Discrecional.

    2. Velocidad-resistencia corto:

D.   100-200 m.

I.   de 1 a 3 minutos.

T.   90-95%.

R.   10 a 20.

A.   Activa.

Sesiones semanales: una a dos.

Importante: Nunca se ha de hacer dos entrenamientos de velocidad-resistencia con menos de cuarenta y ocho horas entre sí.

1.2.4. Ritmo competición

- *Finalidad*: proporcionar al jugador una idea exacta del ritmo del partido para la que se está entrenando. Mejorar la resistencia anaeróbica.

- *Progresión*: en primer lugar, aumentar las distancias hasta llegar a distancias próximas a la de la prueba (siempre inferiores) y posteriormente aumentar las repeticiones.

- *Factores de trabajo:*

D. de ½ a 2/3, siempre inferior a la prueba.
I. de 6 a 12 minutos. Recuperación total.
T. tiempo de pasaje o algo inferior.
R. 2 a 6
A. Discrecional.

Sesiones semanales: una o dos (72 horas de descanso para otra sesión del mismo tiempo).

1.3. CIRCUITOS

Definición: es la realización de ejercicios distintos, ejecutados de forma continuada y siguiendo un orden preestablecido, con la finalidad de lograr un desarrollo armónico de todas las partes del cuerpo, basado en el principio fisiológico de la sobrecarga muscular.

De acuerdo con esto, podemos clasificar los circuitos:

- General: dirigido a todo cuerpo sin idea de especialidad.
- Específico: ejecutando ejercicios similares a los de la propia especialidad.

Características:

- Empleo de cargas ligeras y medias.
- De ocho a doce estaciones (ejercicios diferentes).
- Alternancia muscular en los ejercicios.

Organización:

a.- Establecer la dosis individual.
b.- Buscar ejercicios sencillos y variados.
c.- Dosificación de los ejercicios, de acuerdo con las características particulares.

Establecer la dosis individual:

1. Método de máximas repeticiones.
2. Método de tiempo fijo.

a.- Este método consiste en realizar el máximo de repeticiones de cada ejercicio, es decir, sus máximas posibilidades. Este número inicial, dividido por dos, será la dosis o carga inicial individual.

b.- En primer lugar, diremos que el tiempo más adecuado para cada estación oscila entre los 10 segundos y los 30 segundos. Principiantes, de 10 a 15 segundos, grado medio de 15 a 23 segundos y deportistas avanzados de 22 a 30 segundos.

Consiste, pues, en realizar en el tiempo estipulado el máximo de repeticiones a una velocidad tal que no pierda pureza el ejercicio, debido al exceso de velocidad. El número así conseguido dividido por dos será la carga inicial.

En éste método se toma el tiempo de duración del circuito y el ejecutante debe tratar de ir mejorándolo; cuando ha alcanzado este tiempo máximo (30 segundos) se efectúa una nueva evaluación. En el primer método, el ejecutante debe ir tratando de aumentar el número de veces que repite cada ejercicio, es decir, aproximadamente a su 100%. Cuando se logra una cantidad bastante buen se procederá a efectuar una nueva evaluación inicial.

Progresión: en ambos métodos se puede obtener:

- Aumentando la velocidad de ejecución.
- Disminuyendo pausa entre circuitos.
- Disminuyendo tiempo de traslación entre estaciones.

Además, según la orientemos hacia circuito para fuerza-potencia o para resistencia se aumentará la sobrecarga o el número de repeticiones.

Fuerza-potencia: Número máximo, de repeticiones 10, generalmente de seis a ocho.

Resistencia anaeróbica: Número máximo: 30 repeticiones en un tiempo inferior a un minuto.

Aplicación práctica:

- Confección de tablas entre 8 y 12 ejercicios. Teniendo en cuenta que una sesión consta de dos o tres repeticiones del circuito.
- Marcar bien cada estación y separarla de las demás. Dado que es difícil que el ejecutante se acuerde de los ejercicios, es

conveniente situar en cada estación un dibujo de cada ejercicio a realizar, así como el número de repeticiones.
- Entre circuito y circuito se tomará un descanso, pero no con exceso de manera que se pierdan los efectos fisiológicos conseguidos.
- Se tomará como base el control del pulso, oscilando entre 120 y 130 ppm, pasando a la realización del segundo circuito.

Finalidad fisiológica:

- Variada según el tipo de circuito que se propone.
- Resistencia aeróbica: Ejercicios ligeros con descansos activos.
- Resistencia anaeróbica: Ejercicios intensos.
- Fuerza-potencia: Cargas y velocidad de ejecución.

2 SISTEMAS DE ENTRENAMIENTO QUE MEJORAN LA FUERZA

2.1. GENERALIDADES

Definimos la fuerza como la capacidad de vencer la oposición de una resistencia.

Existen distintos tipos de fuerza:

- Cuando la fuerza se realiza de forma lenta, de tal manera que se realiza la máxima tensión muscular, se denomina *fuerza máxima*.
- Cuando lo importante es que el ejercicio de fuerza se efectúe en forma rápida, se denomina *potencia*.
- Cuando lo fundamental del ejercicio estriba en la capacidad de realizar las acciones de fuerza durante el mayor tiempo posible, estamos considerando *fuerza resistencia*.

En el organismo humano, la fuerza se manifiesta a través de la contracción muscular, no originando obligatoriamente el acortamiento del músculo.

Estas contracciones, según sea la forma en que se realicen, nos hacen distinguir distintos tipos:

- *Contracción isotónica o dinámica*: Cuando, como consecuencia de la contracción, se produce movimiento en los segmentos óseos en los que está inserto el músculo. Si en el movimiento las inserciones de un músculo se acercan una a la otra, se dice que la contracción isotónica es concéntrica, y se denomina excéntrica cuando las inserciones se separan.
- *Contracción isométrica o estática*: Se produce cuando, como consecuencia de la tensión muscular, no se verifica movimiento externo.
- *Contracción mixta*: Cuando se producen sucesivamente o alternativamente contracciones estáticas y dinámicas.

Efectos del trabajo de fuerza:

- *Positivos*: Hipertrofia de los músculos y mejora del metabolismo celular, irrigación sanguínea, etc.
- *Negativos*: Hay aumento prematuro de calcificación a la vez que los huesos crecen en proporción inversa a la carga que soporta.

Es peligroso trabajar con grandes cargas en edades tempranas de formación ósea.

2.2. SISTEMAS DE ENTRENAMIENTO
2.2.1. Multisaltos

Es un sistema o modalidad de entrenamiento que pretende fundamentalmente mejorar la capacidad de salto y, por tanto, básicamente, la potencia extensora de los miembros inferiores a través de una repetición de saltos variados.

Características:

La intensidad de cada salto no debe ser menor del 70% de las posibilidades (hacer una prueba inicial y calcular el porcentaje citado según el sistema de la regla de tres).

- El carácter explosivo, al menos veloz, de la acción.
- La reiteración de los saltos.

Tipos:

Según la especialización será el carácter de los multisaltos, distinguiéndose entre los más comunes los siguientes y sus combinaciones entre sí:

- En altura.
- En longitud.
- Con distintos ritmos.
- Con distintos apoyos.
- En subida.
- En bajada.
- Con carga adicional.
- Pliométricos.
- Desde distintas posiciones de salida.
- Con distintas posiciones de llegada.

Volumen e intensidad del trabajo:

El número de saltos a ejecutar por un principiante se sitúa entre 50 y 100 semanales y entre 300 y 500 un jugador ya formado.

A modo de orientación incluimos el siguiente cuadro, en el que se especifica el objetivo a lograr, la intensidad, el volumen y la pausa, así como unos determinados tipos de multisaltos.

OBJETIVO	FUERZA	VELOCIDAD	POTENCIA
Factores de condición física	Resistencia	Pura	
Carga de salto	Mediana	Elevada	Entre mediana y elevada
Núm. de repeticiones	Elevado	Débil	Mediano/Elevado
Velocidad de ejecución	Mediana	Mediana/Elevada	Elevada
Pausa	Corta	Mediana/Larga	Larga
Lo más importante	Núm. de repeticiones	Carga	Velocidad

2.2.2. Pliometría

La palabra se viene utilizando desde hace algunos años, cuando se describen ejercicios destinados a salvar la diferencia entre fuerza simple y la potencia que se necesita para producir los movimientos explosivo-reactivos, tan necesarios para destacar en saltos, lanzamientos y velocidad.

Un concepto actual es que los músculos se contraen con más fuerza y eficacia si son antes pretensados, es decir, sometidos a una contracción excéntrica $_{(1)}$ previa; este concepto se denomina reflejo-tensador.

Aunque fisiológicamente no sea correcto, hay que aceptar el siguiente ejemplo como explicación:

- Si cogemos un muelle y lo estiramos ¼ de su mayor longitud, veremos que el retroceso será más flojo que si lo estiramos a las ¾ partes de su longitud máxima.

(1) *Contracción excéntrica*:
Ejemplo: si un individuo sujeta la muñeca de un brazo de otro y éste, a pesar de la resistencia del primero, consigue flexionar el brazo, la contracción de los músculos flexores del brazo ha sido concéntrica. Si, por el contrario, se consigue extender el brazo, debido a la fuerza exterior ejercida en la muñeca y a pesar de los

músculos flexores del brazo, la contracción ejercida por éstos es excéntrica.

Ejemplo: si se hace fuerza para evitar que un individuo extienda el antebrazo respecto del brazo y a pesar de ello se logra extender el citado miembro, la contracción ha sido concéntrica. Pero, si la fuerza externa ha sido mayor que la ejercida por los músculos y ha obligado al antebrazo a flexionarse sobre el brazo, la contracción ha sido excéntrica.

2.2.3. Halterofilia

Se basa en la movilización de diferentes artefactos, halteras, máquinas de musculación, etc., con carga regulable.

Medidas de precaución:

- Sólo entrenar este sistema de fuerza cuando se esté dirigido por profesionales de la Educación Física. Jamás entrena solo. Son graves las lesiones que se pueden tener si no se toman las medidas de precaución adecuadas y si el grado de entrenamiento no es el óptimo para realizar estos ejercicios de halterofilia.
- Tener cuidado de calentar antes del entrenamiento y mantener el organismo caliente durante esta acción, y realizar, además, algunas repeticiones previas con cargas inferiores de trabajo.
- Los dolores musculares pueden significar el principio de un desgarre de fibras musculares, por lo que se debe abandona inmediatamente el ejercicio responsable del mismo.
- Las lesiones y heridas de los ligamentos, tendones y menisco, son, en muchos casos, consecuencia de un entrenamiento demasiado uniforme y con grandes cargas sobre las articulaciones no preparadas y relativamente flojas (codos, rodillas, tobillos, etc.).
- Las lesiones de columna vertebral pueden ser evitadas si todos los ejercicios son ejecutados por una técnica perfecta y si se observan las siguientes indicaciones:
    o Evitar una sobrecarga demasiado frecuente de la columna vertebral por unidad de entrenamiento.
    o Descargar la columna vertebral por un reforzamiento sistemático de la musculatura de sostenimiento.
    o Aumentar, poco a poco, las sobrecargas y el peso.

o Mantener la columna vertebral derecha en todos los ejercicios que la carguen.

Estas recomendaciones son válidas para todos los jugadores independientemente de la edad, sexo y estado de entrenamiento.

Desarrollo de la fuerza máxima.

Se utilizan kilajes del 80 al 100% de la máxima fuerza muscular en un solo movimiento (como siempre, hacer una prueba inicial y calcular el porcentaje según el sistema de la regla de tres).

a.- Series: no más de cuatro

b.- Repeticiones de una a seis, dependiendo su número del kilaje utilizado.

c.- Velocidad de ejecución: lenta.

d.- Intervalos, de dos a cinco minutos de manera ligeramente activa, entre series y repeticiones.

e.- Efectos: éste el método de entrenamiento que puede proporcionar un mayor incremento de la fuerza del músculo.

Desarrollo de la potencia.

Los pesos a utilizar están situados entre el 60 y 80% de la fuerza máxima desarrollada en un solo movimiento.

a.- Series: principiantes, hasta tres, e iniciados hasta seis.

b.- Repeticiones: hasta diez como máximo.

c.- Velocidad de ejecución: lo más rápida posible.

d.- Intervalos: de tres a cinco minutos entre series. No hay pausa entre repeticiones. Durante estos intervalos se mantiene una acción ligeramente activa.

e.- Efectos: con este tipo de trabajo se desarrolla, en primer lugar, la potencia, y secundariamente, la fuerza.

Foto 194. Material para implementar las clases (Foto Juanjo Moyano)

Desarrollo de la resistencia de la fuerza.

Comprende tensiones musculares a través de ejercicios realizados con pesos que oscilen del 40 al 60% de la fuerza muscular máxima conseguida en un solo movimiento (para calcular los tantos por ciento emplear el sistema de la regla de tres).

a.- Series: dos para principiantes y tres para iniciados.

b.- Repeticiones: de diez a veinticinco.

c.- Intervalos: hasta diez minutos entre series y de dos a tres segundos entre cada repetición. La acción durante estos intervalos ha de ser ligeramente activa.

d.- Velocidad de ejecución: normal.

e.- Efectos: incremento de la resistencia de fuerza.

2.2.4. Sistema isométrico

En un sistema encaminado a desarrollar la fuerza por medio de contracciones musculares de máxima intensidad, aplicadas sobre algo inamovible, tratando de vencer su resistencia.

La aplicación de esta fuerza puede hacerse mediante tracción o empuje, pero al no originar movimiento en los segmentos óseos recibe también el nombre de trabajo estático.

El aparato más empleado para este trabajo consiste en dos postes de hierro fijos y dispuestos para colocar una barra transversal, a distintas alturas, para realizar, valiéndose de ellas, los ejercicios de tracción o empuje.

Es importante saber que no conviene aplicar este tipo de trabajo hasta que no se disponga de una musculatura debidamente preparada y formada por un trabajo dinámico anterior, ya que éste podrá ser sustituido por el isométrico.

Desarrollo de la fuerza máxima.

a.- Intensidad: máxima o cercana a la máxima (90-100%).

b.- Duración: seis segundos para principiantes y hasta ocho para iniciados.

c.- Repeticiones: hasta tres repeticiones para los principiantes y hasta diez para los iniciados. Todas las repeticiones en diferentes ángulos.

d.- Intervalos: de dos a tres minutos entre cada repetición.

Desarrollo de la resistencia de fuerza.

a.- Intensidad: 80% de la máxima.

b.- Duración: doce segundos para principiantes y dieciocho para iniciados.

c.- Repeticiones: hasta tres repeticiones para los principiantes y hasta diez para los iniciados. Todas las repeticiones en diferentes ángulos.

d.- Intervalos: de dos a tres minutos entre cada repetición.

2.2.5. Sistema *body building*

Su finalidad principal va dirigida al desarrollo de la fuerza rápida (potencia), así como a la resistencia y capacidad de coordinación del músculo. Está basado en el principio de carga gradual y polifacética.

Según con la variable que se utilice, la finalidad del trabajo será distinta. Así, si se actúa con acortamiento de la pausa de descanso y con mayor número de repeticiones, se llega al aumento de la resistencia especial y también de la fuerza; si lo que aumenta es el peso, manteniéndose las repeticiones y las series, lo que conseguiremos será una mejora de la fuerza.

Características.

En primer lugar se elige un número determinado de ejercicios (8-12).

Estos ejercicios ya no se variarán durante un largo período de tiempo (al menos tres meses); lo contrario dificultaría los controles y la valoración del progreso.

Según el grupo o grupos musculares que se quieran desarrollar, la elección de los ejercicios será de uno o de carácter, es decir, piernas, brazos, tronco, etc., alternando los ejercicios con especial énfasis en las zonas débiles.

Es necesaria una dosificación previa de los ejercicios mediante un test de cada uno de ellos. Una vez que sepa el 100% de cada sujeto en cada uno de los ejercicios a realizar, se establecerá la dosificación o porcentaje a que han de hacerse las repeticiones.

En líneas generales se utiliza un porcentaje entre el 60 y el 80%, utilizándose uno u otro según la finalidad buscada.

El intervalo entre ejercicio y ejercicio suele ser de dos a cinco minutos, realizándose entre dos y cuatro series o vueltas al recorrido.

El número de repeticiones en cada ejercicio viene a ser de seis a ocho, no debiendo sobrepasarse los quince segundos de esfuerzo.

El trabajo puede resultar tremendamente intenso si se realiza un recorrido completo con un número grande de repeticiones y varias series.

Supongamos que se han elegido diez ejercicios y de cada uno se realizan ocho repeticiones. En total serán ochenta repeticiones. A veces transcurre más de hora y media en el gimnasio o al aire libre, pues los aparatos y ejercicios pueden montarse en cualquier sitio sano y ventilado.

La intensidad de este tipo de trabajo puede aumentarse en el orden siguiente:

- 1. Aumentando el número de repeticiones de cada ejercicio.
- 2. Aumentando el número de series o vueltas al recorrido.
- 3. Aumentando la carga de cada ejercicio.

Fuerza explosiva.

Se podría definir como desarrollo de la máxima tensión muscular 100% contra la mínima resistencia u oposición, realizándose el ejercicio con una alta velocidad de ejecución.

Entre la velocidad del movimiento y el nivel de carga debe existir una relación óptima que permita que entren en función el mayor número de unidades motoras posibles.

Dicha relación se verifica cuando el gesto se realiza a su máxima velocidad posible y cuando la carga es ¼ de la máxima posible en el ejercicio.

El entrenamiento de la fuerza se realiza, por tanto, cuando la carga es pequeña (propio cuerpo, pequeños pesos, etc.) y alta velocidad de ejecución.

3 SISTEMAS DE ENTRENAMIENTO QUE MEJORAN LA VELOCIDAD

3.1. GENERALIDADES

La mayoría de las veces se define la velocidad como la capacidad que posee el individuo de realizar un acto en el menor tiempo posible.

La velocidad pura existe cuando no hay dosificación de esfuerzos.

Consideraciones generales para el entrenamiento de la velocidad.

- La única forma de entrenar la velocidad es mediante ejercicios realizados a la máxima velocidad del individuo que se entrene.
- El intervalo entre cada repetición debe ser amplio, con el fin de garantizar una recuperación completa para evitar lesiones y que el ejercicio siguiente se haga con un total rendimiento. Éste es el principio más importante.
- La velocidad de ejecución de un movimiento depende, entre otros factores, de la velocidad de contracción, y ésta, a su vez y en gran medida, de la fuerza, hasta el extremo de afirmar que no hay velocidad sin fuerza.
- Es necesario siempre una época de acondicionamiento genérico, no sólo para los trabajos de velocidad máxima, velocidad de reacción y trabajos de potencia, sino para poder soportar los trabajos de resistencia a la velocidad.
- Los trabajos de velocidad deben realizarse todo el año, iniciándose con las distancias cortas. La no existencia de un entrenamiento de este tipo en un período prolongado de tiempo, provoca pérdida de potencia de fibras musculares al no ser excitados en esfuerzos de intensidad máxima.
- No existirá variación en el factor T (intensidad de trabajo), ya que siempre es máximo.
- Para trabajos de velocidad hay que dejar un tiempo de recuperación de 48 a 72 horas.
- En los trabajos de velocidad no se debe medir el tiempo de recuperación por medio de pulsaciones, ya que es necesario recordar que la recuperación muscular es más lenta que la orgánica. Las recuperaciones deben ser amplias.

- Cuando en una misma sesión de entrenamiento exista variedad en el trabajo, es importante comenzar con los de velocidad.
- Hay que trabajar primero la velocidad y luego la resistencia a la velocidad.
- El trabajo técnico, de coordinación y de flexibilidad, acompañarán en todo momento el entrenamiento de la velocidad.

Peligros en el trabajo de la velocidad.

Los estímulos máximos y submáximos necesitan de un acondicionamiento previo de bajas intensidades que no deben durar menos de ocho semanas.

En realidad, si se desean garantías contra lesiones musculares y articulares, debe mediar cuatro meses de esfuerzos de resistencia, fuerza y flexibilidad de baja y media intensidad.

No hay que olvidar que muchas lesiones se producen aun teniendo un buen acondicionamiento base, por la falta de un meticuloso calentamiento previo al trabajo de velocidad.

Tan pernicioso como puede ser una lesión a nivel muscular o tendón es el agotamiento del sistema nervioso por el trabajo de velocidad utilizado excesivamente. Por ello, ha de cuidarse mucho de no excederse en el uso de los ejercicios de frecuencia y de velocidad de reacción.

Importante: Entre dos entrenamientos de velocidad es preciso dejar cuarenta y ocho horas. Durante este tiempo se puede hacer otro tipo de entrenamiento, como resistencia.

3.2. APLICACIÓN DEL ENTRENAMIENTO DE LA VELOCIDAD

La imagen de un movimiento y su análisis factorial nos ofrece cuatro fases bien determinadas:

a.- La velocidad de reacción del individuo.
b.- La rotura de la inercia (capacidad de aceleración).
c.- La máxima velocidad.
d.- La resistencia a la máxima velocidad (poco usual al ser distancias cortas).

3.2.1. Velocidad de reacción del individuo

La capacidad de reacción depende de dos factores: periodo latente y periodo de reacción. Factores de índole marcadamente hereditaria, lo cual limitará, como es lógico, las posibilidades de mejora por medio del entrenamiento.

Por lo tanto y si queremos mejorar la capacidad de reacción del individuo, deberemos hacerlo a base de múltiples repeticiones y hacer que el acto voluntario se convierta en reflejo acortando el recorrido del impulso nervioso.

Las ejercitaciones que pueden utilizarse en este apartado serán:

- Repeticiones múltiples. Todo tipo de estímulo, desde posiciones variadas como elemento genérico.
- Repeticiones múltiples. Con estímulos similares o iguales a los del propio juego durante un entrenamiento, pero desde distintas posiciones.
- Repeticiones múltiples. Con estímulos similares o iguales a los del propio juego durante un partido real, pero desde distintas posiciones.

Como ejemplo, se incluyen algunos ejercicios para mejorar la capacidad de reacción del individuo.

Distintos estímulos posiciones variadas			
Estímulos similares desde posiciones incómodas			
Estímulos desde posiciones a los del juego.			

3.2.2. La rotura de la inercia (capacidad de aceleración)

Cuando un deportista ha reaccionado ante el estímulo presentado (un silbido, por ejemplo) y ha salido del estatismo inicial merced al trabajo de sus músculos, debe seguir impulsando para incrementar al máximo su aceleración y lograr, lo antes posible, la máxima velocidad.

Todo esto se logra de forma más eficaz cuanto mayor es la fuerza explosiva de los músculos.

Por lo tanto, la velocidad y la fuerza son dos elementos muy ligados entre sí. DE ahí que muchos técnicos afirmen con rotundidad que "la fuerza genera velocidad".

La velocidad de movimientos depende en gran manera de la velocidad e contracción muscular, y ésta de la fuerza.

Por lo tanto, para poder romper esta inercia lo antes posible, debemos ejercitar la fuerza de nuestros músculos con trabajos específicos, y que deberán ser de fuerza explosiva, por medio de ejercicios con sobrecarga, multisaltos, cuestas cortas y pronunciadas, arrastres, empujes y elementos de técnica. Como ejemplo, citamos algunos de los ejercicios que se realizan en este caso:

SOBRECARGA			
MULTISALTOS			
ARRASTRES Y EMPUJES			
TÉCNICA			

- Arrastres y empujes:
    o D. de 30 a 50 m.
    o I. 3´entre repeticiones y 7´entre series.
    o T. sobrecarga 10 a 15 kg.
    o R. 8 a 10 (en series).
    o A. activa
- Cuestas específicas:
    o D. de 30 a 50 m. Pendiente 18º a 30º.
    o I. 3´entre repeticiones y 7´entre series.
    o T. 95 al 100%.

- R. 8 a 12 (en series).
- A. activa

3.2.3. La máxima velocidad

Una vez rota la inercia y cuando se aprovechan al máximo los parámetros de frecuencia y amplitud, el jugador está en el momento cumbre de su máxima velocidad, generando impulsos potentes y movimientos coordinados de todos sus segmentos, aprovechando todos sus recursos técnicos.

En este factor de máxima velocidad tendremos en cuenta una serie de elementos para mejorarlo. Éstos son:

- La frecuencia y amplitud.
- La potencia generada en la acción de cada una de las palancas.
- La técnica.
- La coordinación.

La frecuencia y amplitud son dos elementos que deben guardar un justo equilibrio y sólo la aparición de la fatiga producirá un desequilibrio a favor, generalmente, de la amplitud.

Estos factores son entrenables por distintos procedimientos, algunos de los cuales reseñamos a continuación:

- Frecuencia:
    - Carrera cuesta abajo con pasos cortos y rápidos.
    - Modulaciones de frecuencia.
    - *Skipping* con elevación de rodillas.
    - Carrera sobre cinta rodante.
- Amplitud:
    - Progresiones.
    - Saltos muy amplios.
    - *Skipping* con elevación de rodillas.
    - Cuestas abajo.
    - Modulaciones con amplitud.

El mejoramiento de trabajos de potencia se hará por medio de los procedimientos utilizados en el capítulo "Fuerza".

Y uno de los puntos importantes sobre los que hay que hacer hincapié y en los que se apoya la máxima velocidad es el de la coordinación y la técnica.

El aprovechamiento al máximo de todas las acciones de las palancas en movimientos coordinados es necesario para que los músculos se relajen y puedan favorecer la nueva contracción, ya que la velocidad no sólo depende de la velocidad de contracción muscular, sino también del tiempo de relajación.

El trabajo técnico se mejora con ejercicios específicos de los movimientos a realizar en la especialidad, entrenadas hasta tal punto que se realicen con la mayor soltura posible.

Es evidente, asimismo, que toda esta fase de máxima velocidad puede entrenarse de una manera directa, atendiendo a unos factores de trabajo que pudieran ser de esta forma:

- o D. de 20 a 40 m lanzados con 10 a 20 metros previos.
- o I. máxima recuperación
- o T. máxima intensidad.
- o R. de 10 a 15.
- o A. discrecional.
- Método de esfuerzos máximos:
    - o D. 60 m.
    - o I. Máxima recuperación 7´.
    - o T. Máxima intensidad 100%.
    - o R. 6.
    - o A. discrecional.

3.2.4. La resistencia a la máxima velocidad (poco uso)

La prolongación o mantenimiento de la máxima velocidad es un factor determinante en la mayoría de los deportes. Evidentemente mantener, excesivamente un tramo de máxima velocidad en buenas condiciones no es fácil, pero tampoco imposible, quizás es lo más influenciable por el entrenamiento.

La fórmula para incrementar la resistencia a la velocidad será la ya explicada en el apartado "Resistencia", y que de forma genérica podríamos resumir de esta forma:

- D. de 50 a 200 m.
- I. de 3′ a 8′.
- T. de 90 a 95%.
- R. de 5 a 8.
- A. discrecional

En cualquier caso este factor de resistencia a la velocidad debe aplicarse una vez que ésta ha sido alcanzada, de ahí que haya sido enumerada en último lugar.

Para aquellas disciplinas como el pádel que no implica una distancia fija a correr, se puede utilizar el siguiente sistema:

- D. 4 x 20 m.   I.   1′ entre repeticiones.
  3 x 30 m.   I.   2′ entre repeticiones.
  2 x 40 m.   I.   3′ entre repeticiones.
  2 x 50 m.   I.   4′ entre repeticiones.
- I. 6′ entre series.
- T. 100%.
- A. ligeramente activa.

PSICOLOGÍA ADAPTADA AL PADEL

VARIABLES PSICOLÓGICAS RELACIONADAS CON EL RENDIMIENTO DEPORTIVO.

PLANTEAMIENTO INICIAL

Al igual que el entrenamiento físico pretende incidir sobre variables relevantes para el rendimiento como la resistencia, la fuerza, la flexibilidad o la velocidad, el trabajo psicológico debe centrarse en la manipulación de variables psicológicas que también sean relevantes en este contexto, tales como la motivación, el estrés psicosocial, la autoconfianza, la autoestima, los estados de ánimo, el nivel de activación, la atención, la toma de decisiones, la agresividad, la constancia o persistencia, las relaciones interpersonales y la cohesión de equipo, teniendo en cuenta las condiciones ambientales y personales que afectan a estas variables y las estrategias que pueden controlarlas en la dirección adecuada.

Foto 195. Jugador concentrado después de un punto (Foto Pepe Ainsúa)

La manipulación de estas variables dependerá de las necesidades existentes en cada momento concreto. Por ejemplo, en la pretemporada o en general en periodos alejados de la competición caracterizados por una elevada carga de trabajo físico y técnico, será muy importante incrementar la motivación por la actividad deportiva, eliminar el estrés asociado a situaciones ajenas al entrenamiento y conseguir que la atención se centre en los objetivos y tareas de este periodo de entrenamiento, pero al mismo tiempo quizá convenga provocar estrés en relación con las demandas deportivas del entrenamiento (para que los deportistas se acostumbren a enfrentarse a las dificultades de la competición), desarrollar una cierta inseguridad respecto a los propios recursos (que alerte y predisponga favorablemente a los deportistas respecto a la necesidad de entrenar) y favorecer una cierta rivalidad deportiva interna entre los miembros del equipo (que evite el acomodamiento y motive a los deportistas a entrenar).

Sin embargo cuando la competición esté cerca, aunque en ocasiones puedan observarse déficit, lo normal es que la motivación sea ya suficientemente elevada por si, y que no sea necesario incrementarla sino controlarla para que no aumente en exceso, resultando muy importante, además, sustituir la inseguridad respecto a los propios recursos por una elevada auto-confianza que contrarreste el potencial estresante de la competición, y reemplazar la rivalidad interna por una sólida y apropiada cohesión del equipo.

Así mismo será importante mantener bajo el nivel de activación del organismo en las horas anteriores a la participación en la competición (para que el deportista funcione bien y acumule energía), pero también conseguir en los momentos previos un nivel de activación apropiado (el considerado nivel óptimo) para comenzar la competición en las mejores condiciones físicas y mentales; y, también, que en el transcurso de la competición la atención se centre en las cuestiones que sean relevantes para rendir al máximo en el momento presente, evitando desviarse hacia cuestiones superfluas que distraigan al deportista o que puedan ser estresantes y perjudiquen ese estado psicológico apropiado para conseguir el máximo rendimiento posible (como analizar en profundidad lo sucedido en las acciones anteriores o estar demasiado pendiente del marcador, de la actuación de los contrarios, de sus sensaciones de cansancio o dolor, o de cuestiones ajenas a su control).

En definitiva, se debe comprender la importancia de las variables psicológicas que puedan ser relevantes en cada momento concreto, y saber la dirección en la que, partiendo de la situación presente, debería ser controlada cada variable con cada deportista o grupo de deportistas en particular.

Estas cuestiones han sido abordadas desde distintos enfoques, fundamentalmente:

.- Informes de deportistas y entrenadores sobre experiencias de éxito y fracaso.

.- Investigaciones que han estudiado las características de deportistas de éxito.

.- Estudios centrados en variables concretas (ej. ansiedad, motivación etc.) y su relación con el rendimiento o los resultados deportivos.

.- Observaciones de campo de los psicólogos especializados.

Considerando el conjunto de la información aportada por estas fuentes, se puede concluir que las variables psicológicas más directamente relacionadas con el rendimiento físico y deportivo, son las siguientes:

Variables principales:

- Auto-confianza.
- Motivación.
- Estrés.
- Nivel de activación.
- Control de la atención.

Otras variables:

- Agresividad.
- Comunicación interpersonal.
- Cohesión de Equipo.
- Autoestima.
- Reflexividad o impulsividad.

La interacción de las variables principales o más importantes se esquematizan en la siguiente tabla.

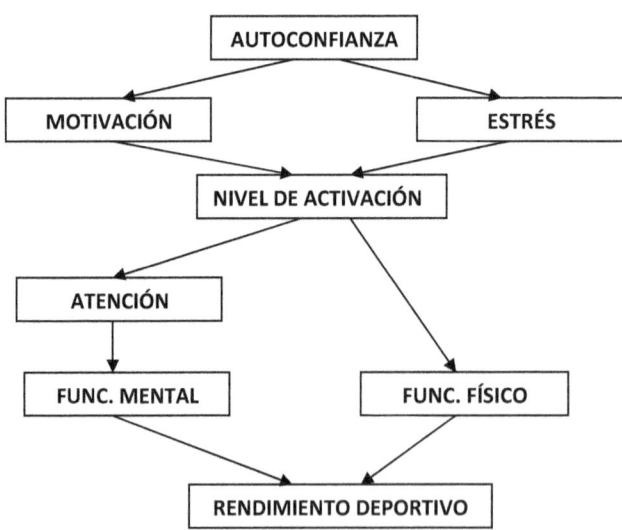

Siguiendo con la tabla, observamos que en la parte más alta figura la auto-confianza, variable ésta que es la percepción que el deportista tiene de la situación ambiental, y de los recursos propios para funcionar en esa situación.

Paralelamente la percepción de la situación influye en la motivación, según sea considerada más o menos atractiva, interesante o beneficiosa. Si por esta vía la motivación es alta, y además la auto-confianza también es elevada, se fortalecerá la motivación por la situación. Pero si la auto-confianza es baja, la motivación inicial puede disminuir, propiciando que el deportista deje de interesarse por ella; o convertirse en estrés, si el deportista sigue interesado pero percibe la amenaza de no poder controlar la situación deseada.

En muchos casos la auto-confianza es la variable que puede determinar que sea la motivación o el estrés, el que prevalezca y provoque las reacciones de los deportistas o su disposición psicológica.

Foto 196. Importancia de la concentración y comunicación en la pareja (Foto Pepe Ainsúa)

En general, una auto-confianza elevada, favorece una motivación más alta y un estrés más reducido; mientras que una auto-confianza baja, propicia una motivación más baja (o de mayor riesgo si la situación interesa mucho al deportista) y un estrés muy elevado.

El estrés, además, puede estar determinado por variables personales más generales, como pueden ser la auto-estima, la existencia de otros intereses, o la "rigidez-flexibilidad" de su funcionamiento mental.

.- Por ejemplo, un deportista que debe afrontar una competición importante con poca confianza en sus posibilidades, sufrirá menos estrés si su auto-estima como persona es elevada e independiente del éxito deportivo.

En algunos casos, la influencia directa sobre el estrés de variables personales más generales, pueden transformar el estrés en motivación, planteando el reto de superar la situación estresante aún no siendo elevada la auto-confianza.

.- Pensemos, por ejemplo, si un jugador de pádel se lesiona durante un partido pero le permite continuar el partido, y percibe que la situación es grave y que no dispone de recursos para controlarla. Su reacción inicial será de estrés, pero si este deportista tiene la creencia de que" por encima de todo debe finalizar el partido", el estrés puede transformarse en motivación por alcanzar este objetivo.

Asimismo, con independencia del nivel de auto-confianza, el estrés puede aparecer cuando la motivación por la situación es baja y el deportista no puede evitarla (ej.: un deportista que se aburre en el entrenamiento pero no puede abandonar).

En realidad, puesto que los deportistas interactúan permanentemente con las situaciones ambientales que les rodean, es lógico que puedan producirse múltiples reinterpretaciones y transformaciones de éstas, con efectos diversos sobre la motivación o el estrés.

Estos mecanismos propician la reacción del deportista ante la citación, influyendo en su nivel de activación fisiológica y cognitiva, y en su disposición psicológica.

El nivel de activación, afectará al funcionamiento físico y psicológico del deportista en el presente, incidiendo en su funcionamiento general y su rendimiento deportivo

.- Por ejemplo, un jugador con una elevada motivación ante una competición de máximo nivel, aumentará su estado de alerta (nivel de activación) ante esa competición, centrará su atención en todos los estímulos relevantes para prepararse lo mejor posible, y tomará las decisiones pertinentes para conseguirlos.

Como queda ilustrado en la tabla, tanto la motivación como el estrés pueden influir en el nivel de activación de los deportistas.

El nivel de activación incide en el funcionamiento psicológico y corporal del deportista.

En el primer caso influye en su atención (que a su vez puede influir también en el nivel de activación) y en todos los procesos cognitivos subsiguientes (codificación e interpretación de la información etc.), afectando, por esta vía, a la toma de decisiones deportivas.

En el segundo caso, influye en variables de funcionamiento físico como la tensión muscular o la coordinación motora, afectando a la ejecución deportiva.

De esta forma, el nivel de activación influye en dos aspectos del rendimiento deportivo: las decisiones y la ejecución de los deportistas.

Pero la incidencia de la motivación y el estrés en el rendimiento deportivo, no se produce únicamente a través de su influencia en el nivel de activación. Ambas variables, pueden afectar procesos cognitivos diversos (por ejemplo: activar estilos cognitivos, propiciar sesgos en la información que se atiende, etc.) y por esta vía influir en el estado emocional de los deportistas y/o en su toma de decisiones.

Su influencia en el estado emocional de los deportistas, además de repercutir en la toma de decisiones deportivas, puede mediar en su salud mental, afectando su funcionamiento general y por esta vía su rendimiento.

Asimismo, el estrés puede debilitar el sistema inmunitario del organismo y alterar su funcionamiento cardiovascular y corporal en general, afectando negativamente la salud física de los deportistas, y por este conducto, perjudicando su funcionamiento global y su rendimiento.

LA AUTO-CONFIANZA

Auto-confianza es el término que habitualmente se utiliza en el contexto de la Psicología del Deporte para referirse a la confianza que un deportista tiene en sus propios recursos para alcanzar el éxito. Este término, en realidad, suele emplearse como sinónimo del acuñando por Bandura, *auto-eficacia*, para denominar la convicción que una persona tiene de que puede ejecutar, exitosamente, la conducta requerida para producir un determinado resultado (*Bandura, 1977*).

La auto-confianza, tiene que ver con la expectativa realista respecto a lo que uno puede verdaderamente hacer para conseguir un determinado objetivo. Se trata de un estado interno que implica un conocimiento real de las dificultades a superar, de los recursos propios para hacerlo y, a partir de aquí, de las auténticas posibilidades que uno tiene para conseguir el éxito, y de las estrategias más útiles, entre las disponibles, para poder obtener el máximo partido del propio esfuerzo.

Foto 197. Importancia de la concentración y comunicación en la pareja, y con el entrenador
(Foto Pepe Ainsúa)

Por tanto, la auto-confianza conlleva una percepción de control de la situación muy acusada, al conocer el deportista sus posibilidades y sus limitaciones, y también, muy importante, las posibilidades que tiene de superar, en una determinada medida, tales limitaciones.

El *caso de JJ*, constituye un buen ejemplo de auto-confianza, ha preparado a conciencia su participación en una prueba de gran trascendencia para él. Además de haber entrenado correctamente para llegar en la mejor forma posible a este evento. Ha estudiado con detalle los puntos fuertes y débiles de sus principales rivales, diseñando una estrategia que al parecer favorece enormemente las posibilidades de éxito de la pareja. Asimismo, ha valorado las dificultades que podrían surgir antes y durante el partido, y también ha elaborado una estrategia con el fin de combatirlas lo mejor posible si finalmente aparecieran. JJ confía en sus posibilidades, sabe, que para conseguirlo debe utilizar la estrategia diseñada; sabe asimismo, que pueden aparecer determinadas dificultades que ya no le "pillarán" por sorpresa, y que tiene recursos útiles para hacerles frente; sabe, en definitiva, que controla la situación al máximo que puede hacerlo, y que este control es la vía que tiene para intentar conseguir, con muchas posibilidades de éxito, el triunfo deseado.

La auto-confianza se basa en una *convicción realista* de que se es eficaz para hacer frente a las demandas del entrenamiento y la competición, y no como algunos creen, simples manifestaciones verbales que "profetizan" a diestro y siniestro, por ejemplo, "que uno está seguro que va a ganar".

Algunas veces, este tipo de manifestaciones tienen un objetivo meramente publicitario:

En el boxeo profesional, por ejemplo, es frecuente que los contendientes las utilicen cuando son entrevistados por los medios de comunicación, de forma que se difundan entre el público y el combate adquiera un mayor interés y proporcione mayores beneficios. Frases como: "no me va a durar ni un asalto", "cuando termine con él no va a querer oír mi nombre durante varios años", "que le vayan preparando una cama en el hospital", "le demostraré quien es el verdadero campeón" y otras mucho más agresivas, forman, en definitiva, parte del show que se organiza, en deportes como éste, para atraer a posibles espectadores, patrocinadores y apostadores.

En otras ocasiones las manifestaciones verbales tiene fines de "intimidación" del rival, de imagen etc., pero que, por otro, tuvieran un control realista de la situación, apoyándose su auto-confianza no en los comentarios triunfalistas dirigidos a que alguien los escuche, sino en la convicción interior de auto-eficacia. Basada en un análisis objetivo de la situación y no en "corazonadas". A veces, el resultado de este análisis interno se alejará más de las manifestaciones externas, y a veces se situará más cerca, pero la magnitud de la proximidad no será ningún problema si el deportista es capaz de mantener la independencia de una y otra dimensión, siendo siempre consciente, de alguna manera, tanto del fin superficial de sus manifestaciones, como de la decisiva importancia que tiene su estado interno de verdadera auto-confianza.

Sin embargo, en otras ocasiones, no existe discrepancia voluntaria entre la conducta verbal externa (es decir, las manifestaciones que el deportista hace para que tengan un impacto en los demás) y la percepción interna de auto-eficacia, observándose la primera pero en ausencia de la segunda, lo que supone, en definitiva, utilizando la denominación de Martens (1987), la existencia de una falsa confianza, produciéndose un auto-engaño que permite al deportista evadirse del verdadero estado interno de baja auto-confianza.

Muchos de los problemas de falsa confianza se deben a la interpretación errónea, por parte de entrenadores y psicólogos, del concepto de pensar positivamente. En general es beneficioso pensar de forma positiva, pero siempre dentro de unos límites realistas y no indiscriminadamente "*haciendo castillos en el aire*", tal y como en muchos casos, se les transmite a los deportistas.

En líneas generales, se puede señalar que el grado de auto-confianza de un deportista, determina, en gran parte, el nivel de su respuesta de estrés ante las diversas situaciones potencialmente estresantes que puedan tener lugar, a veces con mucha frecuencia, en el entrenamiento y la competición; a mayor auto-confianza, mejor control de la citación estresante, y por tanto más leve, a veces inexistente, la respuesta de estrés.

En ausencia del estrés o en presencia de niveles controlados, podrá aumentar la motivación del deportista por los retos deportivos. De hecho, en la línea que sugieren Lazarus y Folkman (1984), la percepción de auto-eficacia que caracteriza a la autoconfianza, parece determinar, en gran medida, el que una situación deportiva sea percibida, fundamentalmente:

a) como una amenaza, cuando la auto-eficacia sea baja.

b) como un reto, cuando por el contrario sea alta.

Un nivel de auto-confianza elevado, favorecerá la presentación de activación propiciada por la motivación por el reto (activación "positiva"), mientras que su ausencia provocará la activación o energía que genera el estrés (activación "negativa"). Sin necesidad de más detalles, resulta evidente la trascendencia que la auto-confianza tiene en el deporte de competición.

LA MOTIVACIÓN

La motivación es una variable que resulta crucial en los campos de la actividad física no competitiva y del deporte de competición. En el primero de ellos, la motivación de los practicantes determina en gran medida la continuidad y la calidad de su participación. En el segundo, tiene una influencia decisiva tanto en el entrenamiento como en la competición, pues facilita que el organismo de los deportistas se encuentre alerta, física y mentalmente, para poder afrontar con éxito las demandas concretas que le plantean en ambos contextos.

En general, cuestiones de gran importancia en este ámbito, como el nivel de compromiso que adquiere un deportista, su dedicación, el interés con el que afronta los objetivos a conseguir y las tareas a realizar, su espíritu de lucha ante las múltiples dificultades a superar, etc., dependen fundamentalmente de la motivación. Ésta, en definitiva, genera una energía o activación general positiva que desde un principio y hasta alcanzar dosis muy elevadas e incontroladas, suele resultar muy beneficiosa para el rendimiento del deportista en el entrenamiento y la competición.

<u>Características de la motivación en el deporte de competición:</u>

Existen múltiples teorías sobre la motivación, pero vamos a señalar sus principales características en el ámbito del rendimiento deportivo. Nos referimos a:

1) Motivación básica / Motivación cotidiana

2) Motivación Intrínseca / Motivación Extrínseca

3) Motivaciones centradas en el ego / Motivaciones centradas en la tarea

1.- Motivación básica: se refiere a la base estable de motivación que determina el compromiso del deportista con su actividad. En el deporte de competición, tiene que ver con el interés y ambición de los deportistas por los resultados deportivos, su rendimiento personal y/o las consecuencias beneficiosas de ambos.

Motivación cotidiana: se refiere al interés del deportista por la actividad diaria *per se* y la gratificación inmediata que produce ésta, con bastante independencia de los logros deportivos y una mayor relación con el rendimiento personal cotidiano y el disfrute de la actividad y las circunstancias que la rodean (ambiente de trabajo etc.).

Ambos tipos de motivación, están relacionados y se complementan entre sí. Una dosis elevada de motivación básica, propicia una buena disposición de los deportistas hacia la actividad, y facilita, por tanto, que pueda desarrollarse la motivación cotidiana.

Sin embargo, en ausencia de motivación básica, los deportistas no adquieren el suficiente compromiso con la actividad como para afrontar retos deportivos verdaderamente ambiciosos, y en estos casos, una elevada motivación cotidiana propicia que la experiencia diaria sea más grata, pero aumenta el riesgo de un estado de conformismo que dificulta que se desarrolle el interés por objetivos deportivos que exijan un compromiso más alto.

En definitiva los entrenadores y psicólogos deportivos que les asesoren o trabajen con deportistas, como primera prioridad, deben fomentar y fortalecer, para que sea elevada y estable, la motivación básica; y como complemento muy importante de ésta, deben propiciar la motivación cotidiana.

Los factores que suelen determinar una motivación básica elevada son:

- Necesidades personales que deben satisfacerse.
- Retos deportivos atractivos desafiantes y alcanzables.
- Consecuencias interesantes de los posibles logros deportivos.
- Disposición a "pagar" un elevado coste.
- Inversión realizada.
- Ausencia de otras alternativas interesantes.
- Relación favorable entre beneficios y costes.
- Alta implicación personal en el proyecto deportivo.

Los factores que suelen determinar una motivación cotidiana elevada son:

- Motivación básica elevada.
- Interés del contenido de la actividad diaria.
- Planteamiento de retos inmediatos y cercanos.
- Novedad y variedad de las tareas diarias.
- Divertimento.
- Reforzamiento social.

- Percepción de dominio de las tareas.
- Percepción de progreso.
- Satisfacción personal.

2.- La *motivación intrínseca* suele interpretarse como aquella que no depende de reforzadores externos a la propia actividad, mientras que se considera que la *motivación extrínseca* es la que se basa, fundamentalmente en los reforzadores.

En el ámbito de la práctica de ejercicio físico no competitivo, se ha observado que la motivación intrínseca favorece una mayor adherencia que la extrínseca, pero en el contexto del rendimiento deportivo, no se ha demostrado que una u otra, propicien en mayor medida un rendimiento más elevado. De hecho, la gratificación económica y el reconocimiento social, son dos elementos muy importantes en el deporte de alta competición que sin duda contribuyen a la motivación básica de los deportistas.

En la esfera educativa, se plantea que debe desarrollarse la motivación intrínseca para conseguir que la práctica del deporte se consolide como hábito y proporcione beneficios físicos y psicológicos a los jóvenes.

En general todas las medidas que conducen al fortalecimiento de la auto-confianza, (planteamiento de retos personales, consecución de este etc.) pueden ayudar, por esta vía, a potenciar la motivación intrínseca.

3.- La *orientación motivacional centrada en el ego*, implica que la motivación de los deportistas depende fundamentalmente de retos y resultados en competencia con otros deportistas, mientras que en la *orientación motivacional centrada en la tarea*, la motivación depende de retos y resultados personales, e impresiones subjetivas de dominio y progreso.

Según Nicholls (1989), ambas orientaciones motivacionales son ortogonales y no opuestas.

<u>Déficit de motivación de los deportistas de competición.</u>

En muchos casos los deportistas carecen del grado de motivación adecuada, que casi siempre debe ser elevada, debiendo detectarse, estudiarse y solucionarse esta situación deficitaria en beneficio de su rendimiento. Las principales causas de estos déficits son:

- Falta de interés por la actividad.
- Falta de auto-confianza en los propios recursos.
- Desánimo.
- Agotamiento Psicológico.
- Alguna alteración psicopatológica.

<u>Beneficios y Costes.</u>

Nos encontramos aquí, con una de las cuestiones centrales de la motivación de los deportistas, pues la motivación depende, en gran parte, de lo atractivo de los beneficios a conseguir, de los costes que son necesarios para conseguir tales beneficios y de la relación existente entre los mismos.

El posible beneficio a conseguir puede ser material (un buen contrato) social (el reconocimiento de los demás) o interno (la satisfacción de conseguir un reto muy importante).

Maslow organizó las necesidades humanas y la motivación de las personas en función de éstas, en una pirámide, en la base se sitúan las necesidades fisiológicas o de seguridad, en el caso de los deportistas, las "primas" o cualquier tipo de compensación económica; el prestigio profesional, los aplausos, el reconocimiento público; la diversión y satisfacción personal alcanzar retos difíciles, contribuirán a cubrir las necesidades superiores.

Una de las claves de la motivación en el contexto del deporte de competición, consiste en vincular el rendimiento personal y los logros deportivos, con la satisfacción de las necesidades más prioritarias para cada uno de los deportistas.

Una de las herramientas en este contexto es la matriz de decisiones, cuyo objetivo es sacar al deportista de una perspectiva limitada y errónea en la que sólo contempla la relación a corto plazo, para que observe una perspectiva más amplia en la que también considere los beneficios y costes a medio largo plazo.

Las principales técnicas para el desarrollo do la motivación en el deporte de competición son:

- Establecimiento de objetivos
- Modelado
- Matrices de decisiones

- Contratos de contingencias
- Registros conductuales
- Feedback
- Programas de reforzamiento

EL ESTRÉS

El estrés es una respuesta del organismo ante situaciones internas o externas que le resultan amenazantes, e incluye la movilización de recursos fisiológicos o psicológicos para poder hacer frente a tales situaciones.

El estrés por tanto, es una respuesta adaptativa que puede resultar beneficiosa para mantener e incrementar la salud. Por ejemplo la preocupación de un deportista por estar engordando puede propiciar que siga una dieta alimentaria más apropiada; o el temor a perder una competición puede favorecer que se prepare y se cuide mejor para ella.

Sin embargo, el exceso cuantitativo o cualitativo de estrés, consecuencia, por un lado, de la exposición a múltiples o muy impactantes situaciones estresantes y, por otro, a la falta de un estilo y de unos recursos apropiados para hacerles frente; o resultado del agotamiento de un organismo que con bastante frecuencia debe estar sobre funcionando para manejar las situaciones que puedan afectarle, puede perjudicar seriamente el rendimiento y la salud. Para muchos deportistas, el exceso de estrés supone que no obtengan satisfacciones de su experiencia deportiva, que no rindan como podrían hacerlo, que se lesionen con frecuencia y tarden en recuperarse, que lo pasen mal y sufran estados emocionales adversos, e incluso que desarrollen trastornos psicopatológicos.

Cuando el organismo percibe la presencia de una situación amenazante, se pone alerta y busca los recursos necesarios para hacerle frente. Si dispone de estos recursos el problema se habrá solucionado, al menos de momento; pero si no es así, aparecerán reacciones como la ansiedad o la ira incontroladas, acompañadas, normalmente, del deseo de evitar o "escapar" de la situación, en el primer caso, o de "luchar" desesperadamente contra ella en el segundo. En algunos casos, estas medidas de afrontamiento pueden reducir el nivel de estrés momentáneamente, pero tarde o temprano conducen a la aparición de efectos perjudiciales para el rendimiento y la salud del organismo, el cual, llega un momento en el que, "rendido" ante lo que parece una evidente falta de recursos propios para hacer frente a la situación amenazante, ya ni siquiera intentará evitar el problema, luchar contra él o, al menos, aliviar sus efectos negativos, apareciendo, entonces, la frustración y el desánimo.

En el contexto del deporte se habla de situaciones potencialmente estresantes (depende de la valoración subjetiva del deportista), en líneas generales pueden ser las siguientes:

Amenazan a la seguridad de las personas, (personal o económica), la inversión personal, su auto-estima o su auto-realización, su imagen ante los demás, la posibilidad de conseguir algo muy deseado, su relación familiar, sus fuentes de obtener gratificación, etc.

Exigen un sobre-esfuerzo físico y mental, un rendimiento elevado, unos buenos resultados.

- Implican la toma de decisiones, en muchos casos actuando "contra el reloj".
- Implican someterse a evaluación social; en muchos casos de personas muy importantes para ellos (su entrenador, sus compañeros, su familia).
- Plantean conflictos difíciles de solucionar (enfermedad grave de un familiar, una lesión crónica, mala relación entrenador-deportista-compañero).
- Conllevan la realización de tareas monótonas, aburridas o poco interesantes o gratificantes.
- Propician la aparición de sentimientos de inutilidad o fracaso (retirada del deporte, no conseguir los objetivos previstos).
- Ser agredido por otras personas verbal o físicamente.

Las mismas manifestaciones de estrés (p.e.: los síntomas de ansiedad), y sus efectos perjudiciales (menor rendimiento, lesionarse) son potencialmente estresantes, pudiendo provocar más estrés tanto su presencia real como las cogniciones que anticipen la posibilidad de que aparezcan (miedo al miedo o miedo a los síntomas).

Las situaciones potencialmente estresantes pueden presentarse de diferentes maneras:

1. Eventos de gran importancia.

2. Sucesos menos importantes pero con una exposición prolongada.
3. Múltiples sucesos menores, que sumando sus impactos estresantes, pueden favorecer un estrés prolongado suficientemente severo y propiciar déficit de salud.
4. También son estresantes las situaciones aparentemente positivas, como puede ser una pareja que nunca pasa de cuartos y de repente se mete en finales.

Para soportar las duras sobre-cargas de trabajo que plantea el entrenamiento deportivo, no sólo exige una adaptación fisiológica del organismo, sino además una adaptación mental que sirva para lograr y mantener:

a) El nivel de motivación apropiado.
b) La auto-confianza necesaria para perseverar en el esfuerzo.
c) El control de las situaciones cotidianas potencialmente estresantes.
d) El nivel de activación, concentración y agresividad más adecuadas en el momento concreto.
e) Un alto grado de tolerancia a la frustración, al cansancio y al dolor, ya que estos elementos suelen ser compañeros inseparables del deportista en su camino hacia el progreso.

Cuando el nivel cuantitativo y lo cualitativo de estrés es excesivo o incontrolable aparece lo que según Silva (1990), se denomina el síndrome del estrés del entrenamiento, incluye síntomas en tres fases de agotamiento progresivo del organismo:

- Staleness o fase en la que los deportistas están "pasados".
- Overlraining o fase en la que se encuentran ya muy sobre-entrenados.
- Burn-out o fase en la que están totalmente "consumidos" o "quemados".

Si los deportistas se encuentran en alguna de estas fases, el entrenamiento debe ser reconsiderado, en estos casos puede ser recomendables periodos de descanso físico y sobre todo mental.

<u>Manifestaciones del estrés.</u>

La respuesta de estrés puede manifestarse de diferentes maneras. No se debe confundir, como a menudo sucede, estrés con ansiedad o con activación. El estrés es una respuesta compleja que puede manifestarse con ansiedad, pero no sólo de esta forma; también como hostilidad, depresión, agotamiento psicológico o un estado positivo de sobre alerta y búsqueda de recursos.

El estrés provoca un aumento de la activación cuando el organismo se moviliza para hacer frente a las situaciones estresantes y reacciona favorablemente o con ansiedad u hostilidad, pero también puede provocar una disminución de la activación cuando el organismo "interpreta" que no puede hacer nada o se encuentra agotado debido a un sobre funcionamiento prolongado. En el primer caso el estrés y la activación serán elevados, pero en el segundo el estrés será alto y, sin embargo, la activación será moderada o baja.

Algunas de las técnicas psicológicas para el manejo la ansiedad son.:

- Respiración.
- Relajación progresiva.
- Entrenamiento autógeno.
- Desensibilización sistemática.
- Bio-feebback.
- Inoculación del estrés.
- Autoinstrucciones.
- Reestructuración cognitiva.
- Practica imaginada.
- Yoga.

EL NIVEL DE ACTIVACIÓN

El nivel de activación general del organismo, es una variable esencial para poder comprender la relación entre las cuestiones psicológicas y el rendimiento deportivo, pues incide directamente en el funcionamiento físico y mental del deportista cuando se enfrenta a las demandas características del entrenamiento y la competición.

La activación general del organismo es una respuesta que conlleva la puesta en funcionamiento del sistema nervioso central y del sistema neurovegetativo; en el primer

caso, aumenta el nivel de alerta cortical y la actividad somática; en el segundo, se produce un incremento de la actividad simpática.

Básicamente, se considera como un continuo de activación fisiológica y mental que se extiende desde el sueño más profundo hasta un estado de máxima alerta, tensión y excitación; aunque en el contexto

del deporte, parece más apropiado que el continuo se refiera, únicamente, a la experiencia de los deportistas en estado de vigilia, de forma que el extremo inferior corresponda a un estado de máxima calma y relajación en el que el estado de alerta, la tensión y la excitación se encuentran prácticamente ausentes.

Foto 198. Pablo y Juanjo en un Torneo benéfico de ASPADO (Foto Juanjo Moyano)

A partir de este concepto, cada deportista puede utilizar un "termómetro" o escala subjetiva entre 0 y 10 puntos, para delimitar su propio continuo de activación y cuantificar los distintos niveles de activación que pueda experimentar. La valoración 0, corresponderá a un estado de calma y relajación absolutas; la puntuación 10 reflejará el estado de máxima activación posible; y entre 0 y 10, de menos a más, se situarán los niveles intermedios del continuo. Lógicamente se trata de valoraciones subjetivas que no permiten establecer comparaciones intersujetos, pero si cuantificar y comparar respuestas de activación a nivel intersujeto cuando los deportistas dominan la habilidad de auto-evaluar su activación.

<u>Activación fisiológica y cognitiva</u>

Centrándonos en los aspectos cualitativos, la activación puede manifestarse a distintos niveles: desde la perspectiva de la Psicología Conductual, lo más preciso sería distinguir entre:

Manifestaciones psicofisiológicas o actividad fisiológica (p.e. tensión muscular, tasa cardíaca)

Manifestaciones propiamente conductuales o actividad corporal o verbal directamente observable(acciones impulsivas, aceleración de la voz).

Manifestaciones cognitivas o actividad mental encubierta(pensamientos, imágenes, auto-diálogos internos, etc.).

En el contexto del deporte se suele distinguir únicamente entre:

• Activación fisiológica.

• Activación cognitiva.

Activación "positiva" y "negativa".

La activación general del organismo depende de variables previamente estudiadas, como son: la auto-confianza. La motivación y el estrés.

La motivación por el reto de la competición o de la práctica deportiva, las manifestaciones de ansiedad y hostilidad de la respuesta de estrés, contribuyen al incremento de la activación, mientras que la falta de interés, la relajación, el exceso de confianza y las respuestas más extremas del estrés, es decir, el desánimo y el agotamiento psicológico, favorecen un nivel de activación más bajo.

Según Marlens (1987) diferencia entre.:

Activación positiva: la generada por la motivación por el reto de la competición, por el éxito y por sus consecuencias, y las sensaciones positivas que acompañan a la realización de la actividad deportiva,

Activación negativa: producida por la ansiedad, hostilidad (miedo al fracaso, incertidumbre sobre el resultado de la competición, dudas respecto al propio rendimiento, la insatisfacción o la frustración respecto a lo que está sucediendo).

La activación entre "activación negativa" y "activación positiva" debe considerarse una distinción cualitativa en función del contenido psicológico que en cada caso subyace a la respuesta cuantitativa de la activación.

LA ATENCIÓN EN EL DEPORTE

El papel de la atención en el deporte resulta decisiva en el rendimiento de los deportistas en el entrenamiento Y la competición, resultando decisiva en todo lo que conlleva:

- Estar alerta.
- Recibir y asimilar información.
- Analizar datos.
- Tomar decisiones.
- Actuar a tiempo.
- Actuar con precisión.

La atención en el entrenamiento deportivo

Cualquiera que sea el objetivo de una sesión de entrenamiento deportivo, el papel de la atención tiene una gran trascendencia, pues es importante que los deportistas se centren tanto en el objetivo concreto de la sesión como en las demandas especificas de cada uno de los objetivos o tareas que forman parte de la misma.

En ocasiones, los deportistas deben utilizar una atención más consciente hacia los estímulos externos o las respuestas propias que son más relevantes para rendir en la tarea. Este tipo de atención, favorece la asimilación de la información, la toma de decisiones y la ejecución. Resultará especialmente útil, cuando se trate de aprender o perfeccionar habilidades, pues sin una atención consciente será imposible que los deportistas puedan mejorar.

Otras veces el objetivo del entrenamiento no es el aprendizaje o perfeccionamiento de habilidades, sino el entrenamiento de éstas en condiciones que deben utilizarse en la competición. En estos casos, los deportistas deben emplear una atención más automática, pues es la que. en general, favorece el máximo rendimiento de los deportistas en función de sus habilidades.

Un plan de entrenamiento debe favorecer la presencia de ambos tipos de atención según proceda. En general, cuando se trate de tareas de aprendizaje o perfeccionamiento, se deben eliminar múltiples estímulos potencialmente interferentes y proporcionar las instrucciones apropiadas para que los deportistas utilicen su atención, conscientemente hacia los aspectos clave.

En cambio, cuando se trate de ejecutar las habilidades más automáticamente, se deben incluir todos aquellos estímulos que en la competición estén presentes, aunque, en muchos casos. convendrán que se incluyan progresivamente: las instrucciones deben servir para fomentar una disposición atencional prioritaria que ayude al deportista a estar más pendiente, aunque no exclusivamente, de lo que se considere más importante.

La atención en la competición

Foto 199. David Ordoñez ejecutando una volea de revés en Padel Soto Torrejón (Foto Juanjo Moyano)

En lo que concierne a la competición, el papel de la atención adquiere una trascendencia enorme por su influencia decisiva en el rendimiento. En los días y horas anteriores, para que el deportista descanse y prepare convenientemente su participación. En los momentos previos, puede ayudar a regular el nivel de activación y a que el deportista ultime los detalles de su actuación. En la competición, en los periodos de participación activa, es un elemento clave para que el deportista rinda, y en los periodos de pausa su aportación resulta determinante para el rendimiento posterior.

Tanto la variable atención, como la preparación de los deportistas para la competición, las consideramos en un sentido amplio, observaremos que, en general, la preparación de los deportistas será mejor si están más pendiente de todo aquello que pueda ser influyente; por ejemplo: entrenar con el calzado adecuado, tomar la medicación, dormir lo suficiente, cuidar la alimentación etc. Un estado atencional preferente hacia estas cuestiones, favorecerá la adherencia apropiada, en beneficio de la preparación global.

También una atención apropiada puede resultar muy útil en el proceso de recuperación de lesiones deportivas, y en general en el alivio del cansancio y el dolor, parcelas en las que diferentes estrategias atencionales han mostrado ser eficaces.

ASPADO: DESARROLLANDO EL PÁDEL ADAPTADO PARA PERSONAS CON DISCAPACIDAD DESDE EL AÑO 2004

Foto 200. Kiki de la Rocha junto a Carolina Navarro, Ceci Reiter y Vanessa Martínez Zamora durante un clinic con los alumnos de la Escuela (Foto de ASPADO)

La Asociación Pádel para Todos (Aspado) es una entidad no lucrativa declarada de utilidad pública nacional por el Ministerio del Interior que trabaja desde el año 2004 por la integración social de las personas con discapacidad a través de la práctica de este deporte.

Fundada y presidida por María de la Rocha, quien fuera durante más de 15 años la única juez árbitro internacional que ha tenido el pádel español, esta ONG se ha convertido en una auténtica referencia en el desarrollo del pádel adaptado en este país.

Gracias a su proyecto de atención e integración de personas con discapacidad a través de escuelas de pádel adaptado, esta asociación está consiguiendo reforzar la autonomía personal de este colectivo por medio de la práctica deportiva, fomentando así su perfecto desenvolvimiento en la sociedad.

El deporte es una herramienta fundamental para la atención de la discapacidad, tanto física como intelectual. Su práctica, además de inculcar valores positivos, implica beneficios físicos, psicológicos y educativos comprobados científicamente.

Foto 201. Un alumno de la Escuela haciendo los ejercicios marcados por su monitor (Foto de ASPADO)

Hoy, el pádel se ha convertido en el deporte amateur más practicado en España, sólo por detrás del fútbol, y también es idóneo, por las dimensiones del terreno de juego y por los instrumentos con los que se juega, para ser adaptado a las particularidades de las personas con discapacidad.

Aspado cuenta en este momento con ocho escuelas de pádel adaptado en funcionamiento (siete en la Comunidad de Madrid y una en Guadalajara), en las que atiende a alumnos con edades comprendidas entre los 5 y los 55 años, en las que éstos se divierten y aprenden a través del deporte, guiados por monitores profesionales y formados de manera específica en la atención a estas personas.

La asociación pretende llevar el pádel adaptado por todo el territorio nacional, por lo que tiene en proyecto la apertura de nuevas escuelas en otras ciudades.

En este instante, Aspado tiene escuelas en Madrid (2), Majadahonda (2), Alcalá de Henares (2), Torrejón de Ardoz, Guadalajara y Castilla-León, en las que se atiende cada año a cerca de 130 personas, tanto adultos como menores de edad con diversos tipos y grados de discapacidad, aunque el número de beneficiarios indirectos del proyecto de esta entidad se multiplica, ya que los padres y familiares de los alumnos encuentran en estas escuelas de pádel adaptado un recurso que mejora su calidad de vida y la de sus hijos.

Foto 202. Kiki de la Rocha junto a sus alumnos (Foto de ASPADO)

En estas escuelas, Aspado aplica una metodología de enseñanza propia y pionera en España, elaborada por María de la Rocha, en la que aúna sus conocimientos del pádel como ex jugadora de categoría nacional de este deporte y sus conocimientos como médico de profesión.

Todas las escuelas están atendidas por monitores especializados, que distribuyen a los alumnos en cuatro niveles. En el primero se encuadra a las personas con más dificultad de movimiento por su tipo de discapacidad. Es el comienzo de aquéllos que no han tenido ninguna experiencia previa en la práctica de deportes de raqueta, y se utiliza con ellos material adaptado, como palas de licra y de plástico para evitar lesiones y heridas, pelotas de 'foam', pompones, etc.

Mediante ejercicios sencillos, se aplica un trabajo progresivo para ayudar a los alumnos a mejorar su coordinación, sus desplazamientos, sus golpeos y su precisión. De ese modo, se logran fines terapéuticos y recreativos al mismo tiempo.

Existe un segundo nivel, en el que se integran personas con discapacidad que aún requieren cierto grado de ayuda para la realización de los ejercicios y golpeos.

Foto 203. Alumno de la Escuela realizando un ejercicio con pala convencional (Foto de ASPADO)

En un tercer nivel, los monitores forman a alumnos que ya han tenido alguna experiencia en deportes de raqueta y que tienen un tipo de discapacidad intelectual que les permite mantener cierta continuidad en el juego.

Estos padelistas se divierten y aprenden jugando al pádel con un reglamento adaptado, que incluye características específicas, como que esté permitido más de un bote de la pelota, por ejemplo.

Además, se establece un cuarto nivel, en el que se integran aquellos alumnos que, a pesar de su discapacidad, tienen habilidades para jugar al pádel con el reglamento convencional, compitiendo sin ningún tipo de modificación.

Alcanzar el cuarto nivel es el objetivo final de todos los alumnos que participan en las escuelas de Aspado, demostrando así que están preparados para desenvolverse con total autonomía personal en la sociedad.

Entre los alumnos de la asociación hay ejemplos de ello, como es el caso de Rubén Martín, quien hoy en día se ha convertido en monitor de pádel e imparte clase a alumnos sin ningún tipo de discapacidad.

Foto 204. Rubén Martín, alumno y monitor de la Escuela (Foto de ASPADO)

Además, Aspado presta especial atención a la formación no sólo de los alumnos con discapacidad, sino también de las personas que están en disposición de atenderles. Por ello, cada año organiza dos cursos dirigidos a monitores, profesores y aficionados a este deporte interesados en conocer las particularidades de la enseñanza a personas con discapacidad.

En estos cursos, los futuros monitores de pádel adaptado adquieren conocimientos sobre medicina, psicología y otros aspectos necesarios para la correcta atención a personas con discapacidad intelectual o física.

Para Aspado es muy importante la formación y la investigación para demostrar los efectos benéficos que tiene la práctica del pádel adaptado sobre el desarrollo de las personas con discapacidad.

Por eso, la asociación, en colaboración con otras entidades de prestigio, como la Universidad Autónoma de Madrid o el Consejo Superior de Investigaciones Científicas (CSIC), está desarrollando diversos estudios para determinar, entre otros aspectos, los cambios conductuales que se producen en personas con discapacidad que practican pádel.

Además, Aspado organiza desde el año 2010 el Torneo Nacional de Pádel Adaptado, único en España en el que participan tanto padelistas con discapacidad intelectual como las mejores parejas de pádel en silla de ruedas.

La asociación trata de hacerse presente también en las más importantes pruebas del calendario del pádel nacional mediante exhibiciones de pádel adaptado, en las que los alumnos de las escuelas demuestran su capacidad de superación.

Algunos de los alumnos de Aspado han formado parte incluso de actividades de pádel inclusivo, formando pareja con padelistas sin discapacidad. Incluso profesionales como Carolina Navarro y Cecilia Reiter, la pareja número uno del pádel femenino, o Maxi Grabiel han jugado con alumnos de las escuelas de la asociación.

Por todo ello, Aspado cuenta con un prestigio y un reconocimiento difícil de igualar en el ámbito del deporte para personas con discapacidad, conseguido con el esfuerzo de María de la Rocha y de todo el equipo de monitores y de socios que forman parte de esta entidad no lucrativa.

Foto 205. Alumno realizando ejercicio sin bola (Foto de ASPADO)

METODOLOGÍA DE LOS NIVELES I Y II

El principio de toda progresión metodológica es la base para el éxito del Proceso de Enseñanza Aprendizaje. Cada profesional del Pádel, en función de sus conocimientos, y experiencias ha de diseñar diferentes caminos para conseguir el mejor aprendizaje.

A. CONDUCCIÓN

- Conducción con una mano por el suelo, de una pelota multifoam, siguiendo el recorrido marcado.
- Conducción con una manopla por el suelo, de una pelota multifoam, siguiendo el recorrido marcado.
- Conducción con una pala de plástico por el suelo, de una pelota multifoam, siguiendo el recorrido marcado.
- Conducción con una mano por el suelo, de una pelota multifoam, siguiendo el recorrido en zigzag.
- Conducción con una manopla por el suelo, de una pelota multifoam, siguiendo el recorrido en zigzag.
- Conducción con una mano en línea recta hacia la pared, de una pelota multifoam, levantándola al alcanzar la pared, apoyándose en la misma.
- Conducción con una manopla en línea recta hacia la pared, de una pelota multifoam, levantándola al alcanzar la pared, apoyándose en la misma.
- Conducción con una pala de plástico en línea recta hacia la pared, de una pelota multifoam, levantándola al alcanzar la pared, apoyándose en la misma.

Foto 206. Clase de la Asociación (Foto ASPADO)

B. DESPLAZAMIENTO

- Desplazamiento hacia la red con una pelota multifoam en la mano, pasándola al campo contrario.
- Desplazamiento hacia la red con un pompón en la pala de licra, pasando el pompón al campo contrario.
- Desplazamiento hacia la red con una pala de plástico, pasando al campo contrario.
- Desplazamiento hacia la red, siguiendo una línea marcada en zigzag, con una pelota multifoam en la mano, pasándola al campo contrario.
- Desplazamiento hacia la red, siguiendo una línea marcada en zigzag, con una pala de licra y un pompón, pasándola al campo contrario.
- Desplazamiento hacia la red, siguiendo una línea marcada en zigzag, con una pala de plástico y una pelota multifoam, pasándola al campo contrario.
- Desplazamiento hacia la red con una pelota multifoam en la mano, dando toques y pasándola al campo contrario.
- Desplazamiento hacia la red con la pala de licra dando toques y pasando el pompón al campo contrario.
- Desplazamiento hacia la red con la pala de plástico dando toques y pasando la pelota multifoam al campo contrario.

Foto 207. Alumno de la Asociación realizando un golpe con una pala convencional (Foto ASPADO)

C. LANZAMIENTOS.

- Lanzamiento rodado con la mano, de una pelota de multifoam, en línea recta contra la pared.
- Lanzamiento rodado con una manopla, de una pelota multifoam, en línea recta contra la pared.
- Lanzamiento rodado con una pala de plástico, de una pelota multifoam, en línea recta contra la pared.
- Lanzamiento supino con la mano, de una pelota multifoam, contra la pared.
- Lanzamiento supino con una manopla, de una pelota multifoam, contra la pared.
- Lanzamiento supino con una pala de plástico, de una pelota multifoamm contra la pared.
- Lanzamiento de precisión, con la mano, de un pompón, contra la pared.
- Lanzamiento de precisión, con la mano, de una pelota multifoam, contra la pared.
- Lanzamiento de precisión, con la pala de licra, de un pompón, contra la pared.
- Lanzamiento de precisión, con la pala de plástico, de una pelota multifoam, contra la pared.

Foto 208. Monitora y alumno realizando ejercicios estáticos con pala y bola convencional. (Foto ASPADO)

D. GOLPEO DE DERECHA

- Golpeo de derecha sin desplazamiento con la manopla, pasando la pelota multifoam de campo.
- Golpeo de derecha sin desplazamiento con la manopla, pasando la pelota multifoam pequeña en volea alta, media y baja.
- Golpeo de derecha sin desplazamiento con la pala de licra, pasando el pompón de campo en volea alta, media y baja.
- Golpeo de derecha sin desplazamiento con pala de plástico, pasando la pelota multifoam de campo.
- Golpeo de derecha sin desplazamiento con pala de plástico de una pelota multifoam pequeña en volea alta, media y baja.

D1. Lanzamiento de precisión.

- Lanzamiento de precisión con la mano, de una pelota de multifoam, hacia aros de diferentes tamaños colgados en la red.
- Lanzamiento de precisión con una manopla, de una pelota multifoam, hacia aros de diferentes tamaños colgados de la red.
- Lanzamiento de precisión con una pala de licra, de un pompón, hacia aros de diferentes tamaños colgados de la red.
- Lanzamiento de precisión con una pala de plástico, de una pelota multifoam, hacia aros de diferentes tamaños colgados de la red.
- Golpeo de precisión de derecha sin desplazamiento, con una manopla, de una pelota multifoam pasándola de campo. (Profesor sin pala).
- Golpeo de precisión de derecha sin desplazamiento, con una manopla, de una pelota multifoam pasándola de campo. (Profesor con pala).
- Golpeo de precisión de derecha sin desplazamiento, con una pala de licra y un pompón, pasando el pompón de campo (Profesor sin pala)
- Golpeo de precisión de derecha sin desplazamiento, con una pala de licra y un pompón, pasando el pompón de campo (Profesor con pala)
- Golpeo de precisión de derecha sin desplazamiento, con una pala de plástico, pasando la pelota multifoam de campo (Profesor sin pala).
- Golpeo de precisión de derecha sin desplazamiento, con una pala de plástico, pasando la pelota multifoam de campo (Profesor con pala).

- Golpe de derecha con continuidad, sin desplazamiento, con una manopla, de una pelota multifoam, pasándola de campo.
- Golpe de derecha con continuidad, sin desplazamiento, con una pala de licra y un pompon, de una pelota multifoam, pasando el pompón de campo.
- Golpe de derecha con continuidad, sin desplazamiento, con una pala de plástico, pasando la pelota multifoam de campo.

Foto 209. Alumnos de la Asociación durante el Torneo Benéfico celebrado en la Solana Pádel – Torrejón de Ardoz (Foto ASPADO)

E. DESPLAZAMIENTO CON LA PALA DE REVÉS

- Desplazamiento, de revés, con una manopla y una pelota multifoam de diferentes tamaños, pasándola al campo contrario.
- Desplazamiento, de revés, hacia la red con un pompón en la pala de licra, pasando el pompn al campo contrario.
- Desplazamiento, de revés, hacia la red con una pala de plástico, pasando la pelota multifoam al campo contrario.
- Desplazamiento, de revés, hacia la red, siguiendo una línea marcada en zigzag, con una pelota multifoam en la mano, pasándola al campo contrario.

- Desplazamiento, de revés, hacia la red, siguiendo una línea marcada en zigzag, con una pala de licra y un pompón, pasándola al campo contrario.
- Desplazamiento, de revés, hacia la red, siguiendo una línea marcada en zigzag, con una pala de plástico y una pelota multifoam, pasándola al campo contrario.
- Golpeo de revés sin desplazamiento con una manopla de una pelota multifoam de diferentes tamaños, pasando la pelota de campo.
- Golpeo de revés sin desplazamiento con la pala de licra, de un pompón, pasando el pompón de campo.
- Golpeo de revés sin desplazamiento con la pala de plástico, de una pelota multifoam de diferentes tamaños pasando la pelota de campo.
- Golpeo de revés sin desplazamiento con una manopla, de una pelota multifoam pequeña en volea alta, media y baja.
- Golpeo de revés sin desplazamiento con la pala de licra de un pompón en volea alta, media y baja.
- Golpeo de revés sin desplazamiento con la pala de plástico, de una pelota multifoam pequeña en volea alta, media y baja.

Foto 210. Alumna de la Asociación realizando golpe con desplazamiento (Foto ASPADO)

F. SAQUE

- Ejercicio individual de saque contra la pared. Bote y golpe de la pelota.
- Ejercicio individual de saque. Bote y golpe de la pelota.

G. EJERCICIO DE TRANSICIÓN A LOS NIVELES III Y IV

- Golpeo de derecha sin desplazamiento con la pala de licra y cambio de fila. Golpeo de revés sin desplazamiento con la pala de licra y cambio de fila.
- Golpeo de derecha sin desplazamiento con la pala de plástico y cambio de fila. Golpeo de revés sin desplazamiento con la pala de plástico y cambio de fila.
- Golpeo de derecha sin desplazamiento pasando el móvil de campo. Desplazamiento lateral a la izquierda y golpeo de revés.
- Golpeo de derecha sin desplazamiento, pasando el móvil de campo, seguido de golpe de revés.

Foto 211. Alumno de la Asociación durante el partido de exhibición realizado durante el Master PPT celebrado en 2011 (Foto ASPADO)

REGLAMENTO Y ARBITRAJE

Reglamento de juego

Las medidas del área de juego serán 20x10 con una tolerancia de 0,5%.

La anchura de las líneas es de 5 cm.

La línea de saque se encuentra a 6,95 m de la red (6,95 + línea = 7 m).

La altura mínima libre será de 6 metros en toda la superficie sin que exista ningún elemento que invada dicho espacio, el mínimo para pistas cubiertas.

Foto 212. Pista del Club Pádel Soto Torrejón (Foto de David Sacristán)

La red tiene una longitud de 10 m, y una altura de 0,88 m en el centro y de 0,92 m en los lados, con una tolerancia de 0,005 metros.

La red tiene un cable de 0,01 metro de diámetro máximo.

El poste debe tener una altura máxima de 1,05 m.

La red se remata con una banda superior de fondo blanco de anchura entre 5,0 y 6,3 cm. Podrá llevar publicidad siempre que ésta sea de un solo color.

No puede haber un espacio entre la malla metálica o el plano que la define y el poste de la red (antiguas pistas).

Existen dos variantes de cerramientos laterales:

.- Variante 1, zonas escalonadas, con zona lateral de 3 metros.

.- Variante 2, zonas escalonadas, con zona lateral de 4 metros.

Si se continuase con el mismo tipo de malla por encima de los límites reglamentarios con objeto de evitar la salida de la pelota fuera de la pista, se recomienda colocar a partir de los 3 ó 4 m, según corresponda, una chapa de color blanco que permita diferenciar con claridad la parte válida de juego de la que no lo es. La pelota que impacte en la chapa se considera fuera de juego.

La altura de la puerta debe estar entre 2,2 y 2 m.

Si hay una sola puerta debe estar entre 1,2 y 1,05 m.

Si hay dos puertas deben estar entre 0,82 y 0,72 m cada una, con una barra separadora.

Foto 213. Foto de una pista de pádel. Complejo Calle Londres (Foto Juanjo Moyano)

La zona de seguridad y juego exterior debe tener unas dimensiones mínimas de 8 metros de largo, 2 de ancho y 3 de alto. Si alguna de éstas medidas no se cumple, no estará permitido el juego exterior.

La altura mínima medida desde el suelo hasta la parte inferior de los proyectores ha de ser de 6 metros.

El diámetro de la bola debe estar entre 6,35 y 6,77 cm.

El largo de la cabeza más el largo del puño de una pala no debe exceder de 45,5 cm. Grosor máximo 38 cm.

La superficie de la pala destinada al golpeo, igual en sus dos caras, podrá ser plana, lisa o rugosa.

La pala deberá tener un cordón o correa no elástica de sujeción a la muñeca como protección para accidentes. Esta correa deberá tener una longitud máxima de 35 cm.

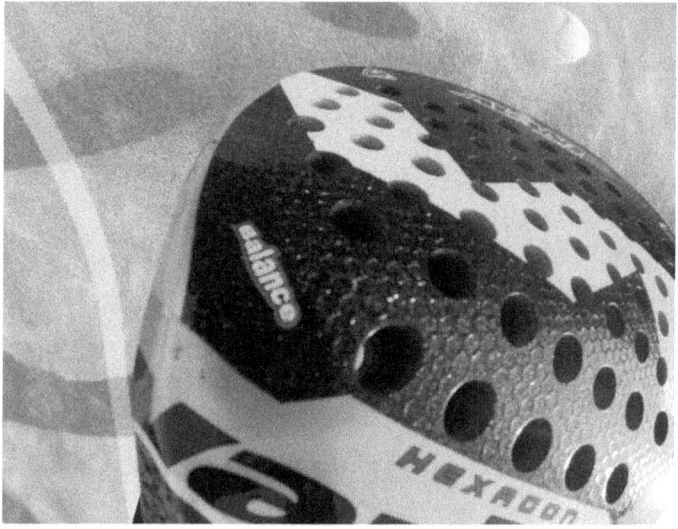

Foto 214. La pala y la pelota (Foto Juanjo Moyano)

La pala debe estar libre de cualquier tipo de dispositivo.

El jugador podrá jugar con una pala rota, pero siempre que tenga cordón. Si el juez árbitro considera que la rotura convierte la pala en un elemento peligroso, le obligará a cambiarla.

Tie-break a 7 puntos, empieza sacando quien comenzó al principio del set salvo que el orden de servicio se haya visto alterado.

Métodos de puntuación alternativos:

.- *Punto de oro*, se juega cuando las parejas han llegado a iguales. La pareja restadora elegirá el lugar donde quiere recibir el servicio. En caso de parejas mixtas, el chico restará al chico, y la chica a la chica.

.- *Set a cuatro o Mini Set*. La pareja que gane cuatro juegos ganará el set siempre que lleve una diferencia de dos. Si ambas parejas llegan a cuatro se jugará un tie-break de desempate.

.- Tie-break decisivo del partido a 7 o a 10 puntos. Cuando se utilice el tie-break decisivo para sustituir el set final, se continuara el orden de servicio original, aunque se podrá cambiar dentro de la pareja el orden del servidor y la posición del restador. No se cambiarán las pelotas al comienzo del tie-break.

El juez Árbitro dará por perdido el partido (WO) a cualquiera de las parejas cuyo/s jugadores no estén en la pista preparados para jugar 10 minutos después de la hora prevista para el inicio del mismo, salvo aquellos casos en los que el Juez Árbitro considere que son de fuerza mayor.

Foto 215. Una pelota de pádel (Foto Juanjo Moyano)

En el caso de programación por turnos, se considerará como hora prevista para el inicio del partido 5 minutos después de la finalización del anterior.

El peloteo de cortesía con los contrarios será de 5 minutos y obligatorio.

Como norma, el juego debe ser continuo, y no se podrá parar o suspender con el fin de que un contrario recupere fuerzas.

Entre puntos el tiempo máximo permitido es de 20 segundos.

Cuando los jugadores cambien de lado al final de un juego, se concederán 90 segundos.

Al final de cada set se concederá un descanso de 120 segundos.

Los tiempos anteriores comienzan en el momento en que acaba un punto y finaliza cuando se inicia el servicio del siguiente turno.

Si por circunstancias ajenas a la voluntad del jugador, su ropa, calzado o equipo necesario se rompe o necesita reemplazarse, se concederá un tiempo adicional razonable al jugador para que resuelva el problema.

Anunciándolo antes del partido se podrá permitir un número limitado de descansos para ir al aseo o cambiarse de ropa.

Se concederán 20 segundos para los cambios de campo en el tie-break.

Si el partido se suspende, deberá comenzar exactamente dónde y cómo finalizó. El árbitro recogerá las pelotas para seguir con las mismas.

Si la suspensión se debe a la falta de luz, se deberá parar cuando la suma de juegos sea par.

En el caso de que un jugador se lesione o esté afectado por una condición médica tratable se le otorgarán 3 minutos para su atención o recuperación pudiendo volver a recibirla en los próximos dos cambios de lado, pero dentro del tiempo reglamentario. Esta atención solo podrá dispensarse una vez por cada jugador.

En caso de accidente que no sea consecuencia directa del juego, se podrán conceder hasta 15 minutos.

No le cuesta turno de atención a un jugador que ha sido atendido por una circunstancia ajena al juego.

Cada pareja se colocará en uno de los campos ubicados a uno y otro lado de la red. El jugador que saca es el servidor y el que resta el restador.

El restador puede colocarse en cualquier parte del campo al igual que su compañero.

Ningún jugador puede estar fuera de la pista en el momento de realizar el saque.

Se permite que un jugador de la pareja juegue solo contra sus contrarios. No hay alternancia de golpes entre los jugadores de una misma pareja.

Para la elección de campo y servicio, se realizará un sorteo:

.- sacar o restar, y la otra elige campo.

.- campo, y la otra elige sacar o restar.

.- que elijan los contrarios.

Una vez decidido el orden de saque y campo, ambas parejas le comunicarán al Árbitro quien va a ser el primer sacador y el primer restador.

Si se detiene el calentamiento, ambas parejas tienen derecho a una nueva elección del sacador y restador.

Las parejas cambiarán de campo cuando la suma de los juegos de cada set sea número impar.

En el tie-break los jugadores cambiarán de campo cada 6 tantos.

Si se comete un error y no se produce cambio de campo, los jugadores corregirán dicha situación tan pronto como sea descubierto el error, siguiendo el orden correcto. En el caso en que al apercibirse del error se hubiese ya realizado un primer servicio en falta solo se tendrá derecho a un servicio más.

Al final de un set tenemos un descanso de 120 segundos, pero si la suma de juegos era impar, cambiamos de campo al comenzar, si no es así, jugamos un juego y cambiamos.

Al finalizar el primer juego de cada set, se cambia de campo pero no se tiene derecho a descanso.

Foto 216. Limitadores de altura de TechnologySport (Foto Juanjo Moyano)

En el saque:

.- si el primero es fallido se dispondrá de una segunda oportunidad.

.- el servidor botará la pelota en el suelo para efectuar el saque dentro del recuadro de saque en el que se encuentre.

.- el servidor queda obligado a no tocar con los pies la línea de saque ni la línea imaginaria continuación de la línea central.

.- en el momento de golpear la pelota en el saque, esta deberá estar a la altura o por debajo de la cintura y debe tener al menos un pie en contacto con el suelo.

.- el jugador no podrá, andar, correr o saltar. Se estimará que el jugador no ha cambiado de posición aunque realice pequeños movimientos con los pies que no afecte a la posición adoptada inicialmente.

.- si en el momento de impactar la bola, se realiza un golpe fallido, se considerará efectuado.

.-si un saque es efectuado inadvertidamente desde el recuadro de saque no correspondiente, el error de posición deberá ser corregido tan pronto como se descubra. Todos los tantos obtenidos son válidos, pero si ha habido alguna falta de saque deberá ser tenida en cuenta.

.-la pareja que saca decidirá quién saca y la que resta la que resta, no pudiendo alterar dicho orden hasta el comienzo del siguiente set.

.- si un jugador saca fuera de turno, el que hubiera tenido que sacar debe hacerlo en cuanto se descubra el error, los tantos son válidos pero si ha habido alguna falta de saque no debe ser tenida en cuenta.

A x A posición	A x B
Corregido inmediatamente	Corregido inmediatamente
Tantos válidos	Tantos válidos
Faltas se tienen en cuenta	Faltas no se tienen en cuenta

.- el sacador no realizará el saque hasta que el restador esté preparado.

.- no se podrá alegar no haber estado listo para restar un servicio si se ha intentado devolverlo.

Foto 217. Carol y su volea. (Foto Juanjo Moyano)

Se considerará falta de servicio si:

.- si falla la pelota totalmente al intentar golpearla.

.- la pelota bota fuera del recuadro de recepción de saque, que incluye las líneas que lo delimitan (las líneas son buenas)

.- la pelota golpea al servidor, a su compañero o cualquier objeto que lleven consigo.

.- la pelota bota en el recuadro de recepción de saque contrario y toca la malla metálica que delimita el campo antes del segundo bote.

.- la pelota bota en el recuadro de recepción de saque contrario y sale directamente por la puerta en una pista sin zona de seguridad y juego exterior.

.- el saque globo si la bola ha salido de la pista es válido.

El resto o devolución:

.- el jugador que resta deberá esperar a que la pelota bote dentro de su recuadro de recepción de saque y golpearla antes de que bote en el suelo por segunda vez.

.-la pareja que recibe decidirá cuál de sus dos integrantes comenzará a restar.

.- si durante un juego o tie-break el orden de resto es alterado por la pareja que resta, deberá continuarse de esta forma hasta el final del juego o tie-break en el que se ha producido la equivocación. En los siguientes, la pareja adoptará la posición que tenía al principio.

.- si el jugador que resta o a su compañero les golpeara la pelota o la tocaran con la pala antes de que hubiera botado, se considerará tanto del jugador al servicio.

.- si la bola botará dos veces seguidas dentro del recuadro de recepción, sería punto para la pareja sacadora.

Repetición del saque o LET si:

.- la bola toca la red o los postes que la sujetan y luego cae en el área de servicio del restador, siempre y cuando no toque la malla metálica antes del segundo.

.- la bola toca la red o los postes que la sujetan y luego golpea a cualquier oponente o artículo que porten o lleven puesto.

.- se efectúa cuando el restador no está preparado.

.- estando permitido el juego fuera de la pista, si la bola toca en la red y sale fuera de la pista.

Repetición de un punto o LET si:

.- la pelota se rompe durante el juego.

.- cualquier elemento extraño al partido que se está jugando invade el espacio de la pista.

.- cualquier interrupción del juego debida a situaciones imprevistas y ajenas a los jugadores.

.- si se ha cometido una falta en el primer servicio y he iniciado el juego y se produce un let, el jugador tiene derecho a dos saques.

Interferencia se considera cuando un jugador comete una acción, ya sea deliberada o involuntaria, que moleste a su contrincante para la ejecución de un golpe. Si es deliberada dará el punto al contrincante, si es involuntaria ordenará la repetición del tanto, let, cuando el jugador que haya molestado haya ganado el punto.

La pelota será golpeada alternativamente por cada una de las parejas.

La pelota estará en juego desde el momento en que se efectúe un servicio válido hasta que se cante "let" o el tanto quede decidido.

Si la pelota en juego golpea cualquiera de los elementos de la pista después de haber botado sobre el suelo del campo, permanecerá en juego y deberá ser devuelta antes de que bote en el suelo por segunda vez. Se consideran elementos de la pista a las caras internas de las paredes, la malla metálica que cierra la pista, el suelo, la red y los postes de la red. El bastidor que enmarca las mallas se considera como malla.

Un punto es perdido si:

.- un jugador, su pala o cualquier objeto que lleve toca la red, incluidos los postes o el terreno de la parte del campo contrario, incluida la malla metálica.

.- Si el juego está permitido fuera de la pista, a partir de los 0,92 m, el poste vertical medianero entre puertas se considera zona neutral pudiendo los jugadores agarrarse o tocarlo.

.-la pelota bota por segunda vez en su campo antes de ser devuelta.

.-la pelota después de botar en el campo propio, salga por encima de los límites superiores o por la puerta.

.- si está permitido el juego fuera de la pista, el punto se terminará una vez rebase los límites superiores de la pared de fondo.

.- si devuelve la pelota antes de que ésta haya sobrepasado la red.

.- si un jugador devuelve la pelota, bien directamente o golpeando primero en las paredes de su campo de tal forma que, sin botar previamente, golpee cualquiera de las paredes del campo contrario, la malla metálica o algún objeto ajeno a la pista.

.- si un jugador golpea dos veces la pelota.

.- si después de golpear la pelota uno de los miembros de la pareja ésta toca al propio jugador, a su compañero o a cualquier objeto que lleven consigo.

.- si la pelota impacta en cualquiera de los componentes de la pareja o de su equipación, excepto la pala, después de haber sido golpeada por uno de los jugadores contrarios.

.- si un jugador golpea la pelota y esta toca alguna de las mallas metálicas o terreno de su propio campo o en algún objeto ajeno a la pista que este situado sobre el suelo del campo propio.

.- si toca la pelota, lanzando contra ella la pala.

.- si salta por encima de la red mientras el punto está en juego.

.- al devolver la pelota sólo un jugador podrá golpearla. Si ambos jugadores de la pareja, ya sea simultáneamente o consecutivamente golpean la pelota, perderán el punto.

.- No se considera doble toque cuando dos jugadores intentan golpear la pelota simultáneamente pero sólo uno la golpea y el otro golpea la pala de su compañero.

.- si el jugador que golpea la pelota dentro de la pista lo hace con uno o los dos pies fuera del terreno de juego, salvo que está autorizado el juego fuera de la pista.

.-el jugador comete falta en su segundo saque.

La devolución será correcta si:

.- después de golpeada la pelota es voleada por cualquiera de los jugadores de la pareja contraria o les da en el cuerpo o en alguna parte de la ropa o en la propia pala.

.- después de golpeada bota directamente en campo contrario o impacta primero en una de las paredes del campo propio y a continuación bota directamente en el campo contrario.

.- si como consecuencia de la dirección y fuerza del golpe, la pelota bota en el campo contrario y se sale de los límites de la pista, o pega en el techo o en los focos de la iluminación, o en cualquier objeto ajeno a los elementos de la pista.

.- si la pelota toca la red o sus postes, después bota en el campo contrario.

.- si la pelota en juego impacta en algún objeto situado en el suelo del campo contrario y que sea ajeno a ese mismo juego (por ejemplo otra bola).

.- si la bola tras botar en el campo propio retorna al campo del que la lanzó y es golpeada en campo contrario, siempre y cuando, el jugador o alguna parte de su ropa o pala no haya tocado la red, sus postes o el campo de los contrarios.

.- si se acuchara o se empuja la pelota se considerará correcta la devolución siempre que el jugador no la haya golpeado dos veces, el impacto se efectúe durante un mismo movimiento y no varíe sustancialmente la salida natural de la pelota.

.- si la pelota devuelta bota en campo contrario en el ángulo "huevo".

.- si el juego está autorizado fuera de la pista, cualquier golpeo antes de que bote fuera.

El punto sería ganado si tras botar en campo contrario, se saliera de la pista por algún hueco o desperfecto de la red metálica o bien se quedara enganchada en ésta, o si tras botar en campo contrario, se quedara inmóvil en la superficie horizontal plana de un muro.

Foto 218. Pista de la calle Londres tras la lluvia. (Foto Juanjo Moyano)

Tabla de penalizaciones:

Primera infracción, Advertencia

Segunda infracción, Advertencia con pérdida de punto

Tercera infracción, Advertencia con descalificación

En caso de infracción muy grave (agresión física o verbal muy grave) el Juez Árbitro podrá determinar la descalificación inmediata del jugador o técnico que ha cometido la falta. Si la descalificación recae sobre un jugador que está jugando un partido, pierde el partido y el jugador descalificado tiene que abandonar la competición.

NORMAS Y RECOMENDACIONES DE DESARROLLO DE TORNEOS

Los horarios de comienzo de los partidos son estimados, para la creación del orden de juego. Es obligatoria la presentación confirmada al Juez Árbitro para el mantenimiento de éste orden.

El jugador deberá permanecer localizable y preparado, para recibir el aviso de entrada en pista y una vez comunicada esta entrada, no demorar el comienzo del partido, salvo por los *cinco minutos reglamentarios de peloteo previo*.

Es obligatoria la confirmación por parte del jugador de la participación en el cuadro de consolación, siempre que exista este cuadro, en los 30 minutos posteriores a la finalización del partido perdido en primera ronda.

Los no presentados en WO en primera ronda y los perdedores de segunda ronda, que hayan pasado su primer partido por WO no tienen derecho a consolación, siendo el Juez Árbitro quien determine esta circunstancia.

Modalidades de juego:

.- partidos de consolación a un set de nueve juegos con tie break al llegar a siete iguales.

.- partidos con punto de oro: sin ventaja al llegar a iguales.

.- partidos al mejor de dos sets y empate, tie-break a 7 puntos.

.- partidos al mejor de tres sets.

Foto 219. Arbitro y asistentes en Torneo Menores FMP (Foto Soto Torrejón)

REGLAMENTO DE DISCIPLINA DEPORTIVA

El ejercicio de la potestad disciplinaria corresponderá a los jueces o árbitros.

Las sanciones disciplinarias serán:

.- primera sanción, Advertencia.

.- segunda sanción, Pérdida de un punto.

.- tercera sanción, Pérdida de partido.

Si la sanción fuese por agresión verbal o física, habría una pérdida inmediata del partido sin avisos anteriores.

El juez árbitro será responsable cuando voluntariamente o por ignorancia cometa alguna de las siguientes infracciones:

.- falta a los reglamentos o normativas federativas.

.- comisión de errores en los torneos.

.- falsificación de los resultados de los torneos.

.- perjudicar o favorecer, clara e injustificadamente, a un jugador o equipo con sus decisiones arbitrales.

.- falsificación del informe de la competición.

.- permitir la participación de un jugador sin licencia, sancionado o sin estar al corriente de pago de la inscripción.

.- las conductas contrarias a las normas deportivas que no incurran en la calificación de muy graves o graves.

.- las observaciones formuladas a los jueces, árbitros, técnicos, directivos y demás autoridades deportivas en el ejercicio de sus funciones de manera que signifiquen una ligera incorrección.

.- una ligera incorrección con el público, compañeros o subordinados.

.- la adopción de una actitud pasiva en el cumplimiento de las órdenes e instrucciones recibidas de jueces, árbitro y demás autoridades deportivas en el ejercicio de sus funciones.

.- el descuido en la conservación de los locales sociales, instalaciones deportivas y otros medios materiales.

.-Tiempo, se permitirá 20 segundo entre punto y punto, y 90 segundo para el cambio de lado. Si el jugador no está listo para reanudar el juego al contar "tiempo", el árbitro podrá advertirle.

.- El tiempo establecido para peloteo previo será de 5 minutos.

.-En caso de suspensión de un partido por lluvia u otro motivo, el tiempo de peloteo será el siguiente:

.- hasta 5 minutos de suspensión, no habrá peloteo.
.- entre 5 minutos y 20 minutos, 3 minutos de peloteo.
.- más de 21 minutos, 5 minutos de peloteo.

Foto 220. Estado de la pista de la calle Londres mientras llueve en Torrejón de Ardoz. (Foto Juanjo Moyano)

El Juez Árbitro de un partido lo dará por concluido si uno de los jugadores no está en la pista preparado para jugar 10 minutos después de la hora previamente fijada para el inicio, dando ganadora a la pareja contraria.

Indumentaria: el jugador deberá presentarse a jugar con su equipo limpio y en condiciones, no permitiéndose camisetas sin mangas ni trajes de baño. En caso de no cumplirlo, será advertido de la falta, debiendo reemplazar la prenda por otra reglamentaria, caso contrario será descalificado.

Si no hubiera comenzado el peloteo, tendrá un tiempo máximo de 5 minutos. Si el peloteo ha comenzado, tendrá tiempo hasta que el peloteo haya terminado. Si el partido ha comenzado, lo hará en los 90 segundos del primer cambio de lado que se produzca.

El jugador o jugadores no podrán abandonar el área de juego sin la autorización del juez árbitro. El tiempo máximo autorizado será de 90 segundos.

Foto 221. Pelota de Pádel. (Foto Juanjo Moyano)

Los jugadores no podrán recibir consejos e instrucciones durante el partido, salvo del capitán del equipo en los campeonatos por equipos.

Abuso de pala, los jugadores no podrán en ningún momento arrojar intencionadamente ni golpear la pala contra el suelo de forma violenta, ni contra la red, silla del árbitro, las paredes, la valla metálica o cualquier otro elemento de la pista.

Abuso de pelota, los jugadores no podrán en ningún momento tirar violentamente, en cualquier dirección, una pelota fuera de la pista, o pasarla agresivamente al otro lado de la red mientras no está en juego.

El jugador que dispute la final de un torneo deberá participar en la entrega de premios que se realizará a continuación del mismo.

CÓDIGO DE CONDUCTA

Se permitirán 20 segundos entre punto y punto, y 90 para el cambio de lado.

Cuando corresponda cambio de lado en el tie-break no habrá descanso. Solo 20 segundos entre punto y punto.

El tiempo previsto para el peloteo previo es de 5 minutos.

En caso de suspensión:

.- hasta 5 minutos, no habrá peloteo
.- de 5 a 20 minutos, 3 minutos de peloteo
.- más de 20 minutos, 5 minutos de peloteo

El Juez Árbitro de un partido lo dará por concluido si uno de los jugadores no está en la pista preparado para jugar 10 minutos después de la hora fijada.

No están permitidas las camisetas de tirantes ni los trajes de baño.

Si no hubiera comenzado el peloteo, el jugador tendrá un máximo de 5 minutos para cambiar de indumentaria. Si el peloteo ha comenzado, el cambio se realizará hasta que termine este. Y si el partido ha comenzado, el cambio se realizará en el primer descanso que haya.

El jugador no podrá abandonar el área de juego durante el partido, incluido el peloteo.

Los jugadores no podrán recibir consejos e instrucciones durante el partido.

Los jugadores no podrán realizar obscenidades audibles ni gestos obscenos de ningún tipo durante el desarrollo de un partido.

Se considera obscenidad audible como el uso de palabras comúnmente conocidas entendidas como de mala educación u ofensivas y ser claramente y con suficiente fuerza para ser oídas por el Juez Árbitro, espectadores y organizadores del torneo.

Abuso de paleta, los jugadores no podrán arrojar intencionadamente ni golpear la paleta contra el suelo de forma violenta, ni contra la red, la silla del árbitro, las paredes, la valla metálica o cualquier otro elemento de la pista.

Abuso de pelota, los jugadores no podrán tirar violentamente, en cualquier dirección, una pelota fuera de la pista, o pasarla agresivamente al otro lado, mientras no está en juego.

Abuso verbal, los jugadores no podrán insultar al Juez Árbitro, árbitro, oponentes, compañero, espectadores o cualquier otra persona relacionada con el torneo.

Abuso físico o agresión, los jugadores no podrán abusar físicamente del Juez Árbitro, árbitro, oponentes, compañero o cualquier persona relacionada con el torneo. Se considerarán abuso físico el abuso de paleta y de pelota cuando impliquen peligro para la integridad del contrario.

Si el árbitro concede un punto como resultado de la penalización, dicho punto será el que se está jugando o el siguiente en caso de que no se está jugando en ese momento.

El árbitro aplicará el Programa de Penalizaciones al jugador, que en su opinión persista en demorar el juego sin razón alguna, actuando lentamente en sacar o recibir el saque, prolongando la discusión con el árbitro o demorándose en volver a la pista.

REGLAMENTO PARA LOS ÁRBITROS

Juez Árbitro de la competición:

.- titulado.

.- en colaboración con el Supervisor de la Federación.

.- se asegurará de que las pistas estén en buenas condiciones, sillas para los jueces de silla, agua, silla del Juez, sillas para los jugadores, hoja de resultados, altura de la red, medidas de la pista,...

.- elaborará los cuadros y el orden de juego.

.-decidirá si una pista está lista para jugar, si un partido debe ser cambiado de pista o debe ser pospuesto por cualquier causa que estime oportuna. Si cambia de pista, debe ser de las mismas características.

.-notificará a los jugadores las condiciones de juego, superficie, pelotas, horario, sistema de juego,...

.- cambiará a los Jueces de Silla / Línea cuando lo considere necesario.

.- Evaluará las actuaciones de los Jueces.

.-estará presente en el recinto de la competición durante toda la celebración de los partidos, en caso de no poder hacerlo, nombrará un Juez Árbitro Adjunto.

-podrá actuar de Juez de Silla siempre que en su lugar nombre a un Juez Árbitro Adjunto.

Juez Árbitro Adjunto:

.- titulado.

.- colaboración con el Juez Árbitro.

.- podrá actuar como Juez de Silla o Línea.

.- Actuará como Juez Árbitro en caso de ausencia del Juez Árbitro titular o si este está actuando como Juez de Silla.

Juez de Silla:

.- titulado.

.- llevará consigo, siempre que actúe, las normativas del Pádel, el reglamento de competiciones y el Código de Conducta.

.- antes del partido:

.- se presentará a los jugadores y procurará que estos se presente a su vez

.-información pertinente sobre el partido a cada jugador.

.- comunicará a los jugadores que va a arbitrar el partido para ayudarles.

.- sorteará los campos y el servicio.

.- determinará si los jugadores van correctamente vestidos.

.- dará al público la información pertinente sobre cada jugador.

.- dispondrá de un cronómetro, para los 20, 90 y 120 segundos.

.- autorizará los 5 minutos de calentamiento.

.- determinará las cuestiones de hecho durante el partido.

.-se asegurará que los jugadores y jueces cumplen y respeten las reglas.

.-cambiará a cualquier juez si hubiese necesidad.

.-determinará en primera instancia los conflictos.

.-anunciará el tanteo de acuerdo con las normas fijadas.

.-repetirá el dictamen de los jueces de línea solo si se ha efectuado en voz demasiado baja.

.-corregirá al juez de línea si éste comete un error evidente.

.-controlará al público.

.-estará atento al momento del cambio de pelotas.

.-determinará si la pista está en buen estado para seguir jugando.

.-recogerá las pelotas tras el partido o la suspensión.

.- rellenará la hoja de puntuación y la de conducta.

.- informará al Juez Árbitro de todos los detalles acontecidos durante el partido.

Código de conducta para los Jueces:

.- buen estado físico.

.- visión natural o corregida 20-20 y audición normal.

.-puntual.

.- deberá estudiar, comprender y dominar las reglas del pádel y el Reglamento Técnico.

.- vestir y mantener su apariencia.

.- no podrá tomar ninguna bebida alcohólica antes del partido.

.- no deberán arbitrar ningún partido en el que tengan alguna relación con uno de los jugadores.

.- los jueces deberán comentar con ellos las interpretaciones del Reglamento y las formas de mejorar el arbitraje.

.- no criticarán ni explicarán las decisiones y juicios de otros jueces.

.- no podrá conversar con el público antes, durante o después del partido.

.- mantener completa imparcialidad.

.- comportarse de manera profesional y ética.

NORMATIVA TÉCNICA.

No se puede ser Director de la Competición y jugador o Juez Árbitro en la misma prueba.

El Director de la Competición es el responsable de la organización y buen desarrollo de la misma ante el organizador y este lo es ante la Federación.

Funciones del Director de la Competición:

.- conocer las condiciones de la competición.

.- anunciar el torneo.

.- asegurarse de que las instalaciones del Club están preparadas para la celebración de la competición.

.- comprobar que las bolas, trofeos y subvenciones están en el Club

.- controlar las inscripciones.

.- mantener informado al personal del Club.

.- procurar que a su llegada al Club los jugadores invitados sean atendidos.

.- desarrollar labores de coordinación entre el Organizador, los responsables de las instalaciones, los jugadores, los patrocinadores, el Juez Árbitro y la Federación.

.- controlar que las subvenciones y premios se repartan.

.- estar preparado para resolver cualquier emergencia.

.- atender y facilitar a la prensa toda la información.

Funciones del Juez Árbitro:

.- será designado por el Comité de Jueces de Árbitros a propuesta del Club Organizador.

.- el Juez Árbitro no podrá participar.

.- el Juez Árbitro designará sus adjuntos.

.- llevará consigo el Reglamento de Juego, la Normativa Técnica y el Reglamento, cumplirlos y encargarse de que se cumplan.

.-realizar el sorteo del campeonato y de las consolaciones.

.-elaborar los horarios y anunciarlos.

.- designar las funciones de cada uno de los componentes del equipo arbitral.

.- decidir si una pista reúne las condiciones necesarias.

.- identificar a los jugadores participantes.

.- no permitir la participación de ningún jugador que no haya abonado la inscripción o que su edad o nacionalidad no se corresponda con la categoría o que esté descalificado.

.- comunicar a los jugadores antes del inicio, que criterios va a seguir para asignar las pistas de juego cuando éstas sean de distinto tipo de construcción.

.- notificar a los jugadores el sistema y condiciones de juego.

.- anotar todos los resultados en los cuadros, ganadores, tanteo de los sets, números de licencia de todos los jugadores,...

.- decidir los cambios de pelotas.

.- decidir cuando un partido debe ser aplazado o reanudado con las limitaciones de las normas.

.- aplicar el Reglamento de Disciplina Deportiva de la Federación.

.- ponerse en contacto con la Federación ante cualquier eventualidad o duda.

.- estar presente en el recinto, y si ello no fuera posible, nombrar un Juez Árbitro Principal.

.- controlar en la medida de los posible el desarrollo de todos los partidos

.- las decisiones del Juez Árbitro son inapelables estando facultado para tomar decisiones sobre cualquier incidencia que se pudiera producir durante la competición, aun en el caso de que no estuviera contemplada en la Normativa. Para la toma de decisiones podrá consultar con el Director Técnico de la Federación.

.- tomar la decisión final si se produce conflicto entre los jugadores y el Juez de Silla.

.- en caso de inclemencias meteorológicas, será el encargado de tomar las decisiones oportunas, pero en ningún caso podrá prolongar la competición más allá de las 24 horas del día señalado como último día de competición.

.- nombrar un Juez Árbitro Principal si tiene que actuar de Juez de Silla.

.- decidir el cambio de pelotas. Será obligatorio el cambio en el tercer set en finales del cuadro de primera categoría.

.- serán responsables cuando voluntariamente o por ignorancia:

> .- hayan faltado a los reglamentos.
> .- hayan cometido errores en el sorteo.
> .- hayan falseado los resultados.
> .- hayan favorecido o perjudicado clara e injustificadamente a un jugador con sus decisiones.
> .- hayan permitido la participación de un jugador sin haber pagado la inscripción o sancionado.

.- una vez finalizado el torneo, remitirá a la Federación en el plazo de 48, el informe del mismo junto con los cuadros de resultados.

.- es facultad exclusiva del Juez Árbitro adjudicar un partido por WO.

Si dos jugadores figuran empatados en la clasificación, se sorteará su orden entre ellos.

Los jugadores sin puntos no podrán, bajo ningún concepto, ir por delante de jugadores con puntos, a excepción de los jugadores a los que se les otorga una Wild Card.

Cuando las parejas integrantes de un cuadro no sean potencia de dos, se aplicará el sistema de exentos que permita lograr esa potencia en la segunda ronda. Se denominan exentos aquellos jugadores que no necesitan jugar la ronda inicial.

Para hallar el número de exentos se resta el total de inscritos de la potencia de dos inmediatamente superior a la de número de inscritos.

Estará exento en primer lugar el cabeza de serie número uno; luego el dos, el tres,....

Si una vez colocados todos los cabezas de serie aún hubiera más exentos, se dividirán en dos partes, situando la mitad en la parte superior del cuadro la otra mitad en la parte inferior. Cuando sean impares, se colocará una más en la parte inferior.

En los torneos por categorías de edad se usarán las clasificaciones de dichas categorías. Si ésta no existiera se tomarán entonces las clasificaciones absolutas.

Cuando exista un WO de algún cabeza de serie en cuadros abiertos y no haya comenzado la competición, se sorteará un lucky looser entre los perdedores de cuartos de final de la categoría inmediatamente inferior a la categoría donde se ha producido dicho WO.

Campeonato por equipos:

.- Orden de acceso a pista por equipos: 5 – 4 – 1 – 2 – 3 salvo que los capitanes acuerden lo contrario.

.- si falta una pareja o uno de sus componentes, antes de que comience la eliminatoria y después de entregadas las listas, el resto de parejas colocadas por debajo de ella correrán un puesto, perdiendo el equipo el último punto.

.- una vez comenzada la eliminatoria, si una pareja o uno de sus componentes, no se presentara, el equipo perdería el punto de dicha pareja y todos los de las parejas que fuesen después de ella en el orden del equipo aunque éstas hubieran ya jugado y ganado sus partidos. Ni siquiera una justificación de causa mayor será tenida en cuenta.

.-en el caso de que sean tres equipos los que luchen por evitar el descenso, se disputará una liguilla todos contra todos:

primer partido, los dos equipos con menos puntos.

segundo partido, equipo con más puntos contra el perdedor.

tercer partido.

.- caso de empate después de la liguilla se realizará un desempate por partido average, set average y juego average en este orden.

Campeonato Veteranos:

.- lista con 10 hombres y 10 mujeres.

.- partidos: 2 hombres, 2 mujeres y 1 mixto.

.- orden: 2F, 2M, 1F, 1M y 1 Mx.

.- si falta una pareja, correrán un puesto perdiendo el último punto de dicha modalidad.

LESIONES DEPORTIVAS

¿Qué son?

- Son aquellas alteraciones de los huesos, articulaciones, músculos y tendones que se producen durante la práctica de actividades físicas y se hallan relacionadas con el gesto deportivo. Por ejemplo la rodilla del saltados, el codo de tenista, el hombro del nadador,…

¿Cómo aparecen?

- Por desequilibrio de la estática: como las desviaciones de la columna, pies planos,….
- Errores de entrenamiento: por exceso de actividad, ausencia de estiramientos, cambio brusco del modo de entrenar, etc.
- Problemas durante la competición, generalmente por ausencia o déficit de calentamiento.
- Problemas con el calzado: cambio de zapatillas, muy nuevas o desgastadas.
- Terreno de juego: cambio de superficie de entrenamiento, terreno inapropiado para la actividad, exceso o déficit de arena en la pista,….
- Estados patológicos previos. Infecciones ocultas, aumentos de ácido úrico, diabetes mal controlada, descalcificación de huesos.

¿Qué tipos de lesiones hay?

- De los músculos: calambres, agujetas, contracturas, roturas de fibras, desinserción, contusiones, heridas, hernias y hematomas.
- De los tendones: tendinitis, tenosinovitis, distensión, desgarros parciales y roturas completas.
- De las articulaciones: lesiones ligamentosas, capsulares y del cartílago. Luxaciones y subluxaciones. Inestabilidades y lesiones de meniscos.
- De los huesos: fisuras y fracturas. Periostitis.

TRATAMIENTO GENERAL DE LAS LESIONES

- Ante una lesión existen una serie de pautas generales que todo deportista debe conocer y tener en cuenta.
- Reposo

¿Desde cuándo?

- Al notar las primeras molestias debe cesar la actividad deportiva hasta que sea valorado por el especialista.

¿Cómo?

- Inmovilizando la parte afectada sin menoscabo de realizar otras actividades que mantengan la condición física sin interferir en el proceso de curación.

¿Cuánto tiempo?

- El tiempo mínimo que requiera la lesión. Para esto hay que saber exactamente que se padece. Tan nocivo es un periodo corto de tiempo como uno prolongado.

Precauciones

- Después de un periodo de reposo siempre hay que hacer rehabilitación
- Huir de consejos realizados por inexpertos.

APLICACIÓN DE FRIO (crioterapia)

¿Por qué?

Es la primera medida que hay que tomar inicialmente en todas las lesiones.

- Disminuye la inflamación.
- Calma el dolor.
- Reduce el espasmo muscular.
- Favorece la recuperación.

¿Qué métodos hay?

- Bolsas de hielo picado envuelto en paños.
- Hielo derretido en un cubo.
- Geles reutilizables.
- Pulverizaciones frías.
- Masaje con hielo.

¿Cómo hay que aplicarlo?

La aplicación del hielo no se realizara directamente sobre la piel durante periodos prolongados.

- Bolsas de hielo: (mejor troceado que en cubitos) se colocara sobre un paño o toalla humedecida en la zona de contacto con la piel. Inicialmente el hielo se puede aplicar durante 15-20 minutos. Las bolsas pueden aplicarse en periodos de 20 minutos cada hora, varias veces en las primeras 24-48 horas.
- Hielo mezclado con agua recipiente hasta alcanzar una temperatura entre 13º y 18º
- Masaje con hielo: describiendo círculos por la zona lesionada. La duración oscila entre 3-10 minutos y puede repetirse cada 2-3 horas.

¿Qué precauciones hay que tener?

- No conviene que lo utilicen las personas con mala circulación, que tengan exceso de sensibilidad al frío o padezcan sabañones con frecuencia.
- Precaución en las personas con la piel frágil.

COMPRESIÓN

¿Por qué?

- Es útil para reducir la hemorragia y la hinchazón.

¿Cómo realizarlo?

- Por personas expertas, mediante vendas elásticas adhesivas o no.

ELEVACIÓN

¿Para qué?

- Evitar el estancamiento de sangre en la zona de la lesión y favorecer el retorno de la misma al corazón.

¿Cómo realizarlo?

- Manteniendo la estructura lesionada elevada de tal forma que esté situada a la altura del corazón.

CALOR

Precauciones

- Nunca utilizar el calor después de una lesión.
- Aplicar el calor, por término medio, pasadas 48 horas de la fase aguda de la lesión.

¿Qué utilidad tiene?

- Favorece el aporte de sangre que facilite la curación de la herida.
- Aliviar la contractura muscular.

¿Cómo aplicarlo?

- Paños húmedos o secos en la zona de la lesión.
- Baños calientes.
- Manta eléctrica.
- Pomadas rubefacientes.

¿Cuándo se debe utilizar?

- Inmediatamente después de la lesión.
- Cuando se tenga fiebre.
- Con problemas de circulación en la sangre o alteraciones de la sensibilidad.

MEDIDAS PARA PREVENIR LAS LESIONES

Examen médico previo

- Realizar un reconocimiento médico previo al ejercicio, que permita descartar los problemas de salud que aumentan el riesgo de complicaciones médicas.

Poseer un nivel de entrenamiento adecuado

- Las lesiones se producen con mayor frecuencia al iniciar la temporada y al final de los partidos, cuando el grado de fatiga es mayor. Por el contrario, un entrenamiento excesivo puede provocar lesiones como resultado del abuso.

Técnica adecuada

- Es importante adquirir una técnica adecuada para prevenir lesiones de codo, espalda,..

Competición en el momento adecuado

- Programar la competición de acuerdo al nivel de preparación técnica, la edad y la constitución corporal. Competir con gente del mismo nivel.

Calentamiento suficiente

- Realizar periodos de calentamiento suficientes, sin olvidar la fase de enfriamiento o vuelta a la calma, en la que incluyen estiramientos.

Atender a la recuperación

- Establecer periodos de recuperación adecuados después de los entrenamientos y competiciones intensivas.

Alimentación equilibrada

- Tomar una dieta equilibrada y nutritiva, incluidos los líquidos adecuados.

Material deportivo adecuado

- El material deportivo inadecuado comporta la aparición de lesiones por sobrecarga. El tamaño del puño de la pala de pádel, el peso de la pala, el cambio de pala entre distintos pesos,... son elementos a considerar en la prevención de lesiones.

- No olvide la utilización de protectores que contribuyen a disminuir la gravedad de algunas lesiones (muñequera, rodillera, finta para codo de tenista,...)

Precaución ante cualquier molestia

- Interrumpir la actividad deportiva si aparece una molestia no habitual (fatiga excesiva, dolor de pecho, mareos, etc.) y consultar con médico.

EL RECONOCIMIENTO MÉDICO DE APTITUD PARA EL DEPORTE

¿En qué consiste?

- Son una serie de exploraciones que realizar el médico y que le permiten conocer el funcionamiento normal del organismo.

¿Quién lo tiene que hacer?

- Todas las personas que participen en competiciones deportivas o que realicen actividades físicas moderadas o intensas.

¿Qué pruebas son importantes?

- En el niño, el examen del aparato locomotor, es decir, el estado de sus huesos, músculos y articulaciones con especial énfasis en las zonas de crecimiento.
- En el adulto, el corazón y los vasos, mediante el registro de la presión arterial, el electrocardiograma y la prueba de esfuerzo.

ENTRENAMIENTO ADECUADO

Características básicas

- Planificado por un experto
- Adecuado a las capacidades físicas del candidato
- Orientado a la actividad física a realizar

Etapas que debe incluir un entrenamiento

- Calentamiento
- Entrenamiento de cualidades globales del organismo como la capacidad de resistencia, flexibilidad, agilidad,...

- Entrenamiento de cualidades específicas de la modalidad deportiva.
- Enfriamiento o vuelta a la calma

Duración

- Variable. Por término medio entre 45 y 90 minutos.

Intensidad

- Cuantificada por las pulsaciones cardíacas y prescrita por un experto.

Frecuencia

- Alrededor de tres días en semana.

LESIONES MUSCULARES.

AGUJETAS

Qué son

- Son dolores musculares difusos y diseminados en varios grupos que aparecen la 12-24 horas después del esfuerzo y que ceden en 5-7 días.

Como se producen

- Por micro lesiones musculares y acumulación de productos metabólicos, como el ácido láctico, que produce acidosis.
- Aparecen al reinicio del entrenamiento o después de ejercicios inusuales. También en estiramientos potentes.

Qué hacer ante ellas

- Masajes y baños en agua caliente, así como actividad física moderada.
- Si el dolor es intenso se puede tomar analgésicos.

Cómo prevenirlas

- Evitando los incrementos bruscos de intensidad de ejercicio.

CALAMBRES

Qué son

- Es el espasmo que se produce en el músculo de una forma brusca e inesperada.

Por qué se producen

- Por la acidez que hay en el músculo no entrenado después de realizar ejercicios intensos y agotadores.

Cómo tratarlos

- Abandonar la actividad física.
- Estirar progresivamente el músculo durante 20 ó 39 segundos. Relajar durante 4-5 segundos. Repetir la maniobra si continúa el calambre.
- Masaje local.

Cómo prevenirlos

Realizando ejercicio periódicamente y evitando cambios bruscos de intensidad.

CONTRACTURA

Qué es y qué lo causa

- Es una contracción involuntaria e inconsciente, dolorosa y permanente de un músculo.

Cómo aparece

- Por exceso de trabajo de un músculo, bien por un uso prolongado o por elevada intensidad. También ocurre como un mecanismo de protección, por ejemplo realizando repetidamente remates se provoca un exceso de carga en el hombro y en la columna y aparece la contractura con el consiguiente dolor de espalda.

Qué tenemos que hacer.

- Aplicar calor y realizar estiramientos pasivos, sin forzar y sin rebotes.
- El masaje puede ser beneficioso.

Cómo prevenirlo

- Evitando los incrementos bruscos de intensidad de ejercicios y el realizar repetidamente ejercicios de alta intensidad con una deficiente preparación.

ROTURA DE FIBRAS MUSCULARES

Qué es y qué lo causa

- En la rotura de fibras del músculo debido a una contracción muscular intensa y violenta, con controlada, como un golpe al aire, o el estiramiento súbito de un músculo que sobrepasa los límites de la máxima elasticidad. También ocurre por agresión externa a un músculo contraído.

Cómo aparece

- Como un dolor vivo, intenso y localizado en un punto y/o zona concreta del músculo junto a una incapacidad manifiesta para mover el músculo afectado.

Que tenemos que hacer

- Aplicar hielo, inmovilizar, vendar la zona afectada y acudir al médico evitando que el lesionado mueva el músculo roto. La rotura de fibras musculares es una lesión importante para un deportista ya que requiere un periodo prolongado de tratamiento.

Cómo prevenirlo

- Calentamiento general y local: streching, estiramientos, masajes, footing ligero.
- Hidratación sistemática: antes, durante y después de la competición.
- Corrección postural y adaptación de plantillas.
- Corrección técnica del gesto deportivo incorrecto.
- Elección del calzado y del material inapropiado.

LESIONES FRECUENTES

CODO DE TENISTA (Epicondilitis Lateral)

Qué es y qué lo causa

- Afección prolongada en el tiempo a nivel de la zona del codo (epicóndilo) origen de los músculos extensores de los dedos de la muñeca. Se produce por un golpe de revés defectuoso. En los jugadores amateur aparece por volear utilizando movimientos de muñeca.
- Dolor en la cara externa del codo en el movimiento de rotación activa, o por presión. Rara vez aparece en el movimiento pasivo. Puede prolongarse al brazo o a la cara externa antebrazo.
- Debilidad en la muñeca. Dolor en la zona externa del codo al doblar la muñeca hacia atrás contra resistencia.
- Más frecuente en jugadores mayores de 40 años.

Qué tenemos que hacer

- Frío local.
- Reposo pasivo con cabestrillo o activo evitando movimientos que producen dolor.
- Calor local a partir de los dos días.
- Después: masaje con hielo alternando con calor.
- Entrenamiento cuando pueda tolerar el dolor de un apretón de manos.
- No levantar pesos con la palma hacia arriba.
- Vendaje funcional.

Cómo prevenirlo

- Realizando una técnica correcta de juego, en especial el revés.
- El hombro y el cuerpo deben tomar parte en cada golpe.
- El jugador debe utilizar una pala equilibrada y sin sobrepeso.

ESGUINCE DE MUÑECA (Lesión de ligamentos)

Qué es y qué lo causa

- Es la lesión más frecuente de la muñeca y afecta a los ligamentos que sostienen la muñeca.
- La caída sobre la muñeca en hiperextensión es la causa más frecuente, pero también puede deberse a un movimiento de torsión o flexión violentas.

Cómo aparece

- Dolor en el movimiento de la muñeca, que aumenta en los movimientos externos.
- Hinchazón (tumefacción).

Qué tenemos que hacer

- Reposo.
- Frío local.
- Elevación.
- Inmovilización.
- Acudir para valoración médica lo más pronto posible.

Cómo prevenirlo

- Muñequera o vendaje funcional en personas predispuestas.

LESIONES NERVIOSAS (Síndrome del Túnel Carpiano)

Qué es y qué lo causa

- Inflamación de un nervio (el nervio mediano) a su paso por la zona palmar de la muñeca donde debe atravesar un túnel estrecho (del carpo).
- Es causado por lesiones de la muñeca (tendinitis de repetición, fracturas mal consolidadas).

Cómo aparece

- Entumecimiento ("la mano se duerme") y dolor de los tres primeros dedos y mitad del cuarto.
- Suele despertarse por la noche con dolor en la muñeca que irradia al brazo. El sacudido de la mano puede aliviar.

- Dolor al apretar la zona palmar de la muñeca.

Qué tenemos que hacer

- Reposo.
- Inmovilización: cabestrillo o férula.
- Valoración médica para tratamiento complementario.

Cómo prevenirlo

- Estar atentos a los primeros síntomas.

AMPOLLAS Y CALLOSIDADES

Qué es y qué lo causa

- Ampollas: colecciones de líquido en la piel. Callosidades: son cubiertas protectoras de la piel. Ambas producidas por fricción repetidas.

Qué tenemos que hacer

- Ampollas: aplicación de hielo cuando empiecen a salir. Si no corren peligro de reventarse. Si se rompen: cura y limpieza eliminando las cubiertas.
- Callosidades, deben limarse hasta el nivel de la piel circundante.

Cómo prevenirlo

- Utilizar guantes, vendajes o protectores específicos de cada modalidad deportiva.

TENDINITIS DE LOS ADDUCTORES

Qué es y qué lo causa

- Los músculos abductores son los encargados de llevar la pierna hacia dentro, es un grupo muscular con el aductor mediano, el aductor mayor, el pequeño y el pectíneo. El más frecuente en lesionarse es el aductor mediano. Tiene un recorrido largo desde el pubis hasta el fémur.
- Se puede sobrecargar al realizar sobre estiramientos.

Cómo aparece

- Dolor de la ingle desde el pubis, aumenta con el ejercicio, disminuye con el reposo. Se reproduce el dolor al intentar juntar las piernas contra resistencia. Duele si intenta correr pero no duele en bicicleta.

Qué tenemos que hacer

- Se debe impedir la competición.
- Reposo hasta que soporte el movimiento con carga sin dolor.
- Calor local, calentadores.
- Tratamiento general.
- Reposo activo para mantener la forma física con ciclismo, natación.
- Control médico con antiinflamatorios.
- Programar un entrenamiento específico para el grupo muscular con fisioterapeuta: calentamiento, entrenamiento dinámico, isométrico, coordinación y específico.

Cómo prevenirlo

- Calentamiento y estiramientos específicos.
- Mejorar el gesto técnico evitando posturas viciadas.
- Curar totalmente lesiones previas existentes.

ESGUINCE DE RODILLA

Qué es y qué lo causa

- Rotura más o menos completa de uno o varios ligamentos.
- Se produce cuando la rodilla está sometida a una torsión muy acusada, a menudo en apoyo monopodal (sobre una sola pierna).

Cómo aparece

- Dolor intenso al producirse la lesión.
- Puede notar un crujido, con la impresión de que su rodilla se desencaja.

Qué tenemos que hacer

- Reposo, frío, vendaje compresivo y elevación.
- Consultar al médico, que determinará el grado y ligamentos implicados.

Cómo prevenirlo

- Ejercitar los músculos de las piernas, con entrenamiento de fuerza y estiramientos.

LESIONES MENISCALES

Qué es y qué lo causa

- La lesión suele producirse al torcer la rodilla mientras está doblada y soportando peso.

Cómo aparece

- Dolor en rodilla (cuclillas o en extensión total).
- La rodilla se inflama a las pocas horas y puede permanecer hinchada varios días.
- A veces se notan crujidos, fallos o bloqueos en una posición, por lo general doblada.
- A veces resulta imposible enderezar la rodilla.

Qué tenemos que hacer

- Reposo, hielo, compresión y elevación en los primeros momentos.
- Acudir al médico para valoración de la lesión.

Cómo prevenirlo

- Fortalecimiento de la musculatura.
- Estiramientos.

RODILLA INESTABLE

Qué es y qué lo causa

- Sensación de disconfort, de rodilla que lucha o de fenómeno articular que ocurre en un determinado momento, de control o déficit o imposible.
- Las principales causas de rodilla inestable son:
    - Laxitud ligamentosas post-traumática.
    - Lesión aislada de menisco interno o externo.
    - Luxación recidivante de rótula.
    - Cuerpo extraño intraarticular (condral u osteocondral).

- Atrofia del cuádriceps.

Cómo aparece

- Desplazamientos o sensación de inseguridad al andar o en la carrera en terreno irregular; crisis articulares asociada o no a bloqueos.

Qué tenemos que hacer

- Reposo.
- Inmovilizar.
- Investigar antecedentes de lesiones en la rodilla.

Cómo prevenirlo

- Ejercitar músculos de las piernas.

BURSITIS

Qué es y qué lo causa

- Inflamación de las bolsas serosas de la articulación de la rodilla.
- Pueden ser secundarias a un golpe directo o una lesión por sobrecarga.

Cómo aparece

- Signos inflamatorios: tumefacción, edema, aumento de temperatura en la zona y derrame.
- Según localización:
  - B. prerrotuliana: cara anterior de la rótula.
  - B. pretibial de la tibia, detrás del tendón rotuliano.
  - B. subcuadricipital: por encima y ambos lados de la rótula.
  - B. anserina: lado interno de la rodilla.
  - B. de los tendones poplíteos: detrás de la rodilla, por el lado interno.
  - B. del cuádriceps crural: zona postero-externa de la rodilla.

Qué tenemos que hacer

- Reposo hasta que se resuelva completamente el dolor.
- Aplicar frío local y vendaje compresivo
- Pasadas las primeras 24 horas aplicar calor local.

- Consultar con el médico si la tumefacción es extensa o el dolor es severo y persistente.

Cómo prevenirlo

- Utilización de rodillera.

RODILLA DEL SALTADOR

Qué es y qué lo causa

- Inflamación del tendón rotuliano, por debajo de la rótula.
- Causada por excesivos saltos u otras actividades explosivas.

Cómo aparece

- Dolor e inflamación justo por debajo de la rótula.
- Sensibilidad a la palpación.

Qué tenemos que hacer

- Reposo. Masajes con hielo.
- Programa de ejercicios que no ocasionen dolor.
- La colocación de un vendaje funcional debajo de la rótula de descarga puede tener algún efecto beneficioso.

Cómo prevenirlo

- Mejorar la flexibilidad de la musculatura que atraviesa la rodilla y el fortalecimiento progresivo del cuádriceps.

PIERNA DEL TENISTA "ROTURA DEL MÚSCULO GEMELO"

Qué es y qué lo causa

- Desgarro/rotura del músculo de la pantorrilla.
- Producido por ejercicio brusco o desacostumbrado (deportes de raqueta).

Cómo aparece

- Dolor brusco (a veces cree que le han golpeado desde detrás).
- Dificultad para ponerse de puntillas.
- Dolor local y derrame.

- Puede sentirse un defecto en el tejido muscular sobre la zona lesionada.
- Qué tenemos que hacer
- Reposo, frío, vendaje compresivo y elevación de la pierna.

Cómo prevenirlo

- Calentamiento adecuado, que incluya estiramientos de los músculos de la pierna.

ROTURA DEL TENDÓN DE AQUILES

Qué es y qué lo causa

- Rotura del tendón que está sometido a grandes cargas.
- Pueden ser posibles causas:
    - Personas no entrenadas que comienzan un entrenamiento intenso.
    - Talón del calzado que ejerce demasiada presión sobre el tendón.
    - Cambio de la superficie de entrenamiento.
    - Pronación/supinación exagerada del pie.
    - Sucesivos esguinces de tobillo.

Cómo aparece

- Dolor de puñalada, con percepción de un crujido.
- Caída inmediata o cojera instantánea.
- Impresión experimentada de haber sido golpeado por un adversario o por un cuerpo extraño.
- Mantenerse sobre la punta del pie lesionado es imposible.
- La palpación permite percibir una hendidura profunda.

Qué tenemos que hacer

- Consultar inmediatamente con el médico.

Cómo prevenirlo

- Mediante ejercicios de calentamiento adecuados.
- Cambios progresivos a los distintos terrenos.
- Elegir bien el calzado.

ESGUINCE DE TOBILLO

Qué es y cómo aparece

- Distensión, desgarro o rotura de alguno de los ligamentos del tobillo.
- Producida por torcedura del pie hacia fuera (esguince del lado externo), hacía dentro (esguince del lado interno), o hacia delante (esguince frontal).

Cómo aparece

- Dolor en el tobillo al apoyar el pie, localizado en la parte externa o interna, según el lado en que se haya producido el esguince, que aumenta al doblar el pie en el sentido de la torcedura.
- Inflamación de la zona.
- Hematoma debajo del hueso del tobillo de ese lado.

Qué tenemos que hacer

- Cesar la actividad inmediatamente y aplicar frío.
- Vendaje compresivo en las primeras horas, que se sustituirá posteriormente por uno de mantenimiento.
- Reposo con la pierna elevada 45° de 24 a 48 horas, utilizando muletas si precisa andar.
- Consulta médica para descartar fractura y continuar tratamiento.

Cómo prevenirlo

- Mantener un buen estado de forma del sistema músculo-esquelético, con entrenamiento de la movilidad y flexibilidad articular, y la musculatura periarticular.
- Calentamiento progresivo del sistema músculo-esquelético.
- Proteger la articulación con vendaje o tobillera especial, si existe inestabilidad del tobillo.

LESIONES POR EL FRÍO O EL CALOR (Congelación e Hipotermia)

HIPOTERMIA

Qué es y qué lo causa

- Lesiones producidas por la exposición a bajas temperaturas.
- La consecuencia directa es la vasoconstricción periférica refleja.
- Las porciones más susceptibles de congelación son las más expuestas o las de menor circulación sanguínea: dedos de los pies y manos, mejillas, nariz, barbilla y cuello.

Cómo aparece

- Palidez, en un principio.
- Enrojecimiento y sensación dolorosa de ardor, a continuación.
- Posteriormente, hormigueo o pérdida de sensibilidad.

Qué tenemos que hacer

- Recalentamiento gradual.
- Quitar la ropa con suavidad.
- No frote las zonas afectadas.
- No debe usarse calor por radiación (calentador eléctrico).
- Elevarse las extremidades afectadas.
- Busque atención médica tan pronto como sea posible.

Cómo prevenirlo.

- Consiste en utilizar ropa y calzado adecuados.

HIPOTERMIA

Qué es y qué lo causa

- Pérdida de calor por el cuerpo, que aumenta rápidamente cuando la piel y la ropa mojadas (conducción), por ráfagas de aire (convección), etc.
- El alcohol también puede aumentar la pérdida de calor.
- Pueden clasificarse en: Leve (30-35º), Moderada (30º-33º) y Grave (<30).

Cómo parece

- De forma inmediata:

- Sensación de frío intenso.
- Palidez y/o cianosis, de las extremidades.
- Temblores, que llegan a ser incontrolables.
* Más tardíamente:
  - Posible desaparición de los temblores por incapacidad para mover las extremidades.
  - Alteración del habla y entorpecimiento de las facultades mentales.
  - Desorientación.
  - Pulso lento y respiración rápida.
  - Inconsciencia completa, ausencia de pulso y respiración; pupilas pueden estar dilatadas.

Qué tenemos que hacer

- Colocar a la víctima en posición de recuperación.
- De ser posible, quitar la ropa mojada y colocar ropa seca.
- Cubrir con material aislante.
- Si está consciente, administrar bebidas calientes.
- Proceder al calentamiento activo del tórax, el cuello y la cabeza con una fuente de calor exógena. Brazos y piernas pueden permanecer fríos, aunque es preciso aislarlos

CALAMBRES POR EL CALOR

Qué es y qué lo causa

- Calambres (espasmos) musculares producidos por sudación excesiva a causa de ejercicios y/o temperaturas ambientales elevadas.

Cómo aparece

- Dolor intenso y espasmos, pueden producir la incapacidad de manos y pies.
- Sudoración intensa, fatiga.
- Temperatura del cuerpo ligeramente elevada.

Qué tenemos que hacer

- Restitución de líquidos.
- Masaje con hielo.
- Estiramientos estáticos continuados del músculo.

Cómo prevenirlo

- Hidratación adecuada (antes, durante y después del ejercicio).
- Acostumbrarse a los ambientes calurosos (4-8 días).
- Ropa ligera y suelta, que facilite la evaporación.

AGOTAMIENTO POR CALOR

Qué es y qué lo causa

- Se debe a depleción de sal y agua. Afecta principalmente a quienes no están acostumbrados a medios calurosos.

Cómo aparece

- Debilidad externa, agotamiento.
- Dolor de cabeza, mareos, náuseas.
- Sudoración profusa, piel fría, temperatura del cuerpo ligeramente elevada.
- Pulso rápido, a veces se desarrolla un estado comatoso (inconsciencia).

Qué tenemos que hacer

- Reposo en lugar fresco.
- Si no se ha desmayado, puede tomar sorbos de agua que contenga sal y azúcar.
- Mantener semirecostado hasta que se recupere.

Cómo prevenirlo

- Hidratación adecuada (antes, durante y después del ejercicio).
- Acostumbrarse a los ambientes calurosos (4-8 días).
- Ropa ligera y suelta, que facilite la evaporación.

GOLPE DE CALOR (Insolación)

Qué es y qué lo causa

- Trastorno agudo consecuencia de exposición a temperaturas ambientales elevadas.
- Se presenta cuando la temperatura central del cuerpo se eleva y los mecanismos de defensa resultan inadecuados.

- El ambiente húmedo reduce la evaporación del sudor y agrava la situación.

Cómo aparece

- La piel generalmente está seca, enrojecida y caliente.
- Cefalea, conducta extravagante y convulsiones.
- Pulso rápido y completo.
- Pérdida de conciencia y coma.
- Temperatura rectal >40º.

Qué tenemos que hacer

- Obligar a interrumpir la actividad.
- Llevar al deportista a un sitio fresco y sombreado.
- Favorecer el descenso de la temperatura:
    - Retirar la ropa.
    - Aplicar bolsas de hielo en cuello, axilas e ingles.
    - Envolver en toallas húmedas en agua fría.
    - Aplicar masajes a las extremidades, para favorecer el enfriamiento.
    - Contrarrestando la estasis circulatoria.
- Solicitar atención médica de urgencia.
- Si el deportista esta inconsciente, colocarlo en posición de recuperación.
- No es aconsejable la rehidratación oral hasta que la temperatura descienda a 38º o menos.

Cómo prevenirlo

- Acostumbrarse al calor, 4-8 días en ambiente caluroso con ejercicios ligeros, incrementando de forma gradual la intensidad y la duración.
- Hidratación adecuada (antes, durante y después del ejercicio).
- Vestimenta ligera y suelta, que facilite la evaporación.
- Conocimiento de los síntomas de las enfermedades por calor.

EL PUNTO DE VISTA MÉDICO-QUIRÚRGICO

Una vez hechas todas las acciones descritas en el capítulo anterior, si no hay mejoría, ¿qué hacer desde el punto de vista médico-quirúrgico?

- Las lesiones musculares no tienen tratamiento específico mas allá de lo referido en el apartado dedicado a sus lesiones, excepto en casos de rotura de la aponeurosis muscular (especie de bolsa fibrosa que recubre y da fuerza y estabilidad al musculo), en cuyo caso a veces es necesario ampliar la rotura para evitar síndromes compartimentales locales por hernia de la masa muscular a través de dicha rotura.

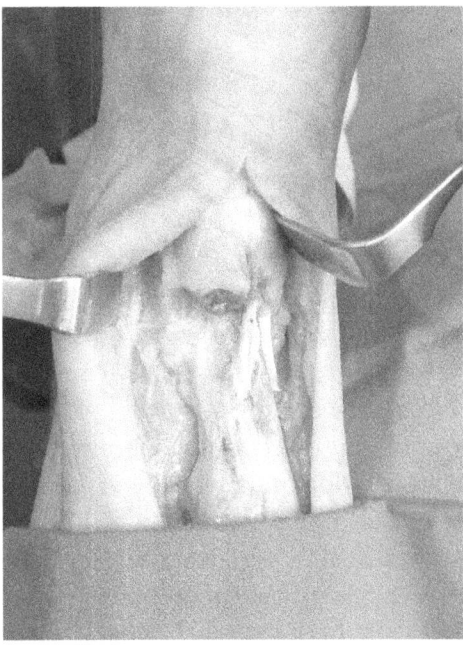

Foto 222. Rotura Tendón de Aquiles (Foto Doctor Z. Galo Sánchez)

- El codo de tenis requiere otro tipo de tratamiento, de menor a mayor agresividad paso a enumerar:
    - Infiltración con corticoides
    - Infiltración con FACTORES DE CRECIMIENTO (PRP)
    - Tratamiento quirúrgico

- El esguince de muñeca en sí suele evolucionar bien sin otra medida, pero con cierta frecuencia evoluciona mal por lesiones del cartílago de las microarticulaciones de los huesos de la muñeca, en cuyo caso se impone un tratamiento quirúrgico por vía artroscópica que suele dar buenos resultados

- El Síndrome del túnel carpiano, requiere muy frecuentemente el tratamiento quirúrgico con objeto de ampliar el espacio por el que discurre el nervio Mediano que se encuentra atrapado y que de no ser liberado, sufrirá inevitablemente una parálisis en mayor o menor medida.

- La tendinitis de los aductores a la larga, conduce a una osteopatía dinámica del pubis (muy frecuente en futbolistas), y que en muchas ocasiones necesita tratamiento quirúrgico, pero antes de eso son muy útiles los factores de crecimiento infiltrados en la zona lesionada.

- La rodilla merece atención aparte:

    o un esguince leve, sin inflamación de la articulación y sin otras lesiones asociadas, se trata con reposo, AINES (antiinflamatorios no esteroideos) Y ANALGESICOS
    o La rotura de LCA, LCP o ligamentos periarticulares (LLI o LLE) que al fin y al cabo están comprendidos entre los "esguinces", graves pero esguinces al fin y al cabo, requieren tratamiento quirúrgico, pues, sobre todo los cruzados, no se pueden reparar de otra manera y el resultado del tratamiento quirúrgico suele ser muy bueno.
    o las lesiones meniscales, requieren en el 100% de los casos tratamiento quirúrgico, con el objeto de reparar la rotura del menisco, si esto es posible, o el de sanear el resto del menisco para evitar que se grande la zona lesionada y que lesione al cartílago articular próximo
    o la rodilla del saltador, es la típica lesión que mejora espectacularmente con los factores de crecimiento, a veces es necesario realizar tres o mas infiltraciones, pero los resultados suelen ser muy buenos

- La rotura del Gemelo, necesita, como todas las heridas, un periodo mínimo de dos semanas de inmovilización con el pie en ligera extensión (equino) para relajar las partes de la herida muscular, luego, pasadas tres semanas es necesario reeducar al musculo para continuar con su actividad diaria y deportiva.

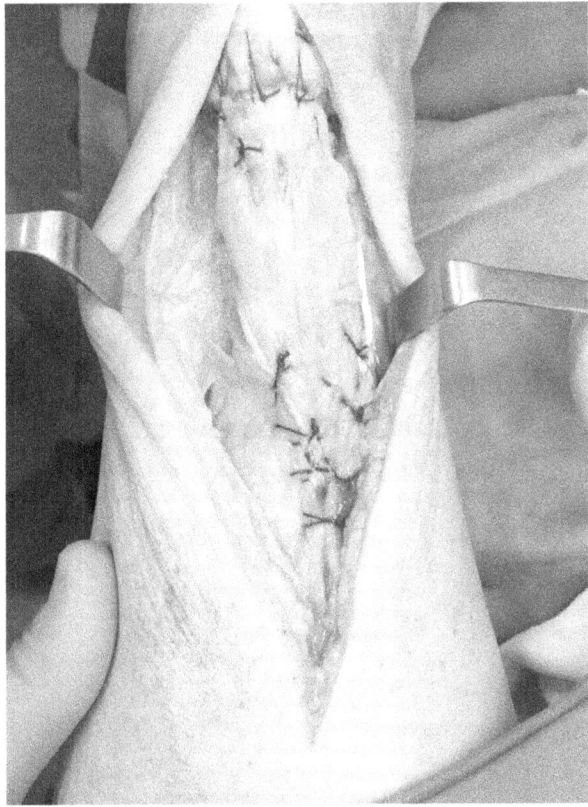

Foto 223. Rotura Tendón de Aquiles reparado después de operación (Foto Doctor Z. Galo Sánchez)

- El tendón de Aquiles roto, hay que operarlo LO ANTES POSIBLE, cada dia cuenta para conseguir una reconstrucción lo mejor posible, luego hay que estar en mes inmovilizado y rehabilitar.

- El esguince de tobillo, si es leve, se trata con inmovilización (bota ortopédica de velcros). Cuando se rompen los ligamentos peroneo-astragalinos o peroneo-calcáneos ya requiere una reconstrucción quirúrgica de éstos. Como en el esguince de muñeca, no rara vez, se lesiona el cartílago del astrágalo dando lugar a malas evoluciones que requieren de tratamiento quirúrgico y el uso de CELULAS MADRE (células mesenquimales) con objeto de recuperar el tejido cartilaginoso dañado

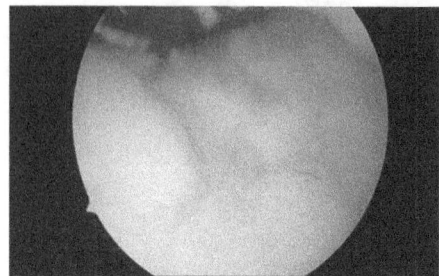 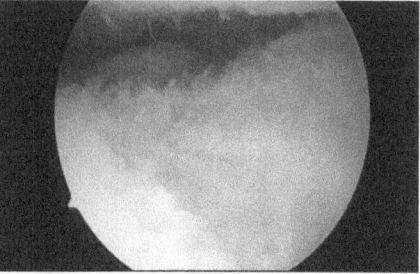

Foto 224. Artroscopia realizada a Juanjo Moyano el 07.07.16   (Foto Doctor Z. Galo Sánchez)

TABLA DE ESTIRAMIENTOS

1. TRAPECIO

De pie o sentados, con las manos entrelazadas por detrás de la cabeza por encima de la nuca. Tire de la cabeza para llevarla hacia abajo, sin mover el tronco, hasta que la barbilla toque el pecho.

2. TRAPECIO

De pie o sentados, coloque las dos manos sobre la frente y con suavidad lleve la cabeza un poco hacia atrás. Tire con cuidado de la cabeza hacia atrás todo lo que pueda, sin mover el tronco.

3. HOMBROS

Ejercicio de fortalecimiento de espalda, con los brazos estirados, tiramos hacia atrás estirando brazos y pecho.

4. DELTOIDES

De pie o sentados, pasamos el brazo por encima del hombro contrario, estiramos ayudándonos con la otra mano.

5. DORSALES Y TRICEPS

De pie o sentados, con un brazo flexionado por detrás y por abajo. El otro brazo también flexionado por detrás de la cabeza. Se entrelazan los dedos de ambas manos. Tirar con ambas manos en sentidos contrarios.

6. ESPALDA

Con las rodillas semiflexionadas, estiraremos un brazo en una dirección y el otro en la contraria, haciendo que nuestra espalda quede estirada y recta.

7. DORSALES Y TRICEPS

De pie o sentados, con los brazos sobre la cabeza, se sostiene un codo con la mano del otro brazo. Lentamente, tiraremos el codo hacia la nuca.

8. DELTOIDES

Empujamos una palma de la mano hacia arriba ayudándonos de la otra mano. Después cambiamos de mano.

9. DELTOIDES

Empujamos una palma de la mano hacia abajo ayudándonos de la otra mano. Después cambiamos de mano.

10. BICEPS

De pie, con el brazo extendido en posición horizontal, con el cuerpo girado, nos agarramos a una columna y giramos el torso para estirar.

11. DORSALES E INTERCOSTALES

De pie o sentados, con las piernas ligeramente separadas, estiramos alternativamente los brazos intentando alargar una mano más que la otra.

12. FLEXORES (ISOBRANQUILES)

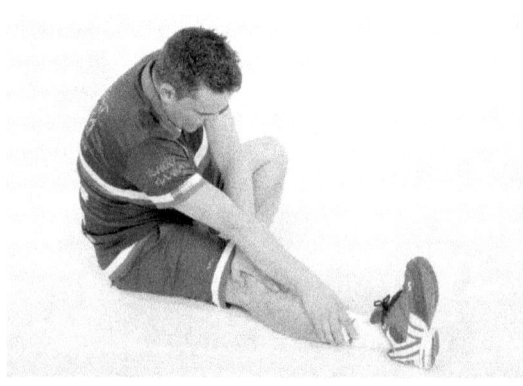

Sentados, con una pierna estirada y la otra flexionada con la planta del pie tocando el muslo. Nos echamos hacia delante, cogiéndonos del tobillo.

13. ADUCTORES.

Sentados, con las piernas flexionadas, los pies unidos por las plantas, nos cogemos los pies y nos inclinamos hacia delante.

14.   ISQUITIBIALES

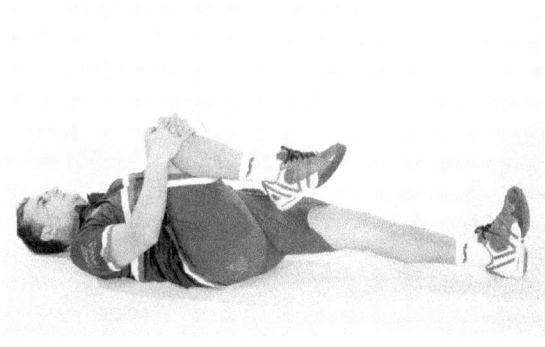

Tumbados con el cuerpo estirado, flexionamos una pierna sobre el pecho ayudándonos con los brazos.

15.   PIRAMIDAL, CADERA Y GLÚTEO.

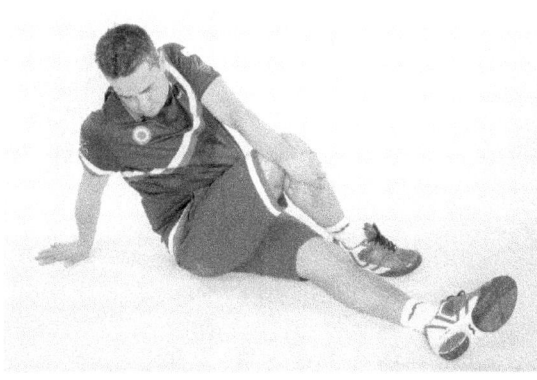

Pasamos una pierna flexionada por encima de la otra, que permanece estirada. Ayudamos a estirar con la mano contraria.

16. CUADRICEPS

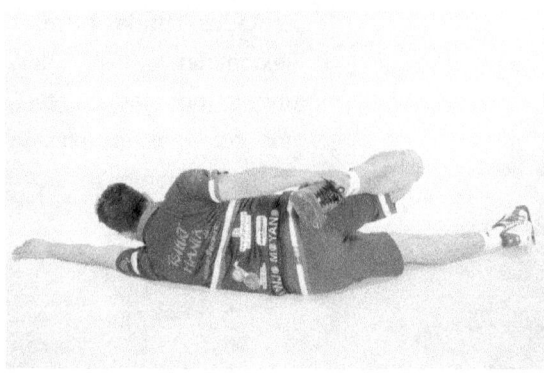

Tumbados sobre el costado, con la pierna inferior extendida, flexionamos la otra elevándola y ayudándonos con el brazo.

17. GEMELOS, FEMORAL Y ESPALDA.

De rodillas apoyados en la pared. Bajaremos levemente las caderas, mientras flexionamos una rodilla en el suelo. Recordemos que hay que mantener apoyado el pie atrasado.

18. ADUCTORES

De pie, con las piernas separadas, flexionamos una pierna y movemos el cuerpo hacia un lado.

19. GEMELOS

Atrasa una pierna y adelanta la cadera. Empujar progresivamente sin tirones.

20. GEMELOS

Adelanta una pierna y apoya el peso sobre el talón de la pierna adelantada.

Fotos de estiramientos: 225, 226, 227, 228, 229, 230, 231, 232, 233, 234, 235, 236. 237, 238, 239, 240, 241, 242, 243 y 244 (Fotos de Pepe Varela).

COLABORACIONES

Pádel Absolute

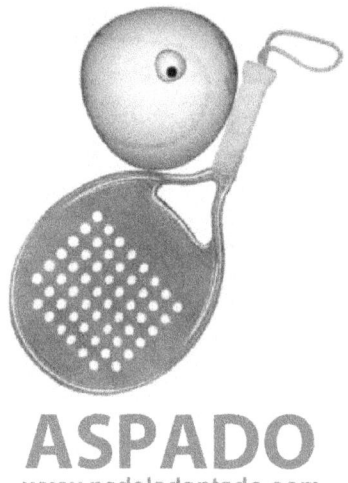

Asociación Pádel Para Todos

Integración social de las personas con discapacidad a través del deporte del pádel

Teléfono: +34 622 402 086

E-Mail: padeladaptado@gmail.com

Web: www.padeladaptado.com

Teléfono: +34 677 35 65 15

E-Mail: mwsports.espana@yahoo.com

Web: www.mwphoto.com

Club Pádel Soto Torrejón

Situado en la Urb. Soto del Henares (Torrejón de Ardoz) a 200 m. del Hospital de Torrejón, en una superficie de 10.000 m²

Teléfono: 914885134

E-Mail: info@padelsototorrejon.es

Web: http://padelsototorrejon.com/

- Parque Deportivo Puerta de Hierro
- Carretera de La Coruña, Km. 7
- 28040 Madrid
- Reserva de Pistas:
- Tel.: +34 91 386 73 58
- e-mail: **reservapistas@fmpadel.com**
- Oficina Federación:
- Tel.: +34 91 373 62 87
- Fax: +34 91 316 55 83
- e-mail: **info@fmpadel.com**

 =

COLABORACIONES ESPECIALES

FOTOGRAFÍA - PEPE AINSÚA

Fotógrafo Deportivo y Editor Web.

José M. Pérez-Ainsua Méndez (Pepe Ainsua), economista de profesión, apasionado por la fotografía y el deporte en general, lleva siguiendo el circuito profesional de pádel desde 2007, en el que inició varios proyectos relacionados con el pádel.

Su blog personal, www.ppadel.com, del que surgió la primera revista digital de pádel, **ContrapaRED** , (de la que se distribuyeron 14 números entre sus más de 5.000 usuarios) es uno de los más longevos entre las web de información papelera.

Donde puedes encontrarlo:

Colaborador habitual de Pádel Absolute, donde publica sus fotografías de pádel y crónicas locales de los torneos que se disputan en la zona de Málaga.

Sus páginas web:

www.ppadel.com

www.ainsuaphoto.com

Sus fotos en Internet:

www.flickr.com/photos/contrapared

En redes Sociales

htp:/www.facebook.com/pepe.ainsua

http://www.facebook.com/pages/Ppadelcom/191999416596

http://pinterest.com/pepeainsua/

http://www.linkedin.com/pub/josé-m-pérez-ainsua-méndez/24/a75/60a

http://twitter.com/recha

mail: pepeainsua@gmail.com

Teléfono: +34636410120

PUNTO DE VISTA MÉDICO QUIRÚRGICO
DOCTOR D. ZACARÍAS GALO SÁNCHEZ

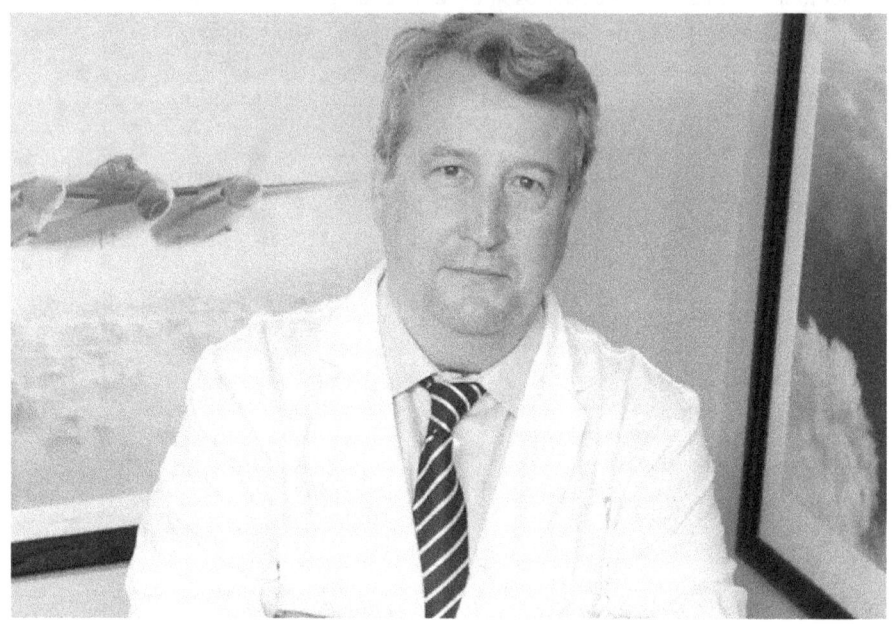

Dr. D. Zacarías Galo Sánchez
Cirugía Ortopédica / Cirugía Artroscópica

Consulta: Clínica Santa Elena
C/ La Granja, 8. 28003 - Madrid

Tel: 606 88 04 00
e-mail: galosanchez@me.com

FOTOGRAFÍA - PEPE VARELA

Pepe Varela Fotógrafo

Avda. Ramón y Cajal, 79
28016 Madrid

91 519 11 05
649 47 45 63

pepe@pepevarela.com

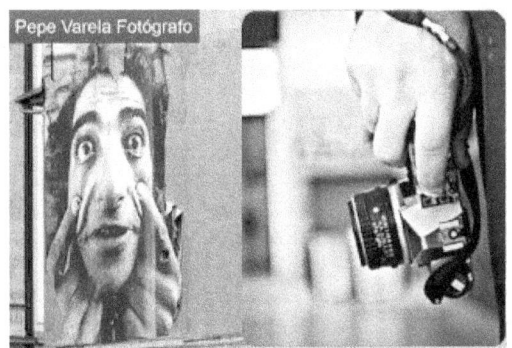

ENSEÑANZA DEL PÁDEL – David Lapastora Rincón

Greenvilas Meco Sport Center

Calle Luxemburgo, 1 – 28880 Meco – Madrid

Localizado en la localidad de Meco, cuenta con pistas cubiertas y descubiertas, gimnasio y cafetería.

Club Social donde puedes hacerte socio de la instalación y disfrutar de grandes ventajas. En la web podrás encontrar más información: www.greenvilas.es

David Lapastora Rincón

LAS ZONAS DEFENSIVAS. EL SEMÁFORO

Rafael Alarcón Guerrero

Rafa Alarcón Guerrero – Planeta Pádel web:

Las zonas defensivas. El semáforo.

Rafael Alarcón Guerrero
Licenciado Ciencias de la Actividad Física y del Deporte
Colegiado nº: 55694
Máster Formación Profesorado-UAH / Monitor Pádel FEP / FMP / APA
Profesor Universidad Francisco de Vitoria UFV-Madrid
Formador en Ciclos Formativos Superiores T.A.F.A.D.
Co-editor Libro Investigación en Pádel Volúmen I. Universidad de Murcia. 2014.
Fundador www.planetapadel.com
Apasionado por la formación.

¡MAMI! ¿ME APUNTAS ESTE AÑO A PÁDEL?

Kike Lacasa

Licenciado Ciencias de la Actividad Física. (INEF Catalunya – Universidad de Barcelona)

Diplomado Magisterio especialidad Educación Física. (Universidad Camilo José Cela Madrid)

Máster Fitness. (Universitat de Lleida)
Postgrado en Estudios de la Juventud. (UdL)

Certificado de Aptitud Pedagógica.

Tiene una amplia experiencia en el campo de la formación en el ámbito escolar y de rendimiento deportivo, así como en la formación de formadores. Ha sido profesor colaborador en el INEFC-Lleida-UdL y profesor asociado en la Facultad de Ciencias de la Educación de la Universitat de Lleida o la Universidad San Jorge de Zaragoza; mayoritariamente en las áreas de la didáctica específca y la metodología. Profesor de Tècnics Esportius Base de la Secretaria General de l'Esport de la Generalitat de Catalunya y ha colaborado en la formación de técnicos de Balonmano y Deportes de Invierno.

En la actualidad, co-coordina la Sección de Pádel y la Escuela Deportiva Infantil y Júnior del Centro de salud y bienestar Ekke, en Lleida. Colabora con el INEFC de Lleida en las asignaturas de Bádminton, Pádel y Análisis de la estructura funcional de los deportes y estructura del ejercicio físico.

Apasionado por la capacidad de transformación que la actividad física y el deporte atesora y consciente de la responsabilidad que implica desarrollar propuestas pedagógicas a nuestr@s chic@s en edad escolar, Kike nos anima, a todos los técnicos inquietos, a seguir reflexionando sobre nuestra práctica cotidiana con el fin de mejorarlas. Ell@s, sin duda, lo merecen.

SIMBOLOGÍA Y REFERENCIAS GRÁFICAS

Alumno   ○ *Niño*   ○ *Monitor*

Referencia de Tiro / Zona de Tiro ● | 1 |

Referencia de Golpeo o Movimiento del Alumno ▲

Desplazamientos del Alumno → ↘ ∕ ↑ ➡ ↶ ↷ ↴

Desplazamientos Ida y Vuelta del Alumno ⇒ ↕

Desplazamiento en 8

Giro del Alumno

Golpe del Alumno

Golpe del Monitor

Orden de golpes   **1 2 3 4 5**

Valla

Salto de Valla

Zona Pintada

Zona de Tiro

Carro   ◇

Pala de Niños

Objetivo de golpeo en pared o reja   ⊕

Cadena

Cadena con Aros

Zonas marcadas con cuerdas o cadenas

Zona de Movimiento de Paso

D	Derecha	**R**	Revés	**SF**	Salida de Fondo
SL	Salida de Lateral	**SDP**	Salida Doble Pared	**CP**	Contra Pared
V	Volea	**G**	Globo	**Rm**	Remate
Bd	Bandeja	**Sq**	Saque	**Resto**	
//	Paralelo	**X**	Cruzado		

BIBLIOGRAFÍA

1001 Juegos y Ejercicios de Pádel
Juan José Moyano Vázquez
Editorial Wanceulen

Manual de Aprendizaje Motor.
Máster Universitario de Psicología de la actividad Física y del Deporte.
Dr. D. Francisco Castejón.

Aplicación de los principios del Aprendizaje Motor al Rendimiento Deportivo.
Dr. D. José Luis Rodríguez Díaz

Entrenamiento Psicológico en el Deporte
Dra. Dª Isabel Balaguer

Fundamentos de Psicología del Deporte y el Ejercicio Físico
D. Robert S. Weinberg y D. Daniel Gould

Psicología del Entrenamiento Deportivo
Dr. D. José María Buceta

Reglamento de Juego del Pádel
Reglamento de Juego: Calgary (Canadá) 26.08.2008 de aplicación 01.01.2009
Anexo 1: Revisión 1. Aplicación 01.01.2010

Aplicación de los principios del Aprendizaje Motor al Rendimiento Deportivo.
Dr. D. José Luis Rodríguez Díaz

Manual de Aprendizaje Motor
Master Universitario de Psicología de la Actividad Física y del Deporte
Dr. D. Francisco Castejón

Manual del Curso de Monitores de Pádel Adaptado
Asociación Pádel para Todos

Almonacid-Cruz, B. (2011). Perfil de juego en pádel de alto nivel. Jaén: Universidad de Jaén.

Davids, K., Araújo, D., Correia, V., & Vilar, L. (2013). How small-sided and conditioned games enhance acquisition of movement and decision-making skills. Exercise and Sport Sciences Reviews, 41(3), 154-161.

Hernández Moreno, J. & Núñez, U. C. (2000). La iniciación a los deportes desde su estructura y dinámica. Inde.

Jordán, O. et al. (2007). Iniciación a los deportes de raqueta. La enseñanza de los deportes de red y muro desde un enfoque constructivista. Inde

Memmert, D., Almond, L., Bunker, D., Butler, J., Fasold, F., Griffin, L., ... & Nopp, S. (2015). Top 10 Research Questions Related to Teaching Games for Understanding. Research quarterly for exercise and sport, 86(4), 347-359.

Serra-Olivares, J., González-Víllora, S., García-López, L. M., & Araújo, D. (2015). Game-Based Approaches' Pedagogical Principles: Exploring Task Constraints in Youth Soccer. Journal of human kinetics, 46(1), 251-261.

Torrents, C., Araújo, D., i Molina, A. G., & Usón, M. V. (2011). El diseño de contextos de enseñanza-aprendizaje para el desarrollo de la motricidad.Tándem: Didáctica de la educación física, (36), 27-35.

Upton, M. (14 enero 2016) 7 Principles of non linear pedagogy. Player Development Project. Recuperado de https://playerdevelpmentproject.com/7-princples-of-non-linera-pedagogy/

www.ingramcontent.com/pod-product-compliance
Lightning Source LLC
Chambersburg PA
CBHW080421230426
43662CB00015B/2176